교육학

대우고전총서 042
Daewoo Classical Library

한국어 칸트전집 19
The Korean Edition of
the Works of Immanuel Kant

교육학

Immanuel Kant über Pädagogik

임마누엘 칸트 | 백종현 옮김

아카넷

고틀립 되플러가 그린 칸트 초상화(1791)

칼리닌그라드의 임마누엘 칸트 대학 정원에 있는 칸트 동상

칸트의 묘소(쾨니히스베르크 교회 후면)

칸트의 석곽묘(쾨니히스베르크 교회 특별 묘소 내부)

쾨니히스베르크(칼리닌그라드) 성곽 모서리에 있는 칸트의 기념 동판. "그에 대해서 자주 그리고 계속해서 숙고하면 할수록, 점점 더 큰 감탄과 외경으로 마음을 채우는 두 가지 것이 있다. 그것은 내 위의 별이 빛나는 하늘과 내 안의 도덕 법칙이다."라는 『실천이성비판』 맺음말의 첫 구절이 새겨져 있다.

《한국어 칸트전집》 간행에 부처

칸트(Immanuel Kant, 1724~1804)의 철학에 대한 한국인의 연구 효시를 이정직(李定稷, 1841~1910)의 「康氏哲學說大略」(1903~1910년경)으로 본다면, 한국에서의 칸트 연구는 칸트 사후 100년쯤부터 시작된 것인데, 그 시점은 대략 서양철학이 한국에 유입된 시점과 같다. 서양철학 사상 중에서도 칸트철학에 대한 한국인의 관심은 이렇게 시기적으로 가장 빨랐을 뿐만 아니라 가장 많은 연구 논저의 결실로도 나타났다. 그 일차적인 이유는 19세기 말에서 20세기 초의 동아시아 정치 상황에서 찾을 수 있겠지만, 사상 교류의 특성상 칸트철학의 한국인과의 친화성 또한 그 몫이 적지 않을 것이다.

칸트는 생전 57년(1746~1803)에 걸쳐 70편의 논저를 발표하였고, 그 외에 다대한 서간문, 조각글, 미출판 원고, 강의록을 남겨 그의 저작 모음은 독일 베를린 학술원판 전집 기준 현재까지 발간된 것만 해도 총 29권 37책이다. 《한국어 칸트전집》은 이 중에서 그가 생전에 발표한 전체 저술과 이 저술들을 발간하는 중에 지인들과 나눈 서간들, 그리고 미발간 원고 중 그의 말년 사상을 포괄적으로 담고 있는 유작(Opus postumum)을 포함한다. 칸트 논저들의 번역 대본은 칸트 생전 원본이고, 서간과 유작은 베를린 학술원판 전집 중 제10~12권과 제21~22권이다.(이 한국어

번역의 베를린 학술원판 대본에 관해서는 저작권자인 출판사 Walter de Gruyter 에서 한국어번역판권을 취득하였다.)

한 철학적 저작은 저자가 일정한 문화 환경 안에서 그에게 다가온 문제를 보편적 시각으로 통찰한 결실을 담고 있되, 그가 사용하는 언어로 기술한 것이다. 이러한 저작을 번역한다는 것은 그것을 다른 언어로 옮긴다는 것이고, 언어가 한 문화의 응축인 한에서 번역은 두 문화를 소통시키는 일이다. 그래서 좋은 번역을 위해서는 번역자가 원저자의 사상 및 원저의 기저를 이루고 있는 문화 배경에 대해 충분한 이해를 가질 것과 아울러 원저의 언어와 번역 언어에 대한 상당한 구사력을 가질 것이 요구된다.

18세기 후반 독일에서 칸트는 독일어와 라틴어로 저술했거니와, 이러한 저작을 한국어로 옮김에 있어 그 전혀 다른 언어 구조로 인해서 그리고 칸트가 저술한 반세기 동안의 독일어의 어휘 변화와 칸트 자신의 사상과 용어 사용법의 변화로 인해서 여러 번역자가 나서서 제아무리 애를 쓴다 해도 한국어로의 일대일 대응 번역은 어렵다. 심지어 핵심적인 용어조차도 문맥에 따라서는 일관되게 옮기기가 쉽지 않다. 게다가 한 저자의 저술을 여러 번역자가 나누어 옮기는 경우에는 번역자마다 가질 수밖에 없는 관점과 이해 정도의 차이에 따라 동일한 원어가 다소간에 상이한 번역어를 얻게 되는 것은 불가피한 일이다. 이러한 제한과 유보 아래서 이《한국어 칸트전집》을 간행한다.

당초에 대우재단과 한국학술협의회가 지원하고 출판사 아카넷이 발간한 '대우고전총서'의 일환으로 2002년부터 칸트 주요 저작들의 한국어 역주서가 원고 완성 순서대로 다른 사상가의 저술들과 섞여서 출간되었던바, 이것이 열 권에 이른 2014년에 이것들을 포함해서 전 24권의《한국어 칸트전집》을 새롭게 기획하여 속간하는 바이다. 이 전집 발간 초기에는 해당 각 권의 사사에서 표하고 있듯이 이 작업을 위해 대우재단/한국학술협의회, 한국연구재단, 서울대학교 인문대학, 서울대학교 인문학연구원

10

이 상당한 역주 연구비를 지원하였고, 대우재단/한국학술협의회는 출판비의 일부까지 지원하였다. 그러나 중반 이후 출판사 아카넷은 모든 과정을 독자적으로 수행하면서, 제책에 장인 정신과 미감 그리고 최고 학술서 발간의 자부심을 더해주었다. 권권에 배어 있는 여러 분들의 정성을 상기하면서, 여러 공익기관과 학술인들이 합심 협력하여 펴내는 이《한국어 칸트전집》이 한국어를 사용하는 이들의 지성 형성에 지속적인 자양분이 될 것을 기대한다.

《한국어 칸트전집》 편찬자 백 종 현

책을 펴내면서

《한국어 칸트전집》 제19권으로 펴내는 이 책은 칸트의 강의안 수고 (手稿)를 넘겨받아 링크(Friedrich Theodor Rink, 1770~1821)가 편찬한 『임마누엘 칸트의 교육학(*Immanuel Kant über Pädagogik*)』(Königsberg, bei Friedrich Nicolovius, 1803)을 한국어로 옮기고 주석과 해설을 덧붙여 만든 것으로, 『교육학』은 그 약칭이다. 번역 대본은 링크가 편찬한 초판 본이고, 그 밖에도 주해를 하면서 아래의 국내외 문헌을 참고하였다.

Immanuel Kant über Pädagogik, in : Königlich Preußische Akademie der Wissenschaften(Hrsg.), *Kant's gesammelte Schriften*, Bd. IX, Berlin und Leipzig 1923.

Immanuel Kant über Pädagogik, in : W. Weischedel(Hrsg.), *Immanuel Kant. Werke in Sechs Bänden*, Bd. VI, Darmstadt ⁶2005.

Lectures on pedagogy, in : G. Zöller/R. B. Louden(eds.), *Immanuel Kant. Anthropology, History, and Education*, Cambridge 2007.

Immanuel Kant On Education, A. Churton(transl.), London : Kegan Paul & Co., 1899.

조관성 역주, 『칸트의 교육학 강의』, 철학과현실사, 2007(증보판).

김영래, 『칸트의 교육이론』, 부록: 교육학강의, 학지사, 2005〔제2쇄〕.

尾渡達雄 譯, 《カント全集》第十六卷: 『敎育學·小論文·遺稿集』, 東京: 理想社, 1966·⁴1981.

李秋零 譯, 「敎育學」, 수록: 李秋零 主編, 《康德著作全集》第9卷, 北京: 中國人民大學出版社, 2010.

칸트(Immanuel Kant, 1724~1804)의 교육학 이론은 당시까지의 여러 교육 경험과 이념들을 칸트 자신의 철학과 결합시킨 산물이라 하겠으며, 이로써 칸트는 로크(John Locke, 1632~1704), 루소(Jean-Jacques Rousseau, 1712~1778)와 함께 근대 계몽주의 3대 교육이론가라 칭해도 충분할 것이다. 칸트가 강의 초기에 특히 루소를 자주 인용하고, 또 루소는 줄곧 로크를 의식하면서 자기 논변을 전개하고 있는 점을 고려하여 부록으로 로크의 이성주의 교육이론이 담겨 있는 『교육론(*Some Thoughts concerning Education*)』(1693, ²1695)과 루소의 감성주의 교육이론을 대변하는 『에밀(*Émile, ou De l'éducation*)』(Amsterdam 1762)을 요약해서 실었다. 세 사상가가 표명한 교육론의 이동(異同)을 어렵지 않게 살필 수 있기를 기대한다.

근대 계몽주의 교육이론가들의 저술을 접할 때 흥미로운 점이 두 가지 있다. 하나는, 아동들의 교육에 대한 세세한 지침을 포함하고 있는 교육서의 저자들, 로크, 루소, 칸트 그리고 이들 교육론의 선구라고 할 수 있는 『아동교육론(*Pueris statim ac liberaliter instituendis declamatio*)』(Basel 1529)의 저자 에라스무스(Desiderius Erasmus, 1466~1536) 모두가 자기 자식들을 교육해본 일이 없다는 사실이다.(로크와 칸트는 그나마 다년간의 가정교사 이력이 있으니 귀족 자제들에 대한 교육 경험은 있었으나, 루소는 자기 자녀들마저 고아원에 맡긴 처지에서 스스로 아동교육에 무능함을 고백하고 있지 않은가.) 또 하나는, 통상 감각경험주의자라고 일컬어지는 로크는 이성주의적 교육론을 펴고 있고, 프랑스 이성주의의 대표자 중 하나로 꼽히는 루소는 감성주의 교육론을 펴고 있으며, 이성주의자 중의 이성주의자라 해도 과언이 아닌 칸트는 루소의 교육론을 유의하고 있는 점이다. 사람이 하는 여러 가지 일 중에서도 어쩌면 교육에서 일어나는 이상과 현실 사이의 간극이 가장 큰 까닭일 것 같다.(그래서 교육론을 펴면서 칸트 자신도 정치와 교육이 인간사 중 최고 중대사이자 최대 난제라고 말하고 있다.)

아동 교육에 직접 경험이 없는 이들의 아동 교육에 대한 의견이 수많은 아동교육자의 것보다 때로 더 적실한 것은, 결혼 경험이 없는 신부나 스님들의 결혼 생활에 대한 조언이 이치에 더 맞는 것과 유사한 것 같기도 하다. 또한 이론과 실천의 합일이 더욱 기대되는 분야, 도덕학이나 정치학에서도 유사한 양상을 본다. 평생 노동을 구경만 한 이가 노동의 가치를 열렬히 역설하고, 군왕이 된 일도 될 일도 없는 서생이 군왕의 법도를 세세히 논설한 사례도 적지 않다. 유경험은 흔히 자기 정당화나 자기 영웅화를 인도하지만, 오히려 무경험은 무(無)선입견과 이상(理想)을 현시한다. 그리고 이상은 현실화 가능성을 차치하고 언제나 인간이 마땅히 추구해나가야 할 목표를 말한다. ― 교육만큼 인간이 이상을 향해 진력해야 할 사안이 또 있겠는가!

칸트의『교육학』을 펴내는 데 제법 많은 시간을 보냈다. 칸트 교육학 강의 원문은 분량이 많지 않기에 그것을 한국어로 옮기는 데 그다지 많은 시간이 들지 않았지만, '교육'이 무엇인지를 밝히고 있는 관련 문헌을 이해하고 정리하는 데는 많은 시간이 필요했기 때문이다. '교육학 (paidagogia)' 곧 '아이(paidos)를 이끄는 자(agogos)의 학문'에서 '아이'란 어떤 사람인지, '교육(敎育, educatio, Erziehung)'이 아이에게 무엇을 가르치고 어떤 소질을 끌어내 키울 것인지를 정한다는 것은 결국 인간관, 세계관에 귀착하는 문제이다. 소수의 독자일망정 이 책에서 이러한 문제에 대한 답변을 얻기를 기대하면서 책자를 내놓는다.

또 매번 아쉬움으로 남는 바이지만, 번역에서 잃게 되는 원문의 요소

가운데는 말뜻뿐만 아니라, 어투와 말의 음영(뉘앙스), 그리고 문체의 특성이다. 원작자–편자–역자–독자로 이어지는, 글 쓰고 읽기에서 각자의 취미가 크게 어긋나지 않기를 바랄 따름이다.

외국어로 쓰인 문헌을 한국어로 옮기면서 새로운 외국어를 익히게 되는 것은 당연하다 하겠지만, 또한 때로는 한국어 낱말의 의미와 쓰임새를 새롭게 인식하는 행운을 얻는다. 이 책의 번역 과정에서는 '교양하다'라는 동사를 새롭게 익혔는데, 스스로는 대단한 발견이었고, 앞으로 쓰임새가 많을 것으로 기대된다. 이미 독일어 낱말 'Erziehung'을 라틴어 낱말 'educatio'에 대응시켜 '교육'으로 옮긴 마당에서, 'Bildung'에 가장 알맞은 한국어 낱말은 중복을 피하고자 한다면 '교양'이다. 그런데 명사 'Bildung'은 자주 동사 'bilden'과 연계되어 사용되기에, 그런 경우 그간은 주로 이에 '도야/형성'–'도야하다/형성하다'를 대응시켜왔으나, '교양하다'라는 동사를 찾아 쓰게 되니, 그 뜻에서 'Bildung'–'bilden'에 더 근접한 '교양'–'교양하다'를 대응시킬 수 있어서 참 좋았다. — 자주 느끼는 바이지만, 거의 사장되어 있는 한국어 낱말을 찾아 활용하는 것도 한국어를 풍부하게 만드는 좋은 길의 하나이다.

이 작은 책자를 펴내는 데도 많은 이들의 협력이 있었다. 어느 사이 15년이 넘게 《한국어 칸트전집》 출간에 정성을 쏟고 있는 출판사 아카넷의 김정호 사장님을 비롯한 관계자들의 출혈과 노고, 교정과정에서 초고에 있던 숱한 비문과 어울리지 않는 표현을 바로잡아 주신 정민선 선생님, 그리고 기회 있을 때마다 원문과 대조하여 번역문을 읽어가면서 미흡한 점을 일깨워주는 윤영광 선생님을 비롯한 동료 학자들의 성원이 책의 출판을 가능하게 하였다. 깊은 감사의 마음을 거듭 표한다.

2018년 1월
정경재(靜敬齋)에서 백 종 현

전체 목차

제 1 부

『칸트의 교육학』
해제

『칸트의 교육학』 해제

『칸트의 교육학』 출간 경위

칸트가 정교수로 취임한 지 몇 해 후인 1774년에 쾨니히스베르크 대학은 '교육기관의 개선을 위해서' 그리고 정부의 실천 교육학 강의 규정에 따라서 새롭게 교육학 강좌를 개설하여, 이를 철학부의 교수가 번갈아 가면서 담당하도록 하였다. 칸트는 처음으로 1776/77년 겨울학기에 30명의 수강생을 대상으로 교육학 강의를 했으며, 교재로는 당대의 박애주의 교육자 바제도브(Johann Bernhard Basedow, 1724~1790)의 관련 서적들을 사용했다 한다.(A20=IX448 등 참조) 그 후 칸트는 그의 대표 저술인 『순수이성비판』(1781)의 출간 작업 와중인 1780년 여름학기에 순번에 따라서 두 번째 교육학 강의를 담당하였다. 이때 사용한 교재가 쾨니히스베르크 대학 신학 교수였던 보크(Friedrich Samuel Bock, 1716~1785)가 그 무렵 펴낸 책 『기독교적 교육자와 장래의 청년교사들을 위한 교육학 교과서(*Lehrbuch der Erziehungskunst zum Gebrauch für christliche Erzieher und künftige Jugendlehrer*)』(Königsberg 1780)[『교육술 교본』]였는데, 물론 여타의 강의에서도 그러했듯이 칸트가 교재대로 강의를 해나간 것은 아니었다. 그 후에도 두 차례(1783/84 겨울학기, 1786/87 겨울학기) 더 강의 공고가 나왔다고 하나(AA IX, 569 참조), 실제로는 담당하지 않은 것으로 보인다. 그때에는 이미 학부에 교육학 교실이 설치되고 전임교수가 부임하여 교육학 강의를 전담한 기록이 있기 때문이다.(K. Vorländer, *Immanuel Kant — Der Mann und das Werk*, Hamburg ²1977, S. 227 참조)

칸트는 교재로 제시한 책과 관련 문헌들을 참고하여 강의안을 작성했고, 이것을 두 번째 강의 학기 때(1780년 4월 12일부터 9월 12일까지)에는 60명의 수강생 앞에서 읽어가면서 부연설명을 한 것으로 보인다. 칸트가 이때의 강의안을 그 전해에 자신의 위탁에 따라『임마누엘 칸트의 자연지리학(*Immanuel Kants physische Geographie*)』(Königsberg 1802)을 편찬했던 신학부 교수인 링크(Friedrich Theodor Rink, 1770~1821)에게 다시금 단행본으로 출간할 것을 의뢰함으로써, 지금 우리가 읽고 있는『임마누엘 칸트의 교육학(*Immanuel Kant über Pädagogik*)』(Königsberg, bei Friedrich Nicolovius, 1803)〔약칭:『교육학』〕이 책으로 나왔다. 이러한 위탁 편찬 과정에서 적지 않은 소음과 불편함이 있었음은 '편자 머리말'을 통해 어느 정도 짐작할 수 있다. 이렇게 해서 비록 타인의 손에 의해 편찬되어 나왔지만, 이『교육학』은 칸트 원문을 그대로 담고 있다고 인정되어, 출간 당시부터 칸트 자신의 저술로 간주되었다.(Warda Nr. 218)

그러나 어떤 이의 '강의 수고(手稿)'를 제3자가 정리하여 펴낸 책은 단행본으로는 아무래도 여러 가지 결함을 갖기 마련이다. '강의 수고'는 제한된 강의 시간에 맞춰 작성되는 것인데다가, 강의자는 '강의 수고'에 요점만 적어놓고, 강의 현장에서 사이사이 말을 채워 넣기도 하고, 사례를 추가하면서 강의를 이끌어가는 경우가 허다하기 때문이다. 그렇기 때문에 '강의 수고'를 바탕으로 한다 하더라도 원저자 자신이 출판 원고를 작성했다면 분명히 내용의 편성이나 문장 연결, 어휘 선택에서 다소간 차이가 있을 것이다.

이러한 점들로 인해 편자인 링크 자신이 "만약 저 강의시간의 할당이 실제 있었던 것처럼 그렇게 옹색하지 않았더라면, 그리고 칸트가 이 대상에 관해 좀 더 부연하여 펼칠 계기를 얻었더라면, 이 소론들은 아마도 더욱 흥미롭고 많은 점에서 더욱 상세하였을 것이다."(AIV=IX439)라면서 책의 내용이 소략함을 아쉬워하고 있듯이, 칸트의『교육학』은 151(VI+145)면의 작은 책자이다. 무엇보다도 서술에서 내용의 연결이 매끄럽지 못한 대목도 다수 보인다. 그러나 현재의 상태로도 독자가 연결어를 넣어가면서 읽어간다면[1] 이 책을 통해 칸트의 교육 사상을 해득하는 데 아무런 어려움이 없고, 오히려 그 간결한 서술이 칸트 교육 사상의 요령을 간취하는 데 도움이 되기도 한다. 그뿐만 아니라, 비록 칸트 자신이 장절을 나누고 제목을 가려 붙이는 일마저 하지 않았지만, 이전의 어느 저자의 교육학 저술보다도 내용이 체계적으로 구성되어 있다. 그리고 교육학이 인간의 교양 전반을 다루고 있기 때문에, 이『교육학』은 이전의 칸트의 많은 저술들, 특히 도덕철학, 종교철학, 인간학의 상당 부분을 압축적으로 담고 있어서 그 연관을 살펴가면서 읽으면 그 내용이 사뭇 풍부해진다.

『교육학』과 교육의 대상

칸트는 교육에 알맞은 시기를 "대략 16세까지"(A31=IX453)라고 보면서도, 그의『교육학』에서는 실상 소년기(13세까지)까지의 아이들에 관한 교육론을 펴고 있다. 그것은 아마도 당시 프로이센 법이 어린아이(Kinder)를 7세 미만으로, 미성년자(Unmündige)를 14세 미만으로 규정(*Allgemeines Landrecht für die Preußischen Staaten von* 1794〔ALR〕, ERSTER THEIL, Erster Titel, §25 참조)하고 있고, 그에 따라 자식에 대한 "감독과 교육에 대한 양친의 권리"(『윤리형이상학 — 법이론』, §29 참조)가 14세가 될 때까지

---

1) 이 점에서 칸트 지음/조관성 역주, 『칸트의 교육학 강의』, 철학과현실사, 2007(증보판)은 좋은 사례이다.

로 인정되고 있는 사정을 감안한 것으로 보인다. 그리고 칸트 당시에는 교육과정이 오늘날처럼 3단계(초등-중등-고등〔대학〕)가 아니라 2단계로, 곧 학교(Schule) 교육을 마친 후 바로 대학(Universität)에 진학하는 것이 상례였다. 칸트 자신만 하더라도 학교 과정(Fridericianum, 1732~1740)을 거쳐 16세에 대학(Universität Königsberg, 1740~1746)에 입학했는데, 대학생은 감독과 교육의 대상인 '학생(Schüler)'이라기보다는 오히려 스스로 '연구하는 자(Student)'라고 일컬어졌다. 이에 비해 로크는 교육론에서 "21세가 되어 성년이 되어 결혼하면, 그것으로써 교육이 끝난다." (『교육학』[2], §215 참조)고 말하고 있고, 루소는 그의 『에밀』[3]에 성년 초기 시민 정치 교육까지를 포함하고 있어, 적어도 23세까지의 청년을 교육 대상으로 보고 있다. 이러한 견해 차이는 '교육'의 성격과 인간의 성장 과정을 어떻게 보는가의 관점의 차이에서 비롯한다 하겠다.

칸트 교육학은 종전의 다수 교육론과 달리 일반 시민 교육을 내용으로 갖는다는 점에서 근대 민주사회 교육론의 개시로서도 의미를 갖는다. 예컨대 로크의 『교육론』은 귀족의 가계 상속자를 염두에 두고 전개되고 있으며, 그 반면에 루소의 『에밀』은 특수한 상황에 놓인 아이의 개인교육을 서술의 중심에 두고 있다. 물론 칸트 역시 당시 사회 구조와 관행을 근본적으로 타파하지는 못하고, '능동적 시민'(『윤리형이상학 — 법이론』, §46 참조)만을 대상으로 삼아 교육론을 펴고 있지만, 칸트 당대에는 '수동적 시민'에 비해 이미 '능동적 시민'이 대다수였으니, 칸트 교육론을 보편적 교육론의 효시라고 보아도 크게 틀리지 않을 것이다.

---

2) J. Locke, *Some Thoughts concerning Education*(1693, [2]1695), in: R. W. Grant/N. Tarvov(eds.), *Some Thoughts concerning Education and Of the Conduct of the Understanding*, Indianapolis/Cambridge: Hackett, 1996.

3) Jean-Jacques Rousseau, *Émile, ou De l'éducation*(Amsterdam 1762), in: Œuvres complètes de J.-J. Rousseau, tome II: La Nouvelle Héloïse, Émile, Lettre à M. de Beaumont, A. Houssiaux, 1852-1853.

『교육학』의 편성

『교육학』의 개요

서론

인간과 교육

"인간은 교육해야 할 유일한 피조물이다."(A1=IX441) 이러한 이해는 인간이 태생적으로 미완성이지만 완성되어갈 수 있는 가능태임을 말한다. 이 교육에는 "양육(보육, 부양)과 훈육(훈도) 그리고 교양 겸 교습"(A1=IX441)이 포함되는데, 이에 상응해서 교육기의 인간은 "유아-생도-학도"(A1=IX441)로 구분된다. 이러한 칸트의 교육과정 개념은 "유모는 양육하고, 가정교사는 훈육하며, 교사는 학습시킨다."라는 로마시대 바로(Marcus Varro, BC 116~27) 이래의 관점에 닿아 있다. 그리고 그것은 교육을 양육(éducation)·훈육(institution)·교습(instruction)으로 세분하여 본 루소의 이해와도 합치한다.(『에밀』, p. 403 참조)

"인간은 오직 교육에 의해서만 인간이 될 수 있다. 인간은 교육이 인간에서 만들어내는 것 외에 다른 아무것도 아니다."(A7=IX443) 그런데 여기서 유의할 것은 "인간이 오직 인간들에 의해서 교육되며, 그 인간들 역시 교육되어 있다는 사실이다."(A7=IX443) ─ 그래서 사람들은 교사를 '선생(先生)'이라 일컫고, 훌륭한 선생을 '사표(師表)'라고 칭송한다. ─ 그러므로 교육에서는 교육자의 자질 함양이 매우 중요하다. 훌륭한 교육자가 이어져 나온다면 "교육은 점점 개선될 것이고, 이어지는 각 세대마다 한 걸음 더 인간성의 완전성을 향해 다가설 것이다."(A9=IX444)

"인간성[인류] 안에는 많은 싹들이 있다. 이제 자연소질들을 균형 있게 발전시키고, 인간성을 그 싹들로부터 전개시켜, 인간이 그의 규정[사명/본분]에 이르도록 만드는 일은 우리의 일이다."(A11=IX445) "그러나 개별적 인간들로서는 자기들의 어린아이들을 제아무리 교양한다 해도, 이들이 자기들의 규정[사명/본분]에 이르는 데까지 나아갈 수 없다는 것만은 확실하다."(A12=IX445) 그러니까 "개개 인간들이 아니라, 인류가 그에 도달해야 하는 것이다."(A12=IX445) 이러한 칸트의 인간교육론은 그의 역사철학의 연장선상에 있다. ― "한 피조물의 모든 자연소질은 언젠가는 완벽하게 그리고 합목적적으로 펼쳐지게끔 정해져 있다."(『보편사의 이념』, 제1 명제: BM388=VIII18) 그러나 "(지상의 유일한 이성적 피조물로서의) 인간에 있어서 그의 이성 사용을 목표로 하고 있는 자연소질들은 개체[개인]에서가 아니라, 오직 유[인류]에서만 완벽하게 발전될 것이다."(『보편사의 이념』, 제2 명제: BM388=VIII18)

인간이 자기를 완성해나가는 데 있어서 최대로 중점을 두어야 할 것은 "선으로의 자기 소질들"(A14=IX446)을 발전시켜 자신의 도덕성을 개선해나가는 일이며, 이미 악성에 물들어 있는 경우에는 "자기에서 도덕성을 만들어내는 일"(A14=IX446)이다. 그런데 자연소질이 저절로 개발되는 것은 아니므로, "모든 교육은 곧 하나의 기술"(A16=IX447)이며, 교육기술은 정치기술과 더불어 인간의 두 가지 "가장 중요한"(A15=IX446) 발명품이다.

그러나 교육술 곧 교육학이 아이들을 가정이나 국가의 일에 쓸모 있는 자로 양성하는 데 초점을 맞춰서는 안 된다. 인간은 어느 경우에도 도구여서는 안 된다. 그래서 교육은 "인간성의 발전에 주목하여, 인간성이 단지 숙련될 뿐만 아니라 개명되도록 해야 한다."(A22=IX449) 교육에서 인간은 1) "훈육"되고, 2) "교화"되고, 3) "문명화"되어, 궁극적으로는 4) "도덕화"되어야 한다.(A22/23=IX449/450 참조)

도덕화 교육의 의의

인간은 여느 동물처럼 "길들여지고 조련되고 기계적으로 교습"(A24=IX450)되어서는 안 된다. 아이들이 교육에서 익혀야 할 것은 스스로 "생각하기"(A24=IX450)이며, 깨우쳐야 할 것은 "그로부터 모든 행위들이 나오는 원리들"(A24=IX450)이다. 그리고 그 원리들에 따라 실천하는 힘을 길러야 한다. 무엇보다도 윤리적 행위야말로 원리로부터 나와야 한다. 누구의 가르침이나 뒤따를 보상 때문에 선행을 하는 것이 아니라, 그렇게 행하는 것이 옳다는 "내적 가치 때문에"(A25=IX451) 선행을 할 때 인간은 도덕화되었다고 말할 수 있다.

훈육과 교화 그리고 문명화가 설령 잘 이루어져 있다 해도 도덕화가 함께하지 않으면, 세상의 "악의 분량은 감소하지 않을 것이다."(A26=IX451) 국가가 번영해도 시민들은 비참함을 벗어나지 못하고 문화가 꽃핀 사회에서도 사람들이 더 행복하지 못한 것은 그러한 탓이다.

부육(扶育)과 교양[도야]

교육은 그 안에 **부육**[扶育]과 **교양**[도야]을 포함한다. 후자는 1) **소극적으로는**, 한낱 과실을 방지하는 훈육이고, 2) **적극적으로는**, 교습과 교도[教導]이며, 그런 한에서 교화[문화]에 속한다. **교도**란 가르친 바를 실행하게 지도함이다.(A27 이하=IX452)

교육은 크게 보아 두 면, 곧 부육과 교양으로 이루어지는데, 부육은 실상 보육이며, 교양은 (소극적인) 훈육과 (적극적인) 교화를 포함하고, 교화는 교습과 교도를 그 내용으로 갖는다.

교육의 첫 시기에 아이를 잘 먹이고 잘 입히고 잘 재워 훌륭하게 부육(扶育)하는 한편 "수동적인 순종"을 가르치고, 그런 연후에 차츰 "스스로 사려"하고, 자기의 자유를 법칙들 아래서 사용하는 법을 익히도록 해야 한다.

교육에는 가정에서 이루어지는 "사적 교육"과 교육기관을 통해 이루어지는 "공적 교육"이 있는데, 공적 교육은 보통 "교사"들에 의한 지식정보의 전달을 위주로 하고 있지만, 마땅히 "교습과 도덕적 교양"의 통합을 지향해야 한다.(A28=IX452 참조) 공교육은 아이의 숙련성 배양과 함께 "장래 시민의 최선의 전형을 제공"(A34=IX454)함으로써 시민의 품성 함양에 있어서 사적 교육보다 우월하지만, 인성 함양은 가정교육에서 주로 이루어지므로, 공교육은 동시에 훌륭한 사적 교육을 촉진하는 일을 목적의 하나로 삼아야 한다. 그러기 위해서는 공교육의 "주체들이 교양〔도야〕되어야 한다."(A30=IX452)

교육의 기간 및 주안점

교육은 본질적으로 수동적인 것이다. 이러한 교육은 "자연 자신이 인간이 스스로 자신을 영위하게끔 정해준 시기까지, 즉 인간에게 성본능이 발달하고, 그 자신이 부〔모〕가 될 수 있고 그 자신이 교육해야만 하는, 대략 16세까지"(A31=IX453) 하는 것이 알맞다.

교육에서 "가장 중대한 문제 중 하나"는 규범에 대한 "복종"과 "자기 자유를 사용할 수 있는 역량"을 "통일"하는 일이다.(A32=IX453 참조) — 이러한 교육관에서도 법칙주의자이자 자유주의자인 칸트의 면모가 뚜렷이 드러난다. — 사람은 방종해서도 안 되며, 한낱 기계처럼 움직여서도 안 된다. 교육과정에서 사람은 무엇보다 "자기의 자유의 강제"(A32=IX453)의 힘을 배양해야 한다.

본론

서설: 자연적 교육과 실천적 교육

칸트의 교육론은 사람이 몸과 마음의 양면을 가진 동물이라는 관점을 바탕에 두고 전개된다. 그래서 교육을 크게 "자연적" 교육과 "실천적" 교육의 두 면에서 다루고 있다.(A35=IX455 이하 참조) '자연적(physisch)'이란 곧 '존재에 근거한', '신체적', '물리적'을 함의하고, '실천적(praktisch)'이란 곧 '자유에 근거한', '도덕적', '정신적'을 함의한다. 이러한 관점은 칸트의 이론-실천, 자연-자유, 감성세계-예지세계라는 틀에 상응한다.

자연적 교육은 보육, 훈육, 교화가, 실천적 교육은 지식, 지혜, 윤리적 교양이 주 내용을 이룬다.

자연적 교육

보육

엄밀한 의미에서 자연적 교육이란 보육이다.(A38=IX456 이하 참조) 갓난아기의 생장을 위해서뿐만 아니라 엄마의 건강을 위해서도 모유보다 더 좋은 것이 없다. 수유과정에서 아기와 엄마의 교감도 중요한 일이다. 이유식으로 자극적인 음식은 피해야 한다. 뜨거운 음료도 좋지 않다. 시원하고 딱딱한 잠자리가 덥고 푹신한 잠자리보다 좋으며, 찬물로 목욕하는 것도 좋다.(A43=IX458 참조) 아이들을 덥게 입혀 키워서는 안 된다. 아이한테 기저귀를 채우고, 아이를 감싸 놓는 것도 아이의 건강이나 발육을 위해 결코 좋지 않다. 요람 흔들기도 두뇌 형성이 채 되지 않은 유아들에게는 아주 좋지 않다. 보육에서 초점은 보살피는 자의 편의가 아니라 보살핌을 받는 아이의 자유롭고 자연스러운 활동과 성장에 맞춰져야 한다. (A45=IX459 이하 참조)

아이들은 크게 울어댐으로써 요구를 표현하고 자기의 뜻을 관철하고자 하는데, 무턱대고 재빠르게 들어준다면 자칫 폭군을 만들 수가 있고, 반대로 찰싹 때리는 방식으로 억누르면 아이에게 분노를 심어줄 것이므로, "아이들의 심정과 윤리를 망가뜨리지"(A48=IX460) 않도록 조심해야 한다.

아이들의 성장은 자연이 정한 속도에 따르는 것이 좋다. 걸음마끈이나 보행기 등을 이용하여 서둘러 걷게 할 필요가 없다.(A51=IX461 참조) 인위적인 도구보다는 자연이 마련해놓은 도구에 의지해서 자기 힘으로 성장해가도록 하는 편이 좋다. 특히 태생적으로 장애를 가진 아이의 경우에 그렇다. 연약한 부분을 자기 힘으로 단련시킬 기회를 주지 않으면 더욱 연약해진다. "자연의 목적대로 이성적인 존재자에게는 자기의 힘을 사용하는 법을 배울 수 있는 자유가 여전히 있어야만 한다."(A55=IX463) 또한 어린 시절에 여러 가지 습관이 생기는 것은 좋지 않다. 어렸을 때 밴 습관은 자칫 "특정한 성벽(性癖)"(A56=IX463)으로 남을 수 있다. 그럼에도 자연의 주기와 순환에 맞는 생활 습관은 일찍부터 들여야 한다. 밤에는 잠자고 낮에는 놀이하며, 일정한 시간에 맞춰 식사를 하는 것이 인간에게 유익하기 때문이다.(A56=IX463 이하 참조)

훈육

훈육은 올바른 정서 교육에서 시작된다.(A58=IX464 이하 참조) 훈육은 노예 길들이듯이 해서는 안 되고, 아이들이 자유로이 활동하는 가운데 이루어져야 한다. 아이들이 필요 이상으로 무엇을 욕심낼 때는 단호하게 거절하고, 울음을 터뜨리고 떼를 써도 들어주어서는 안 된다. 아이들이 버릇없이 굴도록 방임해서는 안 되지만, 그렇다고 고집을 꺾기 위해 아이들을 우롱한다거나 수치심을 불러일으켜서는 안 된다. 어린아이들은 아직 예의 개념이 없다.

응석받이와 한없이 귀여워만 하는 것은 아이를 고집스럽고, 거짓되고 분별없게 만든다. 아이를 뻔뻔스럽게 만들거나 수줍음을 타게 만들지 않도록 주의해야 한다. 아이들에게 차츰 생겨나는 대부분의 단점들은 아무것도 안 가르쳐서가 아니라, 그릇된 인상이나 사례를 보였기 때문이다. (A61=IX465 이하 참조) 아이들의 교육에서는 훈계보다도 주변 어른들의 본보기가 더 크게 영향을 미친다.

교화

자연적 교육의 적극적인 부분은 교화(敎化), 즉 문화화(文化化)이다. 교화는 몸과 마음의 단련과 개발이지만, "인간의 마음 능력들의 훈련"(A62=IX466)에 중점이 있다. 신체의 교화에도 마음의 교화가 동반해야 한다.

신체의 교화

신체의 교화는 처음에는 가능한 한 아무런 도구를 사용하지 않고 하는 것이 좋다. 수영이나 달리기는 건강에도 좋고, 신체를 강건하게 만든다. 높이뛰기, 멀리뛰기도 좋으며, 특히 과녁 맞춰 던지기는 눈대중의 훈련도 겸하는 것이어서 감각기관의 교화에 아주 좋다.(A66=IX467 참조)

술래잡기도 시각 없이 생활할 수 있는 훈련이 포함되어 있으며, 갈대피리를 스스로 만들어 분다면 손재주를 기르는 데도 좋다. 그네 타기나 연날리기도 아주 좋은 놀이인데, 연날리기는 바람을 타는 방법을 터득해야 하므로, 숙련성 교화에도 큰 도움이 된다.(A69=IX468 참조)

많은 놀이들은 신체를 강건하게 함과 함께 마음을 유쾌하게 해준다. 또한 어떤 놀이를 하기 위해서 또는 하는 동안에는 다른 필요욕구를 단념해야 하는데, 이것은 어떤 것 없이도 지낼 수 있는 능력을 배양함과 함께 어떤 한 가지 일에 지속적으로 몰두하는 습성이 배게 만든다. 여러 사람이 더불어 하는 놀이는 놀이 중에 사회성을 길러주어 자기 역할과 타인들의 역할의 분별과 조화를 터득하게 만든다. 아이들은 "사회 속에서 자기 자신을 완성"(A70=IX469)해가는 법을 익혀야 한다. 이 세상이 한 사람에게 충분히 넓어야 하듯이, 다른 이들을 위해서도 충분히 넓지 않으면 안 된다.

영혼/마음/정신의 교화

"영혼〔마음/정신〕의 교화"(A71=IX469)에는 "자연적〔물리적〕 교화"와 "실천적 교화"(A72=IX469)의 두 측면이 있으며, 중요한 것은 "도덕적 교양

〔교육〕"(A72=IX469)이다. 물리적으로 잘 교화되고, 잘 형성된 정신을 가진 사람도 "도덕적으로 잘못 교화되어 있을 수 있다."(A72=IX470) 건장하고 의욕에 넘치는 악한도 있는 것이다. 건전한 신체에 언제나 건전한 마음이 함께하는 것은 아니다.

정신의 자연적〔물리적〕교화는 자유로운 교화와 교과적인 교화로 나뉜다. 자유 교화가 놀이라면, 교과적 교화는 학업, 그러니까 "노동"을 통해 이루어진다. "어린아이는 놀이를 해야 하고, 휴양의 시간을 가져야 하지만, 또한 노동을 배워야 한다."(A73=IX470) 그런데 칸트는 놀이하듯 일하고, 일하면서 노는 것은 바람직하지 않다고 본다. 놀이와 노동, "이 두 종류의 교화는 서로 다른 시간에 행해져야 한다."(A73=IX470)는 것이다. "만약 아이가 모든 것을 놀이로 보게끔 습관을 들이면, 이것은 극히 해로운 것이다."(A77=IX472)

"어린아이들이 노동을 배운다는 것은 매우 중요하다. 인간은 노동을 해야만 하는 유일한 동물이다."(A75=IX471) 인간은 생존을 위해 일거리를 필요로 하고, 더구나 때로 강제적인 일거리는 인간의 힘을 더 크게 배양한다. 또한 "인간에게 최선의 휴식은 노동 후의 휴식이다."(A77=IX471) 아이는 노동하는 데에 습관을 들여야 한다. 그리고 학교는 이러한 노동으로의 경향성을 교화할 수 있는 최선의 장소이다. "학교〔과정〕는 강제적인 교화이다."(A77=IX472) 아이가 왜 일해야 하는지, 그리고 지금 왜 그 일을 해야 하는지를 아이에게 반드시 이해시킬 필요는 없다. "교육은 강제성이 수반되지 않을 수 없다."(A77=IX472) 물론 그렇다고 "교육을 노예처럼 시켜서는 안 된다."(A77=IX472)

마음의 능력들의 교화에서 유념해야 할 바는, 교화가 지속적으로 이루어져야 하며, 하위 능력들은 상위 능력들의 교화와 관련하여 부수적으로만 이루어져야 한다는 점이다. "예컨대 상상력은 오직 지성의 이득을 위해서만 교화되어야"(A78=IX472) 하고, 기지는 판단력의 배양이 수반될

때에라야 우직함을 면할 수 있다. 기억력도 "지성과 병행해서 교화〔배양〕해야 한다."(A82=IX474)

아이들을 가르칠 때는 앎과 실행이 결합되도록 해야 하는데, 모든 학문 가운데 이러한 목적에 최적인 것은 "수학"(A84=IX474)이다. 또한 아는 것은 말할 수 있도록 가르쳐야 하고, 아는 것〔지식〕과 의견 또는 믿음〔신앙〕을 구별할 줄 알도록 일깨워주어야 한다. 지성을 교화하는 데는 늘 규칙이 따르는데, 규칙을 추상화할 줄 아는 것도 중요하다. 그래서 수학이나 문법을 익히는 것이 지성의 교화에 좋다.(A84=IX475 참조)

아이들의 **실천적 교화**, 곧 "도덕적인 교화는 준칙들에 기초해 있어야지, 훈육에 기초해서는 안 된다."(A98=IX480) 훈육에 기초한 교화는 버릇없는 것을 막아주지만, 그 효과는 몇 년 지나면 소멸한다. "준칙에 기초한 교화는 사유방식〔성향〕을 교양〔도야〕"(A98=IX480)함으로써 행동을 그때그때의 이해득실에 따라 하지 않고, 보편적인 가치 기준에 따라 일관성 있게 하는 힘을 키워준다.

"준칙들은 인간 자신에서 생겨나야만 한다." 어린아이도 자유로운 인격체이기 때문이다. 그러므로 아이의 마음에 도덕성을 기초 지으려 한다면, 벌로써 해서는 안 된다. "도덕성은 신성하고 숭고한 것"이므로, 도덕성 함양을 "훈육과 동렬상에 놓아서는 안 된다." 도덕 교육에서 첫째로 애써야 할 바는 "품성〔인성/성격〕의 기초를 놓는 일이다." 품성이란 "준칙들에 따라 행위하는 숙련"을 말하는 것이다.(A99=IX481 이하 참조) 그리고 이때 어린아이들에게는 "시민의 품성"이 아니라 "어린아이의 품성"을 함양해야 함을 유념해야 한다.(A101=IX481 참조)

어린아이가 갖춰야 할 첫째의 품성은 "복종심"이다. 복종은 "절대적 의지에 대한 복종"이거나, "이성적이며 선하다고 인정된 의지에 대한 복종"인데, 앞의 것은 법률적 강제에 대한 복종이고, 뒤의 것은 윤리적 규칙에 대한 "자유의지적인 복종"이다. 앞의 복종심은 "어린아이로 하여금 그가 장차 시민으로서, 법칙〔법률〕들이 설령 그에게 적의하지 않더라도, 이행해야만 할 그런 법칙〔법률〕들의 이행을 준비시키는 것"이고, 뒤의 복종심은 자기 강제 능력, 자율성의 표현으로서 이러한 복종을 통해 아이는 차츰 인격체로 성장한다.(A101=IX481 이하 참조)

어린아이가 법규나 도덕적 지시명령을 어기는 것은 복종심의 결여에서 비롯한 것이라 하겠는데, 이에는 마땅히 처벌이 뒤따라야 한다. 처벌에는 "자연적〔물리적〕인 것"과 "도덕적〔정신적〕인 것"(A103=IX482)이 있다. 어린아이가 거짓말할 때, 경멸의 눈초리로 쳐다보는 것은 도덕적인 처벌이다. 자연적인 처벌은 아이가 원하는 것을 거절하여 욕구를 좌절시키거나 체벌을 하는 것이다. 앞의 방식은 도덕적인 처벌과 유사하다. 뒤의 방식, 곧 체벌은 아주 주의해야 한다. 자칫 아이에게 "노예근성"을 심어줄수 있다. 반대로 아이들이 무엇인가 잘 했을 때 칭찬 외에 상을 주는 것은유익하지 않다. 자칫 좋은 행실에 상을 바라는 버릇이 들면, "용병(傭兵)근성"이 생길 수 있다.(A104=IX482 참조)

"어린아이의 품성 수립에서 두 번째의 주요 특성은 진실성이다."(A107=IX484) 진실성의 결여, 예컨대 거짓말은 사람이 받아야 할 최소한의 존경마저 잃게 만든다.

"어린아이의 품성에서 세 번째 특성은 사교성〔사회성〕"(A109=IX484)이다. 어린아이는 외톨이가 되어서는 안 된다. 다른 사람들과 친교하면서솔직담백하게 자기를 표현하고, 어린아이답게 또래들과 활기차게 뛰어놀아야 한다.

아이가 조숙한 것은 좋지 않다. 어린아이는 "어린아이답게 총명해야"(A111=IX485)지 어른들의 흉내쟁이가 되어서는 안 된다. 어린아이에게유행을 따르게 하고, 장식 달린 옷 같은 것을 입혀 예쁘다고 칭찬하게 되면 자칫 허영심에 젖게 된다. 이를 피하기 위해서는 주위의 어른들부터몸가짐을 잘해야 한다. "본보기는 전능의 힘을 가지며, 훌륭한 가르침을

확고하게 만들기도 하고 무효화시킬 수도 있기 때문이다."(A112=IX486)

실천적 교육

"실천적 교육의 요소는 1) 숙련성, 2) 세간지〔世間智〕, 3) 윤리성이다."
(A112=IX486)

"**숙련성**은 재능〔발휘〕을 위해 필요한 것"으로 철저히 갖추어야 하며,
"사유방식/성향 중에서 하나의 습관이 되어야 하는 것이다."(A112=IX486)

세간지는 "숙련성을 보통사람에게 적용하는 기술, 다시 말해 인간들
을 자기의 의도대로 사용〔대〕할 수 있는 기술"(A113=IX486)이다. 세간지
가운데 하나가 "예의범절"(A113=IX486)이다. 예의범절에는 "가식"이 따
르기 마련인데, 속내를 감추고 외양을 꾸미는 것이 불가피하기 때문이다.
그래서 예의범절에는 자칫 불순성이 낄 수도 있다. 그러나 사람은 "자기
성질대로 곧바로 행"해서는 안 되며, 너무 거리낌 없이 행동해서도 안 되
는 것이다. 예의범절에 "정동〔情動〕/격정의 절제"(A114=IX486)는 필수적
인 것이며, 그것은 세간지에 속한다.

윤리성은 품성의 문제로서, "사람들이 훌륭한 품성을 형성하고자 한
다면, 먼저 욕정들을 제거해야 한다."(A114=IX486) "忍耐하라, 그리고 삼
가라!"(A114=IX486), "차근차근히 빨리해라!"(A115=IX487)와 같은 격언
들은 품성 함양의 지침이라 하겠다.
교육에서 "최종적인 것은 품성의 수립이다. 품성은 무엇인가를 행하
고자 하는 확고한 결의와 그리고 또 그것을 실제로 시행하는 데서 성립
한다."(A116=IX487) 남과 한 것이든 자기와 한 것이든 약속은 반드시 지
키는 것이 훌륭한 품성의 제일 요소이다. 그러나 확고한 결의와 실행에

"도덕에 반하는 것"은 "제외된다."(A117=IX488) 악한 것에 확고한 것은 옹고집으로서, 그러한 것은 좋은 품성과 반대되는 것이다. "장래의 개심 (改心)"(A117=IX488)이라는 것도 기대할 만한 것이 못된다. 개심을 결의했으면 당장 실행해야 할 일이다. 늘 패악스럽게 살아온 사람이 갑작스레 훌륭한 삶을 사는 사람이 되는 "기적은 일어날 수 없는 것"(A117=IX488)이기 때문이다. 성지순례, 고행, 금식 같은 행위에서도 기대할 것이 거의 없다. "사람이 낮에는 금식하고, 밤에는 그 대신에 다시 그만큼 많이 향유한다거나, 영혼의 변화에 아무것도 기여할 수 없는 보속을 신체에 지운다면, 그것이 정직과 개심[改心]에 무슨 도움이 되겠는가?"(A118=IX488)

아이들의 도덕적 품성을 함양하는 최선의 방법은 아이들이 지켜야 할 의무들을 가능한 한 많은 본보기를 통해 일러주는 것이다. 의무들로는 자기 자신에 대한 의무와 타인에 대한 의무가 있겠다.(A118=IX488 이하 참조)

자기 자신에 대한 의무

인간의 자기 자신에 대한 의무들은 "인간이 자신의 내면에서 그를 모든 피조물보다 존귀하게 만들어주는 일정한 존엄성을 갖는 데에 있으며, 그의 의무는 인간성의 이 존엄성을 그 자신의 인격에서 부인하지 않는 일이다."(A119=IX488) 부자연스럽고 무절제한 행동으로 자신을 동물보다도 못하게 만든다거나 아첨과 거짓말로 "누구나 마땅히 스스로 가져야 할 존경과 신뢰성을 그 자신에게서 스스로 앗는"(A120=IX489) 짓은 자신에 대한 의무를 저버리는 행위이다.

타인에 대한 의무

"아주 어려서부터 인간의 권리에 대한 경외와 존경을 가르쳐"(A120= IX489)야 한다. 아이들이 "지상에 있는 신의 눈동자인 인간의 법/권리/ 옳음을 인지하고 마음으로 받아들이도록 가르치는"(A123=IX490) 데 주력할 일이다. 어느 경우에도 아이가 거만하게 굴거나 반대로 감상적인 동정심으로 타인을 대하도록 해서는 안 된다.

"교육에서 관건이 되는 것은 사람들이 어디서나 올바른 근거들을 세우고, 아이들이 그것들을 이해하여 받아들이게끔 만드는 일이다."(A128 = IX492 이하) 아이들이 배워야 할 것은 타인의 의견에 따라서가 아니라 자신의 양심에 비춰 자신을 혐오하고 존중하는 "내적 존엄성"과 타인에 대한 겸허와 세상에 대한 "경건함"이다. "그러나 무엇보다도 아이들이 행운의 덕택을 결코 높게 평가하지 않도록 보호해주지 않으면 안 된다."(A129 = IX493)

종교 교육

어린아이에게 신학 개념들을 수반하는 종교 교육을 하는 것은 적합하지 않다. 처음에는 신의 개념을 한 가정 안에서의 아버지의 개념에 유비해서 가르치는 것은 그럴듯한 방법이 될 것이다. '아버지'가 가정을 이끌고 가사를 돌보고, 그를 중심으로 온 가족이 하나가 되는 한에서 말이다. (A132 = IX494 참조)

"종교는 신의 인식에 적용된 하나의 도덕이다."(A132 = IX494) 순전히 신학과 의식(儀式) 위에 구축되어 있는 종교는 결코 어떤 도덕적인 것을 함유할 수 없다. "사람들은 그러한 종교에서는 한편으로는 단지 공포를, 그리고 다른 한편으로는 보수[보상]를 갈구하는 의도와 마음씨를 가질 뿐"(A133 = IX494)이다. "사람들이 종교를 도덕성과 결합하지 않는다면, 종교는 한낱 은혜 간구[은총 지원]가 될 것이다. 찬미와 기도, 교회 다니기는 오직 인간에게 개선을 위한 새로운 힘과 용기를 주는 것이어야 하고, 또는 의무 표상으로 고취된 심정의 표현이어야 한다. 이러한 일들은 선업(善業)을 위한 준비들일 뿐, 그 자체가 선업들은 아니다. 인간이 개선된 인간이 되는 것 외에 달리 최고 존재자에 적의할 수 있는 방도는 없다." (A132 = IX494)

"우리 안에 있는 법칙을 일컬어 양심이라고 한다."(A134 = IX495) 양심이란 본래 이 법칙, 곧 도덕법칙에 우리의 행위들을 적용함이다. "만약 사람들이 양심을 신의 대리자로 생각하지 않는다면, 양심의 가책은 아무런 효과도 없을 것이다."(A134=IX495) 신은 본래 우리 위에 있으나, 양심을 통하여 우리 안에도 자리 잡고 있다. 만약 종교가 도덕적 양심성과 함께하지 않는다면, 종교는 타당성을 잃는다. 도덕적 양심성이 없으면 종교는 하나의 미신적 의례일 따름이다. 만약 사람들이 "신의 법칙들을 어떻게 이행할 것인지를 생각하지 않은 채, 신을 찬양하고 신의 권능과 지혜를 칭송한다면, 실로 신의 권능과 지혜 등등을 전혀 알지 못하고, 전혀 탐색해보지도 않은 채 신을 섬기려 하는 것이다. 이러한 찬미들은 그러한 자들의 양심을 위한 아편이자, 그 위에서 양심이 편안히 잠이 들 베개이다."(A134=IX495)

신에 대한 참된 경배는 사람들이 양심의 법칙이자 자연의 법칙이기도 한 신의 법칙에 따라 행위하는 데 있는 것이니, 이 점을 아이들에게 반드시 가르쳐야 한다. 아이들로 하여금 신의 이름을 아무때나 부르게 해서는 안 된다. "신의 개념은 신의 이름을 언제 부르더라도 외경심으로 인간을 가득 채워야 마땅"(A135=IX495)한 것이다. "어린아이는 생명과 전 세계의 주인으로서의 신에 대한 외경심을 느끼도록 배워야 하고, 더 나아가 인간의 보호자로서의 신에 대해, 셋째로 마침내 인간의 심판자로서의 신에 대해 외경심을 느끼도록 배워야 한다."(A135=IX495)

성교육

소년기에 접어들면 아이들은 이성(異性)을 구별하고, 성적 호기심과 경향성을 뚜렷하게 보인다. 아이들의 성적 경향성의 발달은 기계적으로 진행되는 것인 만큼, 그에 상응하는 성교육이 "숨김없이, 분명하게 그리고 명확하게"(A139=IX497) 이루어지는 것이 좋다. 이때 특히 자기 자신을 대상으로 하는 관능적 쾌락의 폐해를 충분히 설명해주는 한편, 일거리에 몰두할 수 있도록 환경을 조성함으로써 저러한 유혹과 상념에서 벗어날 수 있도록 해주어야 한다.

자연은 인간이 성년이 되면 종의 번식을 위한 능력과 그를 위한 경향성을 주었지만, 문명사회는 사람이 아이들을 낳아 기르는 데 필요한 다른 사항들을 또한 만들어놓았다. 그러므로 소년소녀들의 성적 능력에도 불구하고, 그 사용에 있어서 "최선"은 그들이 "정식으로 결혼할 수 있는 사정에 이를 때까지 기다리는 것이다. 그럴 때 그는 단지 훌륭한 인간으로서뿐 아니라, 훌륭한 시민으로 행위하는 것이다."(A142=IX498)

소년은 이른 시기부터 "이성〔異性〕에 대해 예의 있는 존경심"을 가질 줄 알고, 이성에 대한 선량한 활동을 통해 "이성의 존경심을 얻는 것을 배워야 한다. 그리하여 행복한 혼인이라는 고가의 상급을 받고자 노력해야 한다."(A142 이하=IX498)

세계시민 교육

청소년기에 이른 아이들에게는 "타인에 대한 인간애, 그리고 세계시민의 마음씨를 일깨워주어야 한다."(A145=IX499) 우리 영혼 안에는 자기 자신에 대한 관심 외에도 이웃해 있는 타인들에 대한 관심도 들어 있으며, "세계최선〔세계복지〕에 대한 관심"(A145=IX499)도 생겨난다. 청소년 교육에서 아이들이 이러한 관심에 익숙해지도록 하면, "아이들의 영혼은 이에서 따뜻해질 수 있을 것이다. 아이들은 세계최선〔세계복지〕이 설령 그들의 조국에 유리하지 않고 그 자신의 이득이 되지 않는다 할지라도, 그에서 기쁨을 느끼지 않으면 안 된다."(A145=IX499)

끝으로 아이들에게 "매일매일 자기 자신과의 결산이 필요함을 일깨워주어야 한다. 그렇게 함으로써 사람들은 생의 종국에서 자기 생의 가치에 관해 개산〔槪算〕해볼 수 있을 것이다."(A145=IX499)

※ 해제와 주해에서 한국어 제목을 사용한 칸트 원논저 제목[약호],
이를 수록한 베를린 학술원판 전집[AA] 권수(와 인용 역본)

Kant's gesammelte Schriften〔베를린 학술원판 전집: AA〕, hrsg. v. der Kgl.
　　Preußischen Akademie der Wissenschaft // v. der Deutschen
　　Akademie der Wissenschaft zu Berlin // v. der Akademie der
　　Wissenschaften zu Göttingen // v. der Berlin-Brandenburgischen
　　Akademie der Wissenschaften, Bde. 1~29, Berlin 1900~2009.

『순수이성비판』: *Kritik der reinen Vernunft*〔*KrV*〕, AA III~IV(백종현 역, 아카넷,
　　2006).
『실천이성비판』: *Kritik der praktischen Vernunft*〔*KpV*〕, AA V(백종현 역, 아카넷,
　　개정판 2009).
『윤리형이상학 정초』: *Grundlegung zur Metaphysik der Sitten*〔*GMS*〕, AA IV
　　(백종현 역, 아카넷, 개정판 2014).
『윤리형이상학』: *Die Metaphysik der Sitten*〔*MS*〕, AA VI(백종현 역, 아카넷,
　　2012).
　「법이론의 형이상학적 기초원리」/「법이론」: *Metaphysische Anfangsgründe
　　　der Rechtslehre*〔*RL*〕.
　「덕이론의 형이상학적 기초원리」/「덕이론」: *Metaphysische Anfangsgründe
　　　der Tugendlehre*〔*TL*〕.

『판단력비판』: *Kritik der Urteilskraft*〔*KU*〕, AA V(백종현 역, 아카넷, 2009).

『(순전한) 이성의 한계(들) 안에서의 종교』: *Die Religion innerhalb der Grenzen der bloßen Vernunft*〔*RGV*〕, AA VI(백종현 역, 아카넷, 2011).

『영원한 평화』: *Zum ewigen Frieden*〔*ZeF*〕, AA VIII(백종현 역, 아카넷, 2013).

『(실용적 관점에서의) 인간학』: *Anthropologie in pragmatischer Hinsicht*〔*Anth*〕, AA VII(백종현 역, 아카넷, 2014).

「조각글」: Reflexionen〔Refl〕, AA XIV~XIX.

『자연지리학』: *Immanuel Kants physische Geographie*〔*PG*〕, AA IX.

「보편사의 이념」: Idee zu einer allgemeinen Geschichte in weltbürgerlicher Absicht〔IaG〕, AA VIII.

「인간 역사」: Mutmaßlicher Anfang der Menschengeschichte〔MAM〕, AA VIII.

『칸트의 교육학』 관련 주요 문헌

1. 칸트 생전 원서 판본

Immanuel Kant über Pädagogik, hrsg. von Friedrich Theodor Rink,
  Königsberg, bei Friedrich Nicolovius, 1803. 〔VI+146 Seiten〕〔Warda
  218〕

Immanuel Kant über Pädagogik, hrsg. von Friedrich Theodor Rink,
  Königsberg 1803. 〔102 Seiten〕〔Warda 219〕

2. 대표적 독일어 칸트전집 판본

Immanuel Kant über Pädagogik, in: *Kant's gesammelte Schriften*, hrsg.
  von der Königlich Preußischen Akademie der Wissenschaften, Bd.
  IX, Berlin und Leipzig 1923.
Immanuel Kant über Pädagogik, in: *Immanuel Kant. Werke in Sechs
  Bänden*, hrsg. von Wilhelm Weischedel, Bd. VI, Wiesbaden 1954/
  Darmstadt [6]2005.

3. 역주에 참고한 국내외 역서

Lectures on pedagogy, in: G. Zöller/R. B. Louden(eds.), *Immanuel Kant. Anthropology, History, and Education*, Cambridge 2007.

Kant on Education, translated into English by Annette Churton with an introduction by Mrs Rhys Davids, London 1899/Boston 1900. Reprinted Ann Arbor, 1960 · 1964/Bristol 1922 · 2003.

조관성 역주, 『칸트의 교육학 강의』, 철학과현실사, 2007(증보판).

김영래, 『칸트의 교육이론』, 부록: 교육학강의, 학지사, 2005〔제2쇄〕.

尾渡達雄 譯, 《カント全集》第十六卷: 『敎育學·小論文·遺稿集』, 東京: 理想社, 1966 · ⁴1981.

李秋零 譯, 「敎育學」, 수록: 李秋零 主編, 《康德著作全集》第9卷, 北京: 中國人民大學出版社, 2010.

4. 기타 참고 문헌

Ballauf, Th., *Vernünftiger Wille und gläubige Liebe. Interpret. zu Kants und Pestalozzis Werk*, Meisenheim 1957.

_____, *Systematische Pädagogik*, Heidelberg ³1970.

_____/K. Schaller, *Pädagogik. Eine Geschichte der Bildung und Erziehung*, Bd. II, Freiburg/München 1970.

Barrow, R./R. Woods, *An Introduction to Philosophy of Education*, London ³1988.

Basedow, J. B., Das in Dessau errichtete Philantropin, eine Schule der Menschenfreundschaft und guter Kenntnisse für Lernende und junge Lehrer, arme und reiche, Leipzig 1774, in: Benner, D./H. Kemper (Hrsg.), *Quellentexte zur Theorie und Geschichte der Reformpädagogik*, Weinheim 2000. S. 84~92.

Bast, R. A., *Rousseau, Kant, Goethe*, Hamburg 1991.

Becker, K. H., *Kant und die Bildungskrise der Gegenwart*, Leipzig 1924.

Berrett, H., *Die pädagogische Neugestaltung der bürgerlichen Leibesübungen durch die Philanthropen*, Stuttgart 1960.

Bigge, M. L./M. P. Hunt, *Psychological Foundations of Education*, New York 1968.

Blankertz, H., *Der Begriff der Pädagogik im Neukantianismus*, Weinheim 1959.

_____, *Die Geschichte der Pädagogik*, Wetzlar 1982.

Blau, F., *Über die moralische Bildung des Menschen*, Nebst einem Anhange, Frankfurt/M. 1795.

Blaß, J. L., *Modelle pädagogischer Theoriebildung*, Bd. 1: *Von Kant bis Marx*, Stuttgart 1978.

Bochow, J., *Erziehung zur Sittlichkeit — Das Verhältnis von praktischer Philosophie und Pädagogik bei Jean-Jacques Rousseau und Immanuel Kant*, Bern u. a. 1984.

Bock, F. S., *Lehrbuch der Erziehungskunst zum Gebrauch für christliche Erzieher und künftige Jugendlehrer*, Königsberg 1780.

Böhmel, *Der prinzipielle Gegensatz in der pädagogischen Anschauung Kants und Herbarts*, Marburg 1892.

Bollnow, O. F., "Kant und die Pädagogik", in: *Westermanns Pädagogische Beiträge* 1954/2, S. 49~55.

_____, *Die anthropologische Betrachtungsweise in der Pädagogik*, Bochum ²1968.

Bötte, W., *Immanuel Kants Erziehungslehre*, (Diss. Jena), Langensalza 1899.

Boyd, W./E. J. King, *The History of Western Education*, London 1975.

Brachmann, W., "Kant und Hegel und die humanistische Tradition", in: *Volk im Werden* 1944/1-3, S. 2~39.

Brauer, O., *Die Beziehungen zwischen Kants Ethik und seiner Pädagogik*, Leipzig 1904.

Breitinger, M., "Das Gemeinschaftsproblem in der Philosophie Kants", in: *Pädagogische Magazin*, H. 1147, Langensalza 1927.

Buchner, E. F., *Kant's Educational Theory*, Philadelphia 1904.

Buck, G., "Kants Lehre vom Exempel", in: *Archiv für Begriffsgeschichte*, Bd. XI, H. 2, S. 148~183.

Bunke, K., *Die gesellschaftlichen Dimensionen der Philosophie Kants*, Bern 1974.

Burger, A., "Über die Gliederung der Pädagogik bei Kant", 1889(Diss. Jena).

Burggraf, G., *Christian Gotthilf Salzmann im Vorfeld der Französischen Revolution*, Berlin 1966.

Butler, J. D., *Idealism in Education*, New York 1966.

Campe, J. H.(Hrsg.), *Allgemeine Revision des gesammten Schul - und Erziehungswesens. Von einer Gesellschaft praktischer Erzieher*, 16 Bde, Hamburg / Wolfenbüttel / Wien / Braunschweig 1785~1792. Neudruck: Vaduz 1979.

_____, *Theophron oder der erfahrene Ratgeber für die unerfahrene Jugend*, Wien 1809.

Cassirer, E., *Die Philosophie der Aufklärung*, Darmstadt [2]1973.

Court, J., "Pädagogische Aspekte in Kants dritter Kritik", in: *Vierteljahrsschrift für wissenschaftliche Pädagogik* 66, 1990, S. 352~359.

Dammer, K.-H., *Zur Integrationsfunktion von Erziehung und Bildung*, Hamburg 2008.

Dilthey, W., *Pädagogik. Geschichte und Grundlinien des Systems*, Gesammelte Schriften, Bd. IX, 3, Stuttgart [3]1961.

Dohmen, G., *Bildung und Schule. Die Entstehung des deutschen Bildungsbegriffs und die Entwicklung seines Verhältnises zur Schule*,

2 Bde. Weinheim 1964/1965.

Dörschel, A., *Geschichte der Erziehung im Wandel von Wirtschaft und Gesellschaft*, Berlin ²1996.

Duproix, P., *Kant et Fichte et problème de l'éducation*, ouvrage couronné par l'Académie française, Paris ²1897.

Dzierzbicka, A./J. Bakic/W. Horvath(Hrsg.), *In bester Gesellschaft — Einführung in die philosophische Klassiker der Pädagogik von Diogenes bis Baudrillard*, Wien 2008.

Eigenmann, A., "Die Pädagogik Kants im Lichte seiner Ethik", 1921(Diss. Fribourg, Schweiz)

Ellrich, "Kant als Erzieher", in: *Die Volksschule* 22, 1926, S. 46~49.

Engbers, J., Der *"moral sense" bei Gellert, Lessing und Wieland*, Heidelberg 2001.

Erasmus, *Pueris statim ac liberaliter instituendis declamatio*(Basel 1529), in: Collected Works of Erasmus, vol. 26. Literary and Educational Writings 4, ed. by J. Kelly Sowards, Toronto 1985.

Felsch, C., *Das Verhälltnis der transzendentalen Freiheit bei Kant zur Möglichkeit moralischer Erziehung*, Hannover 1894(Päd. Bibl. 17).

Finzel-Niederstadt, W., *Lernen und Lehren bei Herder und Basedow*, Köln 1986.

Fischer, G., *Johan Michael Sailer und Immanuel Kant*, Freiburg 1953.

Frankena, W. K., *Three Historical Philosophies of Education — Aristotle, Kant, Dewey*, Glenview, Illinois 1965.

Frost, S. E., *Basic Teachings of the Great Philosophers*, New York 1962.

Goedeckenmeyer, A., "Die Ethik Kants und das Erziehungsproblem", in: *Die Mittelschule* 41, 1924, S. 333~337.

Gössl, M., *Untersungen zum Verhältnis von Recht und Sittlichkeit bei Immanuel Kant und Karl Chr. Fr. Krause*, München 1961.

Gonsior, G., *Pädagogik als sittliches Handeln*, Pforzheim 1999.

Grimme, Th., *Kants Werke — Bd. XI: "Über Pädagogik" — Ein Vergleich anhand ausgewählter Sekundärliteratur*, Hamburg 2005.

Groothoff, H.-H.(Hrsg.), *Immanuel Kant. Ausgewählte Schriften zur Pädagogik und ihrer Begründung*, Paderborn 1963.

_____, *Funktion und Rolle des Erziehers*, München 1972.

_____, *Einführung in die Erziehungswissenschaften*, Ratingen 1975.

_____, "Humanismus gestern und heute. Zu Kants konstruktivem und Heideggers kritischem Beitrag zur humanistischen Ethik, Politik und Pädagogik", in: *Pädagogische Rundschau* 44, 1990, S. 541~555.

Gründer, K./K. H. Rengstorf(Hrsg.), *Religionskritik und Religiösität in der deutschen Aufkläung*, Heidelberg 1989.

Gunkel, A, *Spotaneität und moralische Autonomie. Kants Philosophie der Freiheit*, Bern 1989.

Hammel, W., *Wege der Bildung. Geschichte des Bildungsverständnisses*, Hamburg 1996.

Heitger, M., *Pädagogische Grundprobleme in transzendental-kritischer Sicht*, Bad Heilbrunn 1969.

Henke, R. W., "Kants Konzept von moralischer Erziehung im Brennpunkt gegenwärtiger Diskussionen", in: *Pädagogische Rundschau* 51, 1997, S. 17~30.

Hess, H. J., *Die obersten Grundsätze Kantischer Ethik und ihre Konkretisierbarkeit*, Bonn 1971.

Hirst, P. H./R. S. Peters, *The Logic of Education*, London 1970.

Hoffmann, E., *Pädagogischer Humanismus*, Zürich/Stuttgart 1955.

Holstein, H., "Die Grundstruktur der Bildung bei Kant, Herbart und Fröbel", 1954(Diss. Köln).

_____, Ein Aufsatz gleichen Titels in: *Beiträge zu Grundfragen gegenwärtiger Pädagogik*, Aachen 1956.

_____, *Bildsamkeit und Freiheit — Ein Grundproblem des Erziehungs-*

gedankens bei Kant und Herbart, Köln 1959.

_____, *Bildungsweg und Bildungsgeschehen. Der Bildungsprozeß bei Kant, Herbart und Fröbel*, Ratingen 1965.

_____(Hrsg.), *Immanuel Kant. Über Pädagogik*, Bochum ⁵1984.

Hönigswald, R., *Über die Grundlagen der Pädagogik*, München ²1927.

Hufnagel, E., "Kants pädagogische Theorie", in: *Kant-Studien* 79, 1988, S. 43~56.

_____, *Der Wissenschaftscharakter der Pädagogik. Studien zur Pädagogischen Grundlehre von Kant, Natorp und Hönigswald*, Würzburg 1990.

Hyman, R. T., *Principles of Contemporary Education*, New York 1966.

Ipfling, H.-J., "Anmerkungen über die wissenschaftstheoretische Grundlegung der Pädagogik bei Kant", in: *Pädagogische Rundschau* 21, 1967, S. 165~172.

Jaumann, H.(Hrsg.), *Rousseau in Deutschland*, Berlin 1995.

Kauder, P./W. Fischer, *Immanuel Kant über Pädagogik. 7 Studien*, Hohengehren 1999.

Kemper, M., *Geltung und Problem*, Würzburg 2006.

Kim, Young-Rae, *Der Begriff der Bildung bei Immanuel Kant, Max Scheler und Theodor Ballauff*, Frankfurt/M. u. a. 2002.

Koch, L., "Kant und das Problem der Erziehung", in: *Vierteljahrsschrift für wissenschaftliche Pädagogik* 49, 1973, S. 32~43.

_____, *Kants ethische Didaktik*, Würzburg 2003.

Kondylis, P., *Die Aufkläung im Rahmen des neuzeitlichen Rationalismus*, Stuttgart 1981.

Krüger, G., *Philosophie und Moral in der Kantischen Kritik*, Tübingen 1967.

Küppers, R., *Ethiklehre*, Aachen 1993.

Lausberg, M., *Kant und die Erziehung*, Marburg 2009.

Liebmann, O., *Kant und Epigonen*, Erlangen ²1951.

Liedtke, M., "Kant und die Erziehungswissenschaft", in: *Zeitschrift für Pädagogik* 12, 1966, S. 134~143.

Litt, Th., *Führen oder Wachsenlassen. Eine Erörterung des pädagogischen Grundproblems*, Stuttgart 1952.

Locke, J., *Some Thoughts concerning Education*(1693, ²1695), in: R. W. Grant / N. Tarvov(eds.), *Some Thoughts concerning Education and Of the Conduct of the Understanding*, Indianapolis / Cambridge: Hackett, 1996.

Löwith, K., *Das Verhältnis von Gott, Mensch und Welt in der Metaphysik von Descartes und Kant*, Heidelberg 1964.

Luf, G., *Freiheit und Gleichheit. Die Aktualität im politischen Denken Kants*, Wien 1978.

Luhmann, N. / K. -E. Schorr, *Reflexionsproblem im Erziehungssystem*, Stuttgart 1979.

Maul, P., *Formen der sozialen Intervention im 18. Jahrhundert*, Köln 1991.

McDonald, J., *Rousseau and the French Revolution*, London 1965.

Meinberg, E., *Das Menschenbild der modernen Erziehungswissenschaft*, Darmstadt 1988.

Meiser, R., *Vernunft und Wille*, Köln 1991.

Menzer, P., *Kants Lehre von der Entwicklung in Natur und Geschichte*, Berlin 1911.

Messer, A., *Kant als Erzieher*, Langensalza 1924.

_____, "Kant als politischer Erzieher", in: *Philosophie und Leben* 8, 1932.

Morrish, I., *Disciplines of Education*, London 1968.

Munzel, G. F., *Kant's Conception of Pedagogy — Toward Education for Freedon*, Evanston: Northwestern Univ. Press, 2012.

Natorp, P., *Philosophie und Pädagogik. Untersuchungen auf ihrem Grenzgebiet*, Marburg 1909.

Nicolin, F.(Hrsg.), *Pädagogik als Wissenschaft*, Darmstadt 1969.

Niethammer, A., *Kants Vorlesung über Pädagogik*, Frankfurt/M. 1980.

Oberer, H. / G. Seel(Hrsg.), *Kant. Analysen — Probleme — Kritik*, Würzburg 1988.

Odinius, M., *Bildungsgeschichte des 19. Jahrhunderts*, Köln 1997.

Overhoff, J., *Die Frühgeschichte des Philanthropismus von 1715-1771*, Berlin 2003.

Peters, R. S., *Ethics and Education*, London 1966.

Pleines, J.-E.(Hrsg.), *Bildungstheorien. Probleme und Positionen*, Freiburg/Basel/Wien 1978.

_____(Hrsg.), *Kant und die Pädagogik : Pädagogik und praktische Philosophie*, Würzburg 1985.

Prauss, G.(Hrsg.), *Kant. Zur Deutung seiener Theorie von Erkennen und Handeln*, Köln 1973.

Price, K., *Education and Philosophical Thoughts*, Boston 1967.

Rang, M., *Rousseaus Lehre vom Menschen*, Göttingen 1959.

Rausch, A., *Immanuel Kant als Pädagoge*, Annaberg 1924.

Reble, A., *Geschichte der Pädagogik*, Stuttgart [18]1995.

Ritzel, W., *Die Vielheit der pädagogischen Theorien und die Einheit der Pädagogik*, Wuppertal/Ratingen/Düsseldorf 1968.

_____, "Über den Wissenschaftscharakter der Pädagogik", in: *Kant-Studien* 62, 1971, S. 185~201.

_____, *Pädagogik als praktische Wissenschaft. Von der Intentionalität zur Mündigkeit*, Heidelberg 1973.

Roettcher, F., *Die Erziehungslehre Kants und Fichtes*, Weimar 1927.

Rosenthal, G., "Kants Bestimmung der Erziehungsziele", in: *Archiv für Geschichte der Philosophie und Soziologie* 37, 1926, S. 65~74.

Roth, K./Ch. W. Surprenant(eds.), *Kant and Education — Interpretations and Commentary*, London: Routledge, 2012.

Rousseau, J.-J., *Émile, ou De l'éducation*(Amsterdam 1762), in: Œuvres complètes de J.-J. Rousseau, tome II: La Nouvelle Héloïse. Émile. Lettre à M. de Beaumont, A. Houssiaux, 1852-1853.

Ruhloff, J., "Wie kultiviere ich die Freiheit bei dem Zwange?", in: *Vierteljahrsschrift für wissenschaftliche Pädagogik* 51, 1975, S. 2~18.

Salzmann, C. G., *Noch etwas über die Erziehung nebst Ankündigung einer Erziehungsanstalt*, Leipzig 1784.

_____, *Reisen der Salzmannschen Zöglinge*, 5 Bde, Leipzig 1784/1787.

_____, *Nachrichten aus Schnepfenthal für Eltern und Erzieher*, Leipzig 1786.

_____, *Ameisenbüchlein oder Anwendung zu einer vernünftigen Erziehung der Erzieher*, Schnepfenthal 1806.

Schindler, I., *Allgemeine Brauchbarkeit und Gemeinnützigkeit. Das Menschenbild der Aufkläungspädagogik*, Saarbrücken 1988.

Schmidt, W., "Der Begriff der Persönlichkeit bei Kant", in: *Pädagogisches Magazin*, H. 438, Langensalza 1911.

Schneider, P., *Deutsche Philosophen des 19. Jahrhunderts als Padagogen*, Berlin 1928.

Schoen, Fr., "Kant und die Kantianer in der Pädagogik", in: *Pädagogisches Magazin*, H. 434, Langensalza 1911.

Schofield, H., *The Philosophy of Education. An Introduction*, London 1980.

Schott, Th., *Neue Aspekte zu Kants Pädagogik*, Baden-Baden 2015.

Schurr, J., "Zur Möglichkeit einer transzendentalen Bildungstheorie", in: *Vierteljahrsschrift für wissenschaftliche Pädagogik* 50, 1974, S. 355~377.

Schwarz, W., "Systematische Darstellung der pädagogischen Anschauungen Kants"/"Immanuel Kant als Pädagoge", in: *Pädagogisches Magazin*, H. 607, Langensalza 1915.

Sherry, R., *A Treatise of Schemes and Tropes and the Erasmus' The Education of Children*, reprint: San Bernardino(CA. USA) 2017.

Smith, S., *Ideas of the Great Educators*, New York 1979.

Staudinger, F., "Kants Bedeutung für die Pädagogik der Gegenwart", *Kant-Studien*, 1904, S. 211~245.

Stewart, W. A. C./W. P. McCann, *The Educational Innovators, Vol. 1: 1750-1880*, London 1967.

Stille, O., *Die Pädagogik John Lockes in der Tradtion der Gentlemen-Erziehung*, Erlangen/Nürnberg 1970.

Strauss, W., *Allgemeine Pädagogik als transzendentale Logik der Erziehungswissenschaft. Studien zum Verhältnis von Philosophie und Pädagogik im Anschluß an Kant*, Frankfurt/M. u. a. 1982.

Strümpell, L., *Die Pädagogik der Philosophen Kant, Fichte, Herbart*, Braunschweig 1843.

_____, *Die Pädagogik Kants und Fichtes*, Leipzig 1894.

Vogel, A., *Die Philosophischen Grundlagen der wissenschaftlichen Systeme der Pädagogik. Zur Einführung in das Verständnis der wissenschaftlichen Pädagogik*, Langensalza 1888.

Vogel, P., *Kausalität und Freiheit in der Pädagogik. Studien im Anschluß an die Freiheitsantinomie bei Kant*, Frankfurt/M. u. a. 1990.

Vogt, Th., *Immanuel Kant, Über Pädagogik. Mit Kant's Biographie*, Langensalza [3]1901.

Vorländer, K., *Immanuel Kant. Der Mann und das Werk*, Hamburg [2]1977.

Wagner, R., "Kant und Basedow", in: *Die Deutsche Schule*, 1907, S. 16~27, 79~89.

Weckmann, B., "Tugend muß erworben werden, die kann und muß

gelehrt werden. Kants Argumentation in den Methodenlehren der Kritik der praktischen Vernunft und der Metaphysik der Sitten", in : *Vierteljahrsschrift für wissenschaftliche Pädagogik* 66, 1990, S. 335~351.

Weischedel, W., "Kant und das Problem einer Erziehung zur Freiheit", in : *Neue Sammlung* 9, 1969, S. 520~527.

Weisskopf, T., *Immanuel Kant und die Pädagogik. Beiträge zu einer Monographie*, Zürich 1970.

Wellmer, A., *Ethik und Dialog. Elemente des moralischen Urteils bei Kant und in der Diskursethik*, Frankfurt/M. 1986.

Wichmann, H. F., "Zum Charakterbegriff bei Kant", 1969(Diss. Mainz).

Wilk, R., *Philosophische Begründungen der Pädagogik*, Berlin 1976.

Winkels, Th., *Kants Forderung nach Konstitution einer Erziehungswissenschaft*, München 1984.

Winkler, M., "Immanuel Kant über Pädagogik — eine Verführung", in : *Vierteljahrsschrift für wissenschaftliche Pädagogik* 67, 1991, S. 241~261.

Wohlers, H.(Hrsg.), *John Locke. Gedanken über Erziehung*, Stuttgart 1990.

강성훈, 「교육과 사회 변화: 루소와 칸트」, 수록:《철학사상》47, 2013, 99~124면.

김덕수, 「실행으로서의 인성교육 — 칸트의 『교육학 강의』를 중심으로」, 수록:《칸트연구》38, 2016.

김병옥, 『칸트 교육사상 연구·비판적 재구성』, 집문당, 1986.

김정래, 「칸트의 도덕론과 교육이론의 불일치 문제」, 수록:《교육철학》42, 2010, 27~51면.

김정주, 「칸트에서 교육학의 윤리학적 정초에 대한 연구」, 수록:《철학연구》84, 2009, 141~169면.

김종국, 「자유의 강제. 『교육학 강의』(칸트)에 대한 실천철학적 독해」, 수록: 《칸트연구》 23, 2009.

김철, 「인격주의 교육학(Personalistische Pädagogik)에서의 인격(Person)개념」, 수록: 《교육사상연구》 31(1), 2017, 49~70면.

노철현, 『칸트와 교육인식론』, 교육과학사, 2010.

박윤희, 「『도덕』교과에 있어서 칸트의 윤리 이해 연구」, 서울대학교 대학원, 2010.

박찬구, 「한국의 도덕 교육에서 칸트 윤리적 접근법이 가지는 의의」, 수록: 《칸트연구》 14, 2004.

백종현, 『한국 칸트사전』, 아카넷, 2019.

서흥교, 「칸트의 도덕 교육론」, 수록: 《도덕교육학연구》 2, 2001.

성치선, 「칸트의 인간적 관점에서 본 교육론」, 수록: 《윤리연구》 103, 2015.

손경원, 「도덕적 자율성의 도덕교육적 함의에 관한 연구」, 서울대학교 대학원, 2005.

신춘호, 『교육이론으로서의 칸트 철학』, 교육과학사, 2010.

신황규, 「칸트의 도덕교육론」, 수록: 《윤리교육연구》 3, 2003.

안성찬, 「전인교육으로서의 인문학: 독일 신인문주의의 '교양(Bildung)' 사상」, 수록: 《인문논총》 62, 2009, 99~126면.

안영순, 「칸트 윤리학의 도덕교육적 의의」, 수록: 《윤리철학교육》 15, 2011, 129~147면.

육근성, 「칸트교육론의 도덕교육적 함의 고찰」, 서울대학교 대학원, 2008.

윤영돈, 「칸트의 종교철학과 도덕과 교육」, 수록: 《도덕윤리과교육연구》 32, 2011, 85~110면.

이두연, 「칸트 교육론의 인성 교육적 함의 연구」, 수록: 《도덕윤리과교육연구》 48, 2015, 111~130면.

이원봉, 「칸트 윤리학과 도덕교육론」, 수록: 《생명연구》 21, 2011, 167~206면.

이지훈, 「세계시민주의에 대한 비판적 고찰 및 도덕 교육의 방향 연구」, 서울대학교 대학원, 2014.

이진오, 「칸트의 교육이론과 세계 개념의 철학」, 수록: 《기독교교육정보》 9,

2004, 245~277면.

임태평, 『루소와 칸트. 교육에 관하여』, 교육과학사, 2008.

정용수, 「다문화 교육을 위한 철학적 모색 ─ 칸트의 세계시민론을 중심으로」, 수록: 《대동철학》 74, 2016, 25~42면.

정은해, 「칸트의 자유개념 그리고 자유교육」, 수록: 《철학》 63, 2000, 107~ 134면.

정탁준, 「칸트의 도덕교육 체계에 대한 연구」, 수록: 《윤리교육연구》 33, 2014, 331~351면.

정혜진, 『칸트철학과 프뢰벨의 교과이론』, 교육과학사, 2010.

_____, 「칸트철학의 교육사상사적 표현: 페스탈로찌, 헤르바르트, 프뢰벨」, 수록: 《도덕교육연구》 23(1), 2011, 77~104면.

표호진, 「자연교육과 도덕교육: 루소와 칸트」, 수록: 《도덕교육연구》 22(1), 2010, 145~173면.

허미화, 「칸트와 윤리학: 덕은 가르쳐질 수 있는가 ─ 칸트와 도덕 교육의 방법」, 수록: 《칸트연구》 2, 1996.

제 2 부

『칸트의 교육학』
역주

※ 역주의 원칙

1. 『〔임마누엘 칸트의〕 교육학』의 번역 대본은 링크(Friedrich Theodor Rink)가 편찬하여 출간한 원서 제1판(=A), *Immanuel Kant über Pädagogik*(Königsberg, bei Friedrich Nicolovius, 1803)이며, 번역 중에 베를린 학술원판 전집 제9권(Berlin und Leipzig 1923. Akademie-Ausgabe Bd. IX, S. 437~499+569~572)과 W. Weischedel 판 전집 제6권(Wiesbaden 1954. S. 691~761)을 대조 참고한다.

2. 원문과 번역문의 대조 편의를 위해 본서는 원서 제1판을 'A'로, 베를린 학술원판 제9권을 'IX'로 표시한 후 이어서 면수를 밝힌다. 다만, 독일어와 한국어의 어순이 다른 경우가 많으므로 원문과 번역문의 면수에 약간의 차이가 있음은 양해한다.

3. 번역은 학술적 엄밀성을 염두에 두어 직역을 원칙으로 삼고, 가능한 한 원문의 문체, 어투, 문단 나누기 등도 보존하여, 원저의 글쓰기 스타일을 그대로 보이도록 하다. 현대적 글쓰기에 맞지 않는 부분이나 문단들이라도 의미 전달이 아주 어렵지 않은 경우라면 그대로 둔다.

4. 독일어는 철저히 한글로 옮겨 쓰되, 필요한 경우에는 한글에 이어 〔 〕 안에

한자어를 병기한다. 그러나 원문이 라틴어나 그리스어일 경우에 그에 상응하는 한자말이 있을 때는 한자를 노출시켜 쓴다.

5. 칸트의 다른 저작 또는 다른 구절을 한국어로 옮길 때를 고려하여, 다소 어색함이 있다 하더라도, 원서에서 사용하고 있는 동일한 용어에는 되도록 동일한 한국어를 대응시킨다. 용어가 아닌 보통 낱말들에도 가능하면 하나의 번역어를 대응시키지만, 이런 낱말들의 경우에는 문맥에 따라 유사한 여러 번역어들을 적절히 바꿔 쓰고, 또한 풀어쓰기도 한다. (※ '유사어 및 상관어 대응 번역어 표' 참조)

6. 유사한 또는 동일한 뜻을 가진 낱말이라 하더라도 원저자 자신이 번갈아가면서 쓰는 말은 가능한 한 한국어로도 번갈아 쓴다.(※ '유사어 및 상관어 대응 번역어 표' 참조)

7. 번역 본문에서는 한글과 한자만을 쓰며, 굳이 서양말 원어를 밝힐 필요가 있을 때는 각주에 적는다. 그러나 각주 설명문에는 원어를 자유롭게 섞어 쓴다.

8. 대명사의 번역에 있어서는 지시하는 명사가 명백할 때는 한국어의 문맥상 필요할 경우에 본래의 명사를 반복하여 써주되, 이미 해석이 개입할 여지가 있을 때는 '그것'·'이것'·'저것' 등이라고 그대로 옮겨 쓰고, 역자의 해석은 각주에 밝힌다.

9. 직역이 어려워 불가피하게 원문에 없는 말을 끼워 넣어야 할 대목에서는 끼워 넣는 말은 〔 〕안에 쓴다. 또한 하나의 번역어로 의미 전달이 어렵거나 오해의 가능성이 있을 경우에도 그 대안이 되는 말을 〔 〕안에 쓴다. 그러나 이중 삼중의 번역어 통용이 불가피하거나 무난하다고 생각되는 곳에서는 해당 역어를 기호 '/'를 사이에 두고 함께 쓴다.

10. 한국어 표현으로는 다소 생소하더라도 원문의 표현 방식과 다른 맥락에서의 표현의 일관성을 위하여 독일어 어법에 맞춰 번역하되, 그 표현만으로는 오해될 우려가 클 경우에는 〔 〕 안에 자연스러운 한국어 표현을 병기한다.

11. 원저에 등장하는 인물이나 서책이나 사건이 비교적 널리 알려져 있지 않은 경우에는 그에 대해 각주를 붙여 해설한다.

12. 칸트의 다른 저술이나 철학 고전들과 연관시켜 이해해야 할 대목은 각주를 붙여 해설한다. 단, 칸트 원저술들을 인용함에 있어서 칸트 주요 저술은 원본 중 대표 판본에서 하되 초판은 'A', 재판은 'B'식으로 표기하고, 여타의 것은 베를린 학술원판에서 하되, 제목은 한국어 또는 약어로 쓰고 원저술명은 해제의 끝에 모아서 밝힌다.(※ '해제와 역주에서 한국어 제목을 사용한 칸트 원논저 제목〔약호〕, 이를 수록한 베를린 학술원판 전집〔AA〕 권수 (와 인용 역본)' 참조)

13. (제목 전체가 격자〔隔字〕체일 경우는 제외하고) 원문의 격자체 낱말은 진하게 쓰고, 인명은 그래픽체로 구별하여 쓴다.

14. '※' 표와 함께 등장하는 원서의 편자 주와 구별되도록, 역자의 주해는 아라비아 숫자로 번호 붙인 각주를 통해 제공한다.

Absicht

Absicht : 의도/관점/견지, Rücksicht : 고려/견지,

Hinsicht : 관점/돌아봄/참작, Vorsatz : 고의/결의, Entschluß : 결심/결정

absolut

absolut : 절대적(으로), schlechthin/schlechterdings : 단적으로/절대로

Achtung

Achtung(observatio/reverentia) : 존경(尊敬/敬畏),

Hochachtung : 존경/경의, Respekt : 존경/존경심/경외,

Ehrfurcht : 외경, Hochschätzung : 존중, Schätzung : 평가/존중,

Ehre : 명예/영광/경의/숭배,

Verehrung(reverentia) : 숭배(崇拜)/경외(敬畏)/경배/흠숭/존숭/공경/경의를

표함, Ehrerbietung : 숭경, Anbetung : 경배

affizieren

affizieren : 영향을 끼치다/촉발하다, Affektion : 촉발/자극/애착/애호,

Affekt : 정동(情動)/격정/흥분/촉발/정서/감격/정감,

affektionell : 격정적/정동적/촉발된/정서적/정감적

angemessen

angemessen : 알맞은/적절한/부합하는, füglich : 걸맞은/어울리는

angenehm

angenehm：쾌적한/편안한, unangenehm：불쾌적한/불편한/불유쾌한,
Annehmlichkeit：쾌적함/편안함, behaglich：편안한/유쾌한,
Gemächlichkeit：안락함/아늑함/안일

Anreizen

anreizen：자극하다, Reiz：자극/매력, stimulus：刺戟,
rühren：건드리다/손대다/마음을 움직이다, Rühren：감동, Rührung：감동,
berühren：건드리다/접촉하다, Begeisterung：감격

Aufrichtigkeit

Aufrichtigkeit：정직성〔함〕, Ehrlichkeit：솔직성〔함〕/정직성/진실성,
Redlichkeit：진정성, Wahrhaftigkeit：진실성〔함〕,
Rechtschaffenheit：성실성〔함〕, Freimütigkeit：공명솔직〔함〕/숨김없음,
Offenheit：솔직/개방/공명정대/공공연성,
Offenherzigkeit：솔직담백성〔함〕

Begierde

Begierde(appetitio)：욕망(慾望)/욕구,
Begehrung/Begehren(appetitus)：욕구(欲求), Begier：욕망,
Bedürfnis：필요/필요욕구/요구, Verlangen：요구/갈망/열망/바람/요망,
Konkupiszenz(concupiscentia)：욕정(欲情), Gelüst(en)：갈망/정욕,
cupiditas：慾望, libido：情欲

begreifen

begreifen：(개념적으로) 파악하다/개념화하다/포괄하다/(포괄적으로) 이해
하다/해득하다, Begriff：개념/이해, 〔Un〕begreiflichkeit：이해〔불〕가능성/
해득〔불〕가능성, verstehen：이해하다, fassen：파악하다/이해하다,
Verstandesvermögen：지성능력, Fassungskraft：이해력

Beispiel

Beispiel：예/실례/사례/본보기, zum Beispiel：예를 들어,
z. B.：예컨대, beispielsweise：예를 들어, e. g.：例컨대

Bestimmung

Bestimmung: 규정/사명/본분/본령, bestimmen: 규정하다/결정하다/
확정하다, bestimmt: 규정된[/적]/일정한/확정된[/적]/명확한/한정된,
unbestimmt: 무규정적/막연한/무한정한

böse

böse: 악한, das Böse: 악, malum: 惡/害惡/禍, Übel: 화/악/해악/
재해/재화[災禍]/나쁜 것/병환/질환, boshaft: 사악한,
bösartig: 악의적/음흉한, böslich: 악의적/음흉한, Bosheit: 악의/음흉,
schlecht: 나쁜, arg: 못된/악질적인, Arglist: 간계,
tückisch: 간악한/간계의

Bürger

Bürger: 시민, Mitbürger: 동료시민/공동시민,
Staatsbürger(cives): 국가시민(市民)/국민, Volk(populus): 민족(人民)/
국민/족속, Stammvolk(gens): 민족(民族), Nation(gens): 국민(都市民)/민족

Denken

Denken: 사고(작용), denken: (범주적으로) 사고하다/(일반적으로) 생각하다,
Denkart: 사고방식/신념/견해, Gedanke: 사유(물)/사상[思想]/사고내용/
상념/생각, Denkung: 사고/사유, Denkungsart: 사유방식[/성향],
Sinnesart: 성미/기질

Ding

Ding: 사물/일/것, Sache: 물건/사상[事象]/사안/실질내용/일,
※ Wesen: 존재자[것/자]/본질

Disziplin

Disziplin: 훈육, Zucht: 훈도

Ehe

Ehe: 혼인, Heirat: 결혼, Trauung: 혼례

Einbildung

Einbildung: 상상, Phantasie: 공상, Phantasma: 환상

Empfindung

Empfindung: 감각/느낌, Empfindlichkeit: 예민/민감,
Empfindsamkeit: 다감함/감수성/감상〔感傷〕, Empfindelei: 민감함/
감상주의

erzeugen

zeugen: 낳다/출산하다, Zeugung: 낳기/생식/출산,
erzeugen: 산출하다/낳다/출산하다, Erzeugung: 산출/출산/출생/생산,
hervorbringen: 만들어내다/산출하다/낳다/실현하다

Erziehung

Erziehung: 교육, Bildung: 교양/도야/형성/교육, bilden: 교양하다/
도야하다/형성하다, Unterweisung: 교습/교수/교시/가르침,
Unterricht: 강의/교수/가르침/수업, Ausbildung: 양성/형성/완성/도야,
Belehrung: 가르침/교시

Feierlichkeit

Feierlichkeit: 장엄/엄숙/예식/의례〔儀禮〕/화려, Gebräuche: 의식〔儀式〕/
풍속/관례, Förmlichkeit: 격식/의례〔儀禮〕, Zeremonie: 예식/격식

Feigheit

Feigheit: 비겁, niederträchtig: 비루한/비열한,
※ gemein: 비열한/비루한, Schüchternheit: 소심(함), Blödigkeit: 수줍음

Form

Form: 형식, Formel: 정식〔定式〕/문구/의례 문구, (Zahlformel: 수식〔數式〕),
Figur: 형상〔形象〕/도형, Gestalt: 형태, ※ Förmlichkeit: 격식/의례〔儀禮〕

Frage

Frage: 물음, Problem: 문제, Problematik: 문제성

Freude

Freude: 환희/유쾌/기쁨, freudig: 유쾌한/기쁜, Frohsein: 기쁨,
froh: 기쁜/즐거운, Fröhlichkeit: 환희/유쾌/명랑, fröhlich: 기쁜/유쾌한/
쾌활한/명랑한, erfreulich: 즐거운, Lustigkeit: 쾌활(함)

Furcht

Furcht: 두려움/공포, Furchtsamkeit: 겁약(성)/소심(함),
Furchtlosigkeit: 대담(성), Schreck: 경악/놀람, Schrecken: 겁먹음/
경악/전율, Erschrecken: 겁먹음/경악/놀람, Erschrockenheit: 깜짝 놀람/
겁 많음, Grauen: 전율/공포, Grausen: 전율, Gäuseln: 소름 돋음,
Greuel: 공포/소름끼침, Entsetzen: 공황(恐慌), Schauer: 경외감

Gang

Gang: 보행/진행/경과, Schritt: 행보/(발)걸음, Fortgang: 전진/진전,
Rückgang: 후퇴/배진, Fortschritt: 진보

Gedächtnis

Gedächtnis: 기억/기억력, Memorieren: 암기/회상(하다),
behalten: 간직하다/외우다

gefallen

gefallen: 적의(適意)하다/마음에 들다, Gefälligkeit: 호의,
Mißfallen: 부적의(不適意)/불만, mißfallen: 적의하지 않다/부적의(不適意)
하다/마음에 들지 않다, Wohlgefallen(complacentia): 흡족(洽足)/적의함
(=Wohlgefälligkeit), ※ Komplazenz: 흐뭇함

Gehorchen

Gehorchen: 순종, Gehorsam: 복종(심), Unterwerfung: 복속/굴종/정복,
Ergebung: 순응

gehören

gehören: 속하다/의속(依屬)하다/요구된다/필요하다/~의 요소이다,
angehören: 소속되다, zukommen: 귀속되다

gemäß

gemäß: 맞춰서/(알)맞게/적합하게/의(거)해서/준거해서, nach: 따라서,
vermittelst: 매개로/의해, vermöge: 덕분에/의해서

gemein

gemein: 보통의/평범한/공통의/공동의/상호적/일상의/비열한/비루한,
gemeiniglich: 보통, gewöhnlich: 보통의/흔한/통상적으로,

alltäglich : 일상적(으로), alltägig : 일상적/매일의

Gemeinschaft

Gemeinschaft : 상호성/공통성/공동체/공동생활/공유,

gemeines Wesen : 공동체, Gesellschaft : 사회,

Gemeinde : 기초단체/교구/회중〔會衆〕/교단

Gemüt

Gemüt(animus) : 마음(心)/심성(心性), Gemütsart(indoles) : 성품(性品)/

성정(性情), Gemütsanlage : 마음의 소질/기질,

Gemütsfassung : 마음자세/마음의 자제, Gemütsstimmung : 심정/기분,

Gesinnung : 마음씨, Herzensgesinnung : 진정한 마음씨, Herz : 심/진심/

심정/심성/마음/가슴/심장, Seele(anima) : 영혼(靈魂)/마음/정신/심성,

Geist(spiritus/mens) : 정신(精神)/정령/성령/영(靈),

※ Sinnesänderung : 심성의 변화/회심〔回心〕, Herzensänderung : 개심〔改心〕

Genuß

Genuß : 향수〔享受〕/향유/향락, genießen : 즐기다/향유하다

Gerechtigkeit

Gerechtigkeit : 정의/정의로움,

Rechtfertigung : 의〔로움〕/의롭게 됨〔의로워짐〕/정당화/변호,

gerecht(iustium) : 정의(正義)로운, ungerecht(iniustium) : 부정의(不正義)한

Geschäft

Geschäft : 과업/일/실제 업무, Beschäftigung : 일/용무/업무,

Angelegenheit : 업무/소관사/관심사/사안, Aufgabe : 과제

Gesetz

Gesetz : 법칙/법/법률/율법, Regel : 규칙, regulativ : 규제적,

Maxime : 준칙, Konstitution : 헌법/기본체제/기본구성,

Grundgesetz : 기본법/근본법칙, Verfassung : (기본/헌정)체제/헌법,

Grundsatz : 원칙, Satz : 명제, Satzung : 종규〔宗規〕/율법,

Statut : (제정〔制定〕)법규, statutarisch : 법규적/규약적/제정법〔制定法〕적,

Verordnung : 법령, ※ Recht : 법/권리/정당/옳음

Geschmack

Geschmack : 취미/미각/맛, Schmack : 맛/취미

gesetzgebend

gesetzgebend : 법칙수립적/입법적, legislativ : 입법적

Gespräch

Gespräch : 대화, Unterredung : 담화, Konversation : 회화,

Unterhaltung : 환담/오락

Gewohnheit

Gewohnheit : 습관/관습/풍습,

Gewohntwerden(consuetudo) : 익숙/습관(習慣),

Angewohnheit(assuetudo) : 상습(常習)/습관(習慣),

Fertigkeit : 습성/숙련, habitus : 習性, habituell : 습성적,

※ gewöhnlich : 보통의/흔한/통상적으로

Gleichgültigkeit

Gleichgültigkeit : 무관심/아무래도 좋음, Indifferenz : 무차별,

ohne Interesse : (이해)관심 없이, Interesse : 이해관심/관심/이해관계,

adiaphora : 無關無見

Glückseligkeit

Glückseligkeit : 행복, Glück : 행(복)/행운, Seligkeit : 정복[淨福]

Grenze

Grenze : 한계/경계선, Schranke : 경계/제한,

Einschränkung : 제한(하기)

Grund

Grund : 기초/근거, Grundlage : 토대, Grundlegung : 정초[定礎],

Basis : 기반/토대, Anfangsgründe : 기초원리,

zum Grunde legen : 기초/근거에 놓다[두다],

unterlegen : 근저에 놓다[두다], Fundament : 토대/기저,

※ Boden : 지반/토대/기반/지역/영토/땅

gründen

gründen : 건설하다/(sich)기초하다, errichten : 건립하다/설치하다,
stiften : 설립하다/창설하다/세우다

gut

gut : 선한/좋은, das Gute : 선/좋음, bonum : 善/福, gutartig : 선량한,
gütig : 온화한/관대한, gutmütig : 선량한/선의의

Handlung

Handlung : 행위〔사람의 경우〕/작동〔사물의 경우〕/작용/행위작용/행사,
Tat : 행실/행동/업적/실적/사실, Tatsache : 사실, factum : 行實/事實,
Tun : 행함/행동/일/짓, Tun und Lassen : 행동거지/행위,
Tätigkeit : 활동, Akt/Aktus : 작용/행동/행위/활동/동작,
Wirkung : 결과/작용결과/작용/효과, Verhalten : 처신/태도,
Benehmen : 행동거지, Lebenswandel : 품행, Betragen : 거동/행동,
Gebärde : 거동, Konduite : 범절, Anstand : 몸가짐/자세,
※ Werk : 소행/작품/저작

Hilfe

Hilfe : 도움, Beihilfe : 보조/도움, Beistand : 원조/보좌,
Mitwirkung : 협력/협조, Vorschub : 후원, Beitritt : 가입/협조

immer

immer : 언제나/늘, jederzeit : 항상, immerdar : 줄곧, auf immer : 영구히,
ewig : 영원한〔히〕, immerwährend : 영구한/영속적인, stets : 늘,
stetig : 끊임없는

Imperativ

Imperativ(imperativus) : 명령(命令), Gebot : 지시명령/계명,
gebieten : 지시명령하다, dictamen : 命法, Geheiß : 분부/지시,
befehlen : 명령하다, befehligen : 지휘하다, Observanz : 계율/준봉〔遵奉〕,
※ Vorschrift : 지시규정/지정/규정〔規程〕/규율/훈계/지침/훈령

Informator

Informator : 교사/지식정보전수자, Hofmeister : 가정교사/인성교육자

intellektuell

intellektuell: 지성적, Intellekt: 지성, Intellektualität: 지성성,

intelligibel: 예지적, intelligent: 지적인, Intelligenz: 지적 존재자/예지자,

Noumenon〔noumenon〕: 예지체〔叡智體〕, Verstandeswesen: 지성존재자/

오성존재자, Verstandeswelt(mundus intelligibilis): 예지〔/오성〕세계(叡智

〔/悟性〕世界), Gedankenwesen: 사유물, Gedankending: 사유물

Irrtum

Irrtum: 착오, Täuschung: 착각/기만

klar

klar: 명료한/명백한, deutlich: 분명한, dunkel: 애매한/불명료한/

흐릿한/어슴푸레, verworren: 모호한/혼란한, zweideutig: 다의적/

이의〔二義〕적/애매한/애매모호한, doppelsinnig: 이의〔二義〕적/애매한/

애매모호한, aequivocus: 曖昧한/多義的/二義的, evident: 명백한/자명한,

offenbar: 분명히/명백히, augenscheinlich: 자명한/명백히,

einleuchtend: 명료한, klärlich: 뚜렷이, apodiktisch: 명증적,

bestimmt: 규정된/명확한, hell: 명석한/총명한/맑은/밝은

Körper

Körper: 물체/신체, Leib: 몸/육체, Fleisch: 육〔肉〕/살

Kraft

Kraft: 힘/력/능력/실현력, Vermögen: 능력/가능력/재산,

Fähigkeit: (능)력/할 수 있음/유능(함)/성능/역량, Macht: 지배력/

권력/권능/위력/세력/힘, Gewalt: 권력/강제력/통제력/지배력/지배권/

통치력/폭력, Gewalttätigkeit: 폭력/폭행, Stärke: 강함/힘셈/장점,

Befugnis: 권한/권능, potentia: 支配力/力量, potestas: 權力/能力

Kultur

Kultur: 문화/교화/개화/배양/개발, kultivieren: 교화하다/개화하다/

배양하다/개발하다

Kunst

Kunst: 기예/예술/기술, künstlich: 기예적/예술적/기교적,

kunstreich: 정교한, Technik: 기술, technisch: 기술적인,
Technizism: 기교성/기교주의

Lehrer

Lehrer: 교사/선생(님)/스승, Schüler: 학생/제자,
Lehrling: 학도/도제/제자, Zögling: 생도/문하생

Mechanismus

Mechanismus: 기계성/기제[機制]/기계조직, Mechanik: 역학/기계학/
기계조직, mechanisch: 역학적/기계적, Maschinenwesen: 기계체제

Mensch

Mensch: 인간/사람, man: 사람/사람들, Mann: 인사/남자/남편/
어른/보통사람, Menschheit: 인간성/인류, Menschengattung: 인류

Merkmal

Merkmal(nota): 징표(微標), Merkzeichen: 표징, Zeichen: 표시/기호,
Kennzeichen: 표지[標識], Symbol: 상징, Attribut: (본질)속성/상징속성

Moral

Moral: 도덕/도덕학, moralisch: 도덕적, Moralität: 도덕(성),
Sitte: 습속/관습, Sitten: 윤리/예의/예절/습속/풍속/행적,
sittlich: 윤리적, Sittlichkeit: 윤리(성), Sittsamkeit(pudicitia): 정숙(貞淑),
gesittet: 예의 바른/개화된/교양 있는/품위 있는/개명된, Ethik: 윤리학,
ethisch: 윤리(학)적, Anstand: 예절, Wohlanständigkeit: 예의범절/
예절바름, gesittet: 개명된

Natur

Natur: 자연/본성/자연본성, Welt: 세계/세상,
physisch: 자연적/물리적/신체적

nämlich

nämlich: 곧, das ist: 다시 말하면, d. i.: 다시 말해

Neigung

Neigung: 경향성/경향, Zuneigung: 애착, Hang(propensio): 성벽(性癖),
Tendenz: 경향/추세/동향

nennen

nennen: 부르다, heißen: 일컫다, benennen: 명명하다,

bezeichnen: 이름 붙이다/표시하다

notwendig

notwendig: 필연적, notwendigerweise: 반드시, nötig: 필수적/필요한,

unausbleiblich: 불가불, unentbehrlich: 불가결한,

unerläßlich: 필요불가결한, unvermeidlich: 불가피하게,

unumgänglich: 불가피하게

nun

nun: 이제/그런데/무릇, jetzt: 지금/이제

nur

nur: 오직/다만/오로지/단지, bloß: 순전히/한낱/한갓,

allein: 오로지, lediglich: 단지/단적으로

Objekt

Objekt: 객관〔아주 드물게 객체〕, Gegenstand: 대상

Ordnung

Ordnung: 순서/질서, Anordnung: 정돈/정치〔定置〕/배치/서열/

질서(규정)/조치/법령(체제), Verordnung: 법령/규정

Pathos

Pathos: 정념, Pathologie: 병리학, pathologisch: 정념적/병리학적,

Leidenschaft: 열정/정열/욕정/정념/수난, ※ Affekt: 정동/격정/정감

Pflicht

Pflicht(officium): 의무(義務), Verpflichtung: 의무〔를〕 짐/의무지움/

책임, Verbindlichkeit(obligatio): 책무(責務)/구속성/구속력,

Obligation: 책무/임무, Obliegenheit: 임무, Verantwortung: 책임,

※ Schuld: 채무/탓/책임, ※ Schuldigkeit: 책임/채무

Problem

Problem: 문제, Problematik: 문제성, problematisch: 미정〔未定〕적/

문제(성) 있는/문제〔問題〕적, wahrscheinlich: 개연적,

Wahrscheinlichkeit : 개연성/확률, probabel : 개연적〔蓋然的〕,

Probabilität : 개연성/확률, ※ Frage : 물음/문제

Qualität

Qualität(qualitas) : 질(質), Eigenschaft : 속성/특성, Beschaffenheit : 성질

Quantität

Quantität(quantitas) : 양(量), Größe : 크기, Quantum(quantum) : 양적(量的)

인 것, Menge : 분량/많음, Masse : 총량/다량

Realität

Realität : 실재(성)/실질(성)/실질실재(성), Wirklichkeit : 현실(성),

realisiern : 실재화하다, verwirklichen : 현실화하다/실현하다

Recht

Recht : 법/권리/정당함/옳음, recht(rectum) : 올바른(正)/법적/정당한/

옳은, unrecht(minus rectum) : 그른(不正)/불법적/부당한,

rechtlich : 법적인, ※ rechtmäßig : 적법한/합당한/권리 있는

rein

rein : 순수한, lauter : 순정〔純正〕한/숫제, echt : 진정한/진짜의,

einfach : 단순한

schaffen

schaffen : 창조하다, erschaffen : 조물하다/창작하다, schöpfen : 창조하다,

Schaffer : 창조자, Schöpfer : 창조주, Erschaffer : 조물주, Urheber : 창시자

Schein

Schein : 가상/모습/외관/그럴듯함, Aussehen : 외관/외양,

Anstrich : 외모/외양

Schuld

Schuld : 빚/채무/죄과/탓/책임,

Schuldigkeit(debitum) : 책임(責任)/채무(債務), Unschuld : 무죄/순결/

순결무구, Verschuldung(demeritum) : 부채(負債)/죄책(罪責)

Schüler

Schüler: 학생, Jünger: 제자, Lehrjünger: 문하생,

Lehrling: 학도/도제, Zögling: 사생/생도/유아

Sein

Sein: 존재/임〔함〕/있음, Dasein: 현존(재), Existenz: 실존(재)/생존,

Wesen: 존재자〔것/자〕/본질

Sinn

Sinn: 갑(각기)관/감각기능/감각/심성/생각, sinnlich: 감성적/감각적,

Sinnlichkeit: 감성, sensibel: 감수적/감성적/감각적,

sensibilitas: 感受性, sensitiv: 감수적/감각적, Gefühl: 감정,

Sensation: 선정〔煽情〕/감각, Leichtsinn: 경박/경솔,

Tiefsinn: 심오/침울, Frohsinn: 쾌활/명랑, Schawachsinn: (정신)박약,

※ Empfindung: 감각/느낌

Strafe

Strafe: 형벌/처벌/징벌/벌, Strafwürdigkeit: 형벌성〔형벌을 받을 만함〕,

Strafbarkeit: 가벌성〔형벌을 받을 수 있음〕, reatus: 罪過/違反,

culpa: 過失/欠缺, dolus: 犯罪, poena: 罰/刑罰/處罰/補贖,

punitio: 處罰/懲罰

streng

streng: 엄격한, strikt: 엄밀한

Substanz

Substanz(substantia): 실체(實體), Subsistenz: 자존〔自存〕성/자존체,

bleiben: (불변)존속하다/머무르다, bleibend: (불변)존속적〔/하는〕,

bestehen: 상존하다, beständig: 항존적, Dauer: 지속,

beharrlich: 고정(불변)적, Beharrlichkeit: 고정(불변)성

Sünde

Sünde: 죄/죄악, ※ peccatum: 罪/罪惡, Sündenschuld: 죄책,

Sühne: 속죄/보속/보상/처벌, Entsündigung: 정죄〔淨罪〕,

Genugtuung: 속죄/보상/명예회복, Erlösung: 구원/구제,

Versöhnung: 화해, Expiation: 속죄/보상/죄 갚음,

Büßung: 참회/속죄/죗값을 치름, bereuen: 회개하다/후회하다,

Pönitenz: 고행

Sympathie

Sympathie: 동정심/공감, Teilnehmung: 동정,

Mitleid: 함께 괴로워함/측은, Barmherzigkeit: 자비/연민

Tapferkeit

Tapferkeit(fortitudo): 용기(勇氣)/용감함/굳셈, Mut: 의기/용기,

mutig: 의기로운/용맹한, brav: 용감한/씩씩한,

Herzhaftigkeit: 담대함[성], Unerschrockenheit: 대담성[함],

※ Erschrockenheit: 깜짝 놀람/겁 많음,

Temperament

Temperament: 기질/성미, Disposition: 성향/기질,

Prädisposition(praedispositio): 성향(性向),

※ Sinnesart: 성미/기질, ※ Denkungsart: 사유방식[/성향]

Trieb

Trieb: 추동[推動]/충동/본능, Antrieb: 충동, Instinkt: 본능,

Triebfeder: (내적) 동기, Motiv: 동기

Tugend

Tugend: 덕/미덕, Laster: 패악/악덕, Untugend: 부덕,

virtus: 德, vitium: 悖惡/缺陷/缺點, peccatum: 罪/罪惡,

Verdienst(meritum): 공적(功德), ※ malum: 惡/害惡/禍

Überzeugung

Überzeugung: 확신, Überredung: 신조/설득/권유,

Bekenntnis: 신조/고백

Unterschied

Unterschied: 차이/차별/구별, Unterscheidung: 구별,

Verschiedenheit: 상이(성)/서로 다름, unterscheiden: 구별하다/판별하다

Ursprung

Ursprung: 근원/기원, ursprünglich: 원래/근원적으로,

Quelle: 원천, Ursache: 원인/이유, Kausaltät: 원인(성)/인과성,

Grund: 기초/근거/이유

Urteil

Urteil: 판단/판결, Beurteilung: 판정/평가/비평/가치판단/판단,

richten: 바로잡다/재판하다/심판하다

verderben

verderben: 부패하다/타락하다/썩다/오염되다,

Verderbnis: 부패, Verderbheit(corruptio): 부패성(腐敗性)

Vereinigung

Vereinigung: 통합〔체〕/통일〔체〕/합일/조화/규합/결사,

Vereinbarung: 합의/협정/합일/화합,

Vereinbarkeit: 합의가능성/화합가능성

Vergnügen

Vergnügen: 즐거움/쾌락/기뻐함, Unterhaltung: 즐거움/오락,

Kurzweil: 재미있음/즐거움, Wo〔h〕llust: 희열/환락/〔관능적〕쾌락/음탕,

Komplazenz: 흐뭇함, Ergötzlichkeit: 오락/열락/흥겨움/기쁨을 누림,

ergötzen: 기쁨을 누리다/흥겨워하다/즐거워하다,

ergötzend: 흥겨운/즐겁게 하는

Verstand

Verstand: 지성〔아주 드물게 오성〕, verständig: 지성적/오성적,

Unverstand: 비지성/무지/어리석음,

※ intellektuell: 지성적, intelligibel: 예지〔叡智〕적, Intellektualität: 지성성

vollkommen

vollkommen: 완전한, vollständig: 완벽한, völlig: 온전히,

vollendet: 완결된/완성된, ganz/gänzlich: 전적으로

Vorschrift

　Vorschrift : 지시규정 / 지정 / 규정〔規程〕/ 규율 / 훈계 / 지침 / 훈령,

　vorschreiben : 지시규정하다 / 지정하다

Wahn

　Wahn : 망상 / 광기 / 조증〔躁症〕, Wahnsinn : 광기 / 망상,

　Schwärmerei : 광신 / 열광, Verrückung : 전위〔轉位〕/ 착란 / 미침 / 광〔狂〕/

　광기, Störung : 착란, Raserei : 광란, Tollheit : 미친 짓 / 미친 것 / 광기

wahr

　wahr : 참인〔된〕/ 진리의, Wahrheit : 진리 / 참임, wahrhaftig : 진실한,

　Wahrhaftigkeit : 진실성

Wartung

　Wartung : 양육, Verpflegung : 보육, Unterhaltung : 부양,

　Versorgung : 부육〔扶育〕, Vorsorge : 보살핌

Wild

　wild : 야만적 / 미개한, Wildheit : 야만성 / 야성 / 미개함,

　barbarisch : 야만적, roh : 미개한 / 조야한 / 날 것의

Wille

　Wille : 의지, Wollen : 의욕(함), Willkür(arbitrium) : 의사(意思) / 자의(恣意),

　willkürlich : 자의적인 / 의사에 따른 / 의사대로 / 수의적〔隨意的〕,

　unwillkürlich : 본의 아닌 / 의사 없이 / 비자의적인 / 비수의적,

　Willensmeinung : 의향, beliebig : 임의적, Unwille : 억지 / 본의 아님 / 불쾌,

　unwillig : 억지로 / 마지못해, Widerwille : 꺼림 / 반감,

　freiwillig : 자유의지로 / 자원해서 / 자의〔自意〕적인 / 자발적

Wirkung

　Wirkung : 작용결과 / 결과, Folge : 결과, Erfolg : 성과, Ausgang : 결말

Wissen

　Wissen : 앎 / 지〔知〕/ 지식, Wissenschaft : 학문 / 학〔學〕/ 지식,

　Erkenntnis : 인식, Kenntnis : 지식 / 인지 / 앎

Wohl

Wohl : 복/복리/안녕/편안/평안/건전, Wohlsein : 복됨/평안함/
안녕함/건강/잘함, Wohlleben : 유족〔裕足〕한 삶/풍족한 생활/안락,
Wohlbefinden : 안녕/평안/유쾌, Wohlbehagen : 유쾌(함),
Wohlergehen : 번영/편안/평안, Wohlfahrt : 복지, Wohlstand : 유복,
Wohlwollen : 호의/친절, Wohltun : 친절(함)/선행, Wohltat : 선행/
자선/은혜, Wohltätigkeit : 자선/선행/자비/자애/선량함/인자,
benignitas : 仁慈/慈愛, Wohlverhalten : 훌륭한〔방정한〕처신

Würde

Würde : 존엄(성)/품위, Würdigkeit : 품격〔자격〕/품위,
würdig : 품격 있는, Majestät : 위엄, Ansehen : 위신/위엄,
Qualifikation : 자격, qualifiziert : 자격 있는/본격적인

zart

zart : 섬세한, zärtlich : 부드러운/민감한, fein : 미세한/정밀한/순수한

Zufriedenheit

Zufriedenheit(acquiescentia) : 만족(滿足/平靜),
unzufrieden : 불만족한〔스러운〕, Befriedigung : 충족,
※ Wohlgefallen(complacentia) : 흡족(洽足),
※ Erfüllung : 충만/충족/이행〔履行〕

Zwang

Zwang : 강제, Nötigung : 강요

Zweck

Endzweck : 궁극목적, letzter Zweck : 최종 목적,
Ziel : 목표, Ende : 종점/끝/종말

『칸트의 교육학』 역주

차례(내용)

Immanuel Kant

über

Pädagogik.

Herausgegeben

von

D. Friedrich Theodor Rink.

Königsberg,
bey Friedrich Nicolovius,
1803.

임마누엘 칸트의
교육학

프리드리히 테오도르 링크[4] 박사 편

쾨니히스베르크,

프리드리히 니콜로비우스 사

1803

---

4) Friedrich Theodor Rink(1770~1821). Königsberg 대학 신학 교수, Danzig 교회
주임목사.

편자 머리말

쾨니히스베르크 대학에서는 오래된 규정에 따라 일찍부터 계속적으로, 비록 번갈아가면서이기는 하지만, 한 철학 교수가 학생들에게 교육학을 강의해야만 했다. 그래서 이따금 이 강의의 차례가 칸트 교수에게도 돌아왔고, 그때 그는 그의 옛 동료이자 종교국 평정관인 **보크**[5] 박사가 편찬한 『교육술 교본』[6]을 강의의 기초로 삼았지만, 그럼에도 연구를 진행하는 데서나 원칙에 있어서나 그것에 엄밀하게 의지하지는 않았다.

교육학에 관한 아래의 소론들은 이런 사정에서 생긴 것이다. 만약 저 AIV 강의시간의 할당이 실제 있었던 것처럼 그렇게 옹색하지 않았더라면, 그리고 칸트가 이 대상에 관해 좀 더 부연하여 펼칠 계기를 얻었더라면, 이 소론들은 아마도 더욱 흥미롭고 많은 점에서 더욱 상세하였을 것이다.

교육학은 최근에 공로가 큰 여러 인사들, 예컨대 **페스탈로치**[7]와 **올리**

---

5) Friedrich Samuel Bock(1716~1785), Königsberg 대학 신학 교수, 역사학자, 작가.

6) Bock, *Lehrbuch der Erziehungskunst zum Gebrauch für christliche Erzieher und künftige Jugendlehrer*, Königsberg 1780.

7) Johann Heinrich Pestalozzi(1746~1827), 스위스의 교육자, 박애가. 『은자의 저녁시간 (*Abendstunde eines Einsiedlers*)』(1780), 『게르트루트의 자녀 교육법(*Wie Gertrud ihre Kinder lehrt*)』(1801) 등의 저술을 통해 자연주의적, 윤리적, 종교적 교육사상을 창도하고, 고아원, 사숙학교를 창설하여 이를 교육현장에 실현해 보였다. 그의 묘비명은

비어[8]의 노력에 의해 우리가 미래 세대에게 종두법 못지않은 축복을 기원해도 좋을 새롭고 흥미로운 방향을 잡았다. 물론, 이 두 인사가 여전히 겪을 수밖에 없는, 그렇다고 특별히 견고하지 않으면서도, 때로는 매우 학식 있게 또 때로는 매우 고상하게 행세하고 있는 반론들이 있기는 하지만 말이다. 칸트가 당대의 새로운 이념들을 또한 이러한 관점에서 알고 있었고, 그에 관해 숙고하였으며, 많은 시선을 그의 동시대인들보다 더 멀리까지 던졌다는 사실은 두말할 것도 없이 자명하며, 이는 비록 그 자신의 선택에 의한 것은 아니지만 여기에 내놓은 소론들로부터도 밝혀지는 바이다.

내가 덧붙여 넣은 주해들에 대해서는 더 말할 것이 없다. 그것들은 저절로 설명이 될 것이다.

나의 칸트『자연지리학』간행[9]과 관련하여 서적상 **폴머**가 제멋대로 한

그의 행적을 요약해 보여주고 있다: "하인리히 페스탈로치 여기 잠들다. / 1746년 1월 12일에 취리히에서 태어나. / 1827년 2월 17일에 부르크에서 죽었다. // 노이호프에서는 빈민의 구원자. / 린하르트와 게르트루트에서는 민중의 목자. / 스탄스에서는 고아들의 아버지, / 부르크도르프와 뮌헨부흐제에서는 새 초등학교의 창설자. / 이페르텐에서는 인류의 교사. / 인간, 기독교인, 시민, / 타인을 위해 모든 것을 주고, 자신에게는 아무것도 남기지 않았다. / 그의 이름에 축복할지어다.(Hier ruht Heinrich Pestalozzi, geb. in Zürich am 12. Jänner 1746, gest. in Brugg am 17. Hornung 1827. Retter der Armen auf Neuhof. Prediger des Volkes in Lienhard und Gertrud. Zu Stans Vater der Waisen. Zu Burgdorf und Münchenbuchsee Gründer der neuen Volksschule. Zu Iferten Erzieher der Menschheit. Mensch, Christ, Bürger, Alles für Andere, für sich Nichts. Segen seinem Namen!)"

8) Ludwig Heinrich Ferdinand Olivier(1759~1815). 스위스 출신의 독일 교육자. 데사우(Dessau)를 중심으로 학교와 학사를 건립하고 범애(汎愛)적 교육 활동을 펴는 한편, 『좋은 자연 교수방법의 성격과 가치(*Ueber den Karakter und Werth guter natürlicher Unterrichtsmethoden*)』(Leipzig 1802) 등 다수의 저술을 냈다.

9) 칸트의 『자연지리학(*Immanuel Kant's physische Geographie*)』은 칸트의 의뢰에 따라 Rink가 강의 수고를 편집하여 1802년(Königsberg)에 간행하였다. 그런데 이미 1801년(Mainz u. Hamburg)에 같은 제목의 책이 Gottfried Vollmer(1768~1815)에 의해 불법으로 출간되었으며, 게다가 그 후에도 1816년까지 수차례에 걸쳐 발간되었고, 이를 둘러싼 분쟁이 있었다. 베를린 학술원판 칸트전집에는 『교육학』과 마찬가지로 『자연지리학』도 Rink 판본이 수록되어 있다.(AA IX, 151~436 참조)

비열한 공격이 있은 후 나로서는 그러한 수고〔手稿〕들의 편찬이 더 이상 유쾌한 일일 수가 없다. 그렇지 않아도 좁지 않은 내 활동 반경에서 편안하고 만족스럽게 활동하며 살 수 있는데, 내가 무엇 때문에 청 받지도 않은 일에 나서서 자신을 웃음거리로 만들 것이며, 때 아닌 비평에 몸을 내맡기겠는가? 나로서는 나의 한가의 시각들을 전문가들의 찬동을 받으면서 다소간의 공적을 얻었고 아직도 얻을 수 있다고 믿는 그런 연구에 바치는 것이 더 나은 일이다.

우리 조국의 문예계는 본래적인 학술 분야를 제외하고는 정말이지 호감 가는 광경을 보여주고 있지 못하며, 곳곳에서 돌출하는 분파활동은 빈정대는 반목과, 우리의 비교적 우수한 인재들마저 서로 끼어드는, 이전 AVI 투구식 싸움들과 결합되어 있어서 특별히 참여를 청할 만하지가 못하다. 많은 이들이 자신의 적수들에게 이자를 더해 혹을 붙이기 위해서 자신들에게 혹이 나게 하고, 그를 통해서 그들은 삼각대 솥[10]의 권리를 획득하여 그런 기습 공격 중에 문예계의 독재를 행사하려 망상하거니와, 그러한 도락을 나는 기꺼이 타인들에게 넘기는 바이다. 오호 통재라, 이런 공소〔空疏〕한 영광! 그러나 언제쯤 사정이 달라지고, 언제쯤 개선될까?

1803년 부활절 견본시에 링크

---

10) 원어: Dreifuß. 고대 그리스 Delphi 신전의 무녀가 앉아서 신탁을 말했던 다리가 세 개인 청동 솥.

[서론]¹¹⁾

인간은 교육해야 할 유일한 피조물이다.¹²⁾ 교육이란 곧 양육(보육, 부양) A1 IX441
과 훈육(훈도) 그리고 교양 겸 교습을 뜻한다.¹³⁾ 이에 따라 인간은 유아-
생도-학도이다.

동물들은 무엇이든 자기 능력을 갖기만 하면 곧바로 합규칙적으로, 다
시 말해 그들 자신에게 해롭지 않게 사용한다. 예컨대 알에서 갓 깨어나
아직 앞을 보지 못하면서도, 둥지를 더럽히지 않으려고 자기 배설물을
둥지 밖으로 떨어뜨릴 줄 아는 새끼 제비들을 보게 되면, 실로 경탄하지
않을 수 없다. 그러므로 동물들은 양육을 필요로 하지 않으며, 기껏해야
먹이와 보온 그리고 인솔 내지는 어느 정도의 보호가 필요할 따름이다. 아
마도 대부분의 동물들은 사육은 필요로 하지만, 양육은 필요하지 않다. A2

---

11) 원문에는 없지만, 체제상 넣어서 읽을 수 있겠다.

12) Rousseau, *Émile, ou De l'éducation*(1762)[『에밀』], in: Œuvres complètes de J.-J.
Rousseau, tome II, A. Houssiaux, 1852, p. 400: "인간은 교육(l'éducation)을 통해
만들이진다." 참조.

13) 고대에서 교육(educatio)은 양육을 뜻했다. 그래서 루소는 바로(Marcus Varro, BC
116~27)의 말, "유모는 양육하고, 가정교사는 훈육하며, 교사는 학습시킨다(educat
nutrix, instituit paedagogus, docet magister)."를 인용하면서 교육을 다시금 양육
(éducation) · 훈육(institution) · 교습(instruction)으로 세분한다.(『에밀』, p. 403 참조)

양육이란 곧 어린아이들이 자신의 능력들을 해롭지 않게 사용하도록 하는 부모의 보살핌을 뜻한다. 만약 어떤 동물이 예컨대 아이가 그렇듯이 세상에 나오자마자 큰소리로 운다면, 그 동물은 틀림없이 그 큰 울음소리가 끌어들인 늑대나 다른 야수들의 먹잇감이 될 것이다.

훈육 내지 훈도는 〔인간 안에 있는 일부의〕 동물성을 인간성으로 변혁시킨다. 동물이란 이미 모든 것이 그 본능에 의한 것이다. 외래의 이성[14]이 동물을 위해서 모든 것을 이미 배려해놓았다. 그러나 인간은 자신의 이성을 필요로 한다. 인간은 본능을 가지고 있지 않으며, 스스로 자기 처신의 계획을 세우지 않으면 안 된다. 그러나 인간은 당장에 이를 행할 상태에 있지 못하고, 미개〔조야〕한 채로 세상에 나오기 때문에, 타자들이 그를 위해 이를 행할 수밖에 없다.

인류는 인간성의 전체 자연소질을 그 자신의 노력을 통해 서서히 자신으로부터 끄집어내야 한다.[15] 한 세대가 다른 세대를 교육한다. 그때 그

최초의 시작을 사람들은 어떤 미개의 상태에서 찾을 수도 있고, 또 어떤 완전히 완성된 상태에서 찾을 수도 있다. 만약 이런 후자의 상태가 먼저

처음에 있었던 것이라고 가정한다면, 인간은 필시 나중에 다시 야성화하고 미개 상태로 추락해 있는 것이다.

훈육은 인간이 자기의 동물적 충동에 의해 자기의 규정〔본분〕, 즉 인간성에서 벗어나지 않도록 방지한다. 훈육은 인간을, 예컨대 인간이 야만스럽게 분별없이 위험에 처하지 않도록 제한해야 한다. 그러므로 훈도는 순전히 소극〔부정〕적인 것, 곧 인간에게서 야만성을 제거하는 행위이며, 이에 비해 교습은 교육의 적극적인 부분이다.

야만성은 법칙들에서 벗어나 있음이다. 훈육은 인간을 인간성의 법칙들에 복속시키고, 인간이 법칙들의 강제를 느끼게끔 만들기 시작한다.

---

14) 곧, 자연 이성 내지 신 이성.
15) 칸트, 「보편사의 이념」(IaG)(1784): AA VIII, 17~31; 「인간 역사」(MAM)(1786): AA VIII, 107~123 참조.

그런데 이런 일은 조기에 일어나야 한다. 그래서 예컨대 일찍부터 어린 아이들을 학교에 보내는 것은, 벌써 아이들이 그곳에서 무엇인가를 배우게 하려는 의도라기보다는, 오히려 조용히 앉아 있고, 그들에게 지시 규정되는 바를 정확히 준수하는 것에 습관이 배도록 하려는 의도에서이다. 그것은 어린아이들이, 미래에, 불쑥불쑥 떠오르는 착상들을 어느 것이나 실제로 또 그리고 순간순간 실행에 옮기지 않게 하기 위한 것이다. A4

그런데 인간은 천성적으로 자유에로의 매우 강한 성벽[性癖]을 가지고 있어서,[16] 만약 인간이 일단 한동안 자유에 습관이 배게 된다면, 그는 자유를 위해 모든 것을 희생시킬 것이다. 바로 그렇기에 훈육은 흔히 말하듯이 조기에 이루어져야만 한다. 왜냐하면 만약 일이 그렇게 되지 못한다면 나중에 인간을 변화시킨다는 것은 어렵기 때문이다. 그리되면 인간은 매번 변덕스러운 기분에 따른다. 또한 야만족들에서 볼 수 있는바, 이들은 설령 유럽인들에게 오랫동안 봉직하면서 산다 해도, 결코 유럽인들의 생활방식에 습관을 들이지는 못한다. 그러나 야만족들이 이러한 것은 **루소**와 다른 이들이 생각한 바처럼 자유에로의 고귀한 성벽이 아니다. 이 경우는 동물이 대체로 인간성을 아직 자기 안에서 발전시키지 못함으로 인한 일종의 미개성[조야함]인 것이다. 그렇기에 인간은 조기에 이성의 지시규정들에 복속하는 습관을 들여야만 한다. 만약 인간이 어린 시 A5 절부터 그의 의지에 내맡겨지고 아무것도 그에 거스르지 않는다면, 그는 평생토록 모종의 야만성을 지닐 것이다. 그리고 이런 것은 어린 시절에 어머니의 지나친 자애로 버릇없이 된 사람들에게도 아무런 도움이 되지 못할 것이다. 왜냐하면 그들은 세상살이를 시작하게 되자마자 그만큼 더욱더 많이 그리고 모든 방면에서 저항을 받고 도처에서 충돌에 맞닥뜨릴 것이기 때문이다.

---

16) Locke, *Some Thoughts concerning Education*(1693, ²1695), in: R. W. Grant/N. Tarvov(eds.), *Some Thoughts concerning Education and Of the Conduct of the Understanding*, Indianapolis/Cambridge: Hackett, 1996[『교육론』], §103 참조.

대인〔大人〕/권력자들은 지배자가 되게끔 정해져 있기 때문에 그들은 어린아이 시절에도 결코 본디 저항에 부딪치지 않아야 한다는 것이 이들을 교육하는 데 있어서 흔히 범하는 잘못이다. 자유로의 성벽 때문에 인간에게는 그의 미개성〔조야함〕을 세련화하는 일이 필요하다.[17] 이에 반해 동물들에 있어서는 그 본능 때문에 이런 일이 필요하지 않다.

IX443

인간은 양육과 교양〔도야〕을 필요로 한다. 교양〔도야〕은 훈도와 교습을 포함한다.[18] 우리가 아는 한, 동물은 이런 것을 필요로 하지 않는다. 무릇 새들이 울기를 배우는 것 빼고는, 어떤 동물도 어미에게서 무엇을 배우지 않는다. 새들은 어미에게서 울기를 배우는데, 마치 학교에서처럼, 어미가 새끼들 앞에서 온힘을 다해 시범해 보이고, 새끼들이 그 작은 목청으로 똑같은 소리를 내려고 애쓰는 것을 보는 것은 감동적이다. 새들이 본능에서 우는 것이 아니라, 참으로 그것을 배운다는 것을 확증하기 위해서는 다음과 같은 실험을 해봄직하다. 가령 카나리아 새둥지에서 알의 절반을 꺼내고 그 속에 참새 알들을 넣어두거나, 아주 어린 참새들을 카나리아 새끼들과 바꿔놓아 보자. 그리고 이 참새 새끼들이 바깥의 참새 소리를 들을 수 없게끔, 이것들을 어떤 방 안에 들여놓으면, 이 참새 새끼들은 카나리아 새들의 울음소리를 배우고, 사람들은 카나리아 새소리로 우는 참새를 얻게 된다. 또 사실 새 종류마다 전 세대를 거쳐 일정한 기본 울음소리를 보존해 갖고 있다는 것은 매우 놀라운 일이거니와, 이런 새 울음소리의 전승은 어쩌면 세상에서 가장 충실한 전승이다.[※]

A6

A7 　　인간은 오직 교육에 의해서만 인간이 될 수 있다. 인간은 교육이 인간

---

17) Locke, 『교육론』, §107 참조.
18) 앞서(A1=IX441)는 교육의 구성이 '양육(보육, 부양)·훈육(훈도)·교양 겸 교습'으로 표현된 데 비해, 여기서는 '양육·교양'으로 그리고 교양이 '훈도·교습'을 포함하는 것으로 설명되고 있다. 그리고 아래에서(A8=IX444)는 다시금 '교습'이 '교화'와 한가지로 설명된다.

에서 만들어내는 것 외에 다른 아무것도 아니다. 유의해야 할 바는, 인간이 오직 인간들에 의해서 교육되며, 그 인간들 역시 교육되어 있다는 사실이다.[21] 그래서 몇 사람에게 훈육과 교습에 결함이 있으면 그것이 그들을 다시 그들 생도의 나쁜 교육자로 만든다.[22] 만약 언젠가 〔인간보다〕 더 고급의 존재자가 우리의 교육을 맡는다면, 인간에서 무엇이 될 수 있을지도 볼 수 있을 터이다. 그러나 교육은 한편으로는 인간들에게 어떤 것은 가르치고, 다른 한편으로는 단지 인간에게 있는 어떤 것을 발전시키기〔키워내기〕만 하는 것이므로, 인간에서 자연소질이 얼마만큼까지 나아갈

A8

※ 여기서 칸트가 참새들에 대해 말하는 바는 어느 정도 다른 동물들에게도 확장 적용될 수 있겠다. 그렇게 해서 사람들이 유의하고자 했던 바는, 예컨대 아주 어렸을 때 포획된 사자는 더 커서 나중에 자유를 빼앗긴 사자들과 같이 결코 그런 식으로 포효하지 않는다는 점이다. 그러나 그때, 그중 얼마만큼이, 미완성의 조직에 영향을 미치지 않고서는, 아직 온전히 성장하지 않은 동물에 영향을 미칠 수 없는, 변화된 생활양식의 몫인지는 이제 알아내야 할 바이다. 여기서 참새들에 대해 말했던 바는 역시 제한적으로만 타당하다. 우리는 결코 그 참새의 울음소리를 실제 카나리아의 울음소리로 간주할 처지에 있지 못할 것이다. 무릇 자연본성은 갈퀴로 내몰아버린다 해도, 결국엔 이내 되돌아온다.[19] 어떤 조류의 잡종들에서조차도 현저한 차이점들이 나타난다. **기르타너**의 책 341면[20] 참조.

A7

---

19) 원문: Naturam furca expellas, et tamen usque recurrit. 문자가 일치하지는 않지만 이 말은 편자인 Rink가 Horatius, *Epistulae*, I, 10, 24: "Naturam expelles furca, tamen usque recurret."에서 따온 것으로 보인다.

20) 칸트 당대 스위스의 의사이자 화학자인 Christoph Girtanner(1760~1800)의 *Über das Kantische Prinzip für die Naturgeschichte*(1796), S. 341.

21) "인간은 선을 향해 교육되지 않으면 안 된다. 그러나 인간을 교육해야 하는 자도 다시 인간이다. 즉 여전히 자연본성의 조야함 속에 놓여 있으면서, 그 자신이 필요로 하는 것을 이제야 성취해야 하는 인간인 것이다."(*Anth*, A321=B319=VII325)

22) 이 점으로 인해 칸트는 『인간학』 강의에서도 도덕 교육의 효과에 우려를 표명했다: "(생득적〔선천적〕인 또는 초래된〔후천적인〕) 타락을 자기 안에 가지고 있지 않은 이는 아무도 없으므로, 도덕 교육의 문제는 우리 유〔인류〕에게서 한낱 정도의 면에서뿐만 아니라 원리의 질의 면에서도 해결되지 않는다. 왜냐하면 인류에게 생득적인 악한 성벽은 보편적인 인간이성에 의해 능히 비난받고, 어떻든지 제어되기는 하지만, 그러나 그렇게 해서도 절멸되지는 않기 때문이다."(*Anth*, A324/5=B322=VII327)

지는 알 수 없다. 만약 여기서 적어도 권력자들의 지원을 받고 여러 사람들의 통합된 힘들을 빌려 하나의 실험을 해볼 수 있다면, 인간이 어디까지 해낼 능력이 있는지를 밝혀낼 수도 있을 것이다. 그러나 권력자들 대부분이 어떻게 오직 언제나 자신들만을 돌보며, 자연본성이 한 걸음 더 완전성으로 다가갈 그런 식의 교육의 중요한 실험에는 참여하지 않는지를 보는 일은 인도주의자에게는 하나의 슬픈 관찰이고, 사변적인 인사[23]에게는 매우 무거운 관찰이다.

어린 시절을 제멋대로 하게끔 방치되어 보낸 채 나이가 든 사람을 볼 때, 그가 어느 점에서, 훈육에서든 교화〔문화화/개화〕[24] ― 사람들은 교습을 이렇게 부를 수 있거니와 ― 에서든, 소홀히 되었는지를 알 수 없는 사람은 없다. 교화되지 못한 자는 조야〔미개〕하고, 훈육받지 못한 자는 야

만적이다. 훈육을 소홀히 하는 것이 교화를 소홀히 하는 것보다 더 큰 해악이다. 왜냐하면 후자는 계속해서 만회될 수도 있기 때문이다. 그러나 야만성은 제거될 수 없으며, 훈육에서의 잘못은 결코 보충될 수가 없다. 아마도 교육은 점점 개선될 것이고, 이어지는 각 세대마다 한 걸음 더 인간성의 완전성을 향해 다가설 것이다. 무릇 교육의 배후에는 인간 본성의 완전성의 위대한 비밀이 놓여 있다. 바야흐로 이런 일이 성취될 수 있을 것이다. 이제야 비로소 사람들은 무엇이 본래적으로 좋은 교육의 요소를 이루는지를 올바르게 판단하고, 분명하게 통찰하기 시작했으니 말이다. 교육을 통해 인간의 본성이 점점 더 좋게 발전하는 것, 그리고 사람들이 교육을 인간성에 부합하는 형식으로 만들어갈 수 있는 것을 그려 보는 일이야말로 참으로 기쁜 일이다. 이는 장래의 더욱 행복한 인류에 대한 전망을 우리에게 열어준다. ―

교육 이론을 위한〔향한〕기획[25]은 하나의 밝은 이상이다. 설령 우리가

---

23) 곧, 철학하는 사람.
24) 원어: Kultur.

곧바로 이 이상을 실현할 상황에 있지 못하다 해도, 이 이상이 해치는 것은 A10 아무것도 없다. 설령 이러한 이념을 실현하는 데 있어 장애들이 등장한다 해도, 사람들은 곧바로 이러한 이념을 그저 헛된 것이라 치부해버리거나, 이를 하나의 아름다운 꿈이라 폄하해서는 안 된다.

이념이란 다른 것이 아니라 경험 중에 아직 현전하지 않은 하나의 완전성의 개념이다. 예컨대 '하나의 완전한, 정의의 규칙들에 따라 통치되는 공화국'이라는 이념 같은 것 말이다. 그렇다고 해서 이러한 이념이 불가능한 것일까? 우선 우리의 이념은 오직 올바른 것이어야 한다. 그러하기만 하다면 그 이념은 그것을 실현하는 도중에 부딪칠 온갖 장애들이 있음에도 불구하고 전혀 불가능한 것은 아니다. 예컨대 누구나가 거짓말을 한다면, 그 때문에 참말을 하는 것은 한갓된 엉뚱한 짓일까? 무릇 IX445 인간 안에 있는 모든 자연소질들을 계발하는 교육 이념은 두말할 것도 없이 진실한 것이다.

지금의 교육에서 인간은 인간 현존의 목적에 전혀 도달하지 못하고 있다. 도대체 사람들은 얼마나 서로 다르게 살고 있는가! 사람들이 한가지 원칙들에 따라 행위하고, 이 원칙들이 인간에게 또 하나의 본성[제2의 천성]이 되어야만, 사람들 사이에 동형식성이 생길 수 있는 것이다. 우리는 더욱더 합목적적인 교육의 설계 작업을 하고 이에 대한 지침을 후손 A11 에게 전할 수 있으며, 그들은 점차로 이를 실현할 수 있을 것이다. 예컨대 앵초에서 보거니와, 앵초를 뿌리로 심어 재배하면 모두 동일한 색깔의 앵초를 얻는데, 그에 반해 씨를 뿌려 싹을 틔우면 아주 서로 다른 색깔의 앵초들을 얻는다. 그러니까 자연은 씨앗들 안에 그런 싹들을 넣어놓은 것이고, 그렇기에 그 안에 있는 싹들을 발전시키기 위해서는 오직

---

25) 여기서 말하는 "Ein Entwurf zu einer Theorie der Erziehung"은 칸트의 『영원한 평화를 위한 철학적 기획(*Zum ewigen Frieden — Ein philosophischer Entwurf*)』(1795)과 성격이 유사하다. 이러한 '기획'에 대한 구상은 『순수이성비판』에서부터 일관되어 있다.(*KrV*, BXIII 이하 참조)

알맞은 파종과 이식이 관건인 것이다. 인간에서도 그러한 것이다!

인간성〔인류〕 안에는 많은 싹들이 있다. 이제 자연소질들을 균형 있게 발전시키고, 인간성을 그 싹들로부터 전개시켜, 인간이 그의 규정〔사명/본분〕에 이르도록 만드는 일은 우리의 일이다. 동물들은 그 규정을 저절로 실현하는데, 그것을 인지하지 못한 채로 그리한다. 인간은 그 규정에 이르기를 우선 모색해야 하거니와, 그러나 인간이 일단 자기의 규정〔사명/본분〕에 대한 개념을 갖지 못한다면, 이런 일은 일어날 수가 없다. 개인별로 이러한 규정에 이른다는 것은 또한 전적으로 불가능하다. 만약 우리가 실제로 완성된 최초의 인간 부부를 상정한다면, 우리는 그 부부가 자기의 어린아이를 어떻게 교육하는지를 보고 싶을 것이다. 그 최초의 부부는 이미 자녀들이 모방할 실례를 보여줄 것이고, 그렇게 해서 그 몇몇 자연소질들이 개발될 것이다. 〔그러나〕 모든 소질들이 이런 식으로 계발 완성될 수는 없다. 왜냐하면 대개 자녀들이 이러한 실례를 보게 되는 것은 모두 우연한 상황일 뿐이기 때문이다. 예전에 인간은 인간의 자연본성이 이를 수 있는 완전성에 대한 개념을 전혀 갖지 못했다. 우리 자신도 아직 이러한 것에 대한 제대로 된 개념을 가지고 있지 못하다.[26] 그러나 개별적 인간들로서는 자기들의 어린아이들을 제아무리 교양한다 해도, 이들이 자기들의 규정〔사명/본분〕에 이르는 데까지 나아갈 수 없다는 것만은 확실하다. 개개 인간들이 아니라, 인류가 그에 도달해야 할 것이다.[27] ※

A12

A13 IX446   교육은 수많은 세대를 통해 그 실행이 완성될 수밖에 없는 하나의 기술

---

26) 칸트는 이에 대한 본격적인 성찰이 루소에서 비로소 이루어지고 있다고 본다.(MAM, BM14 이하=VIII116 참조)

27) 칸트, IaG, 제1 명제: "한 피조물의 모든 자연소질은 언젠가는 완벽하게 그리고 합목적적으로 펼쳐지게끔 정해져 있다."(BM388=VIII18); 그러나 제2 명제: "(지상의 유일한 이성적 피조물로서의) 인간에 있어서 그의 이성 사용을 목표로 하고 있는 자연소질들은 개체〔개인〕에서가 아니라, 오직 유〔인류〕에서만 완벽하게 발전될 것이다." (BM388=VIII18) 참조.

이다. 앞선 세대의 지식들을 전수받은 각 세대는 인간의 모든 자연소질을 균형 있게 그리고 합목적적으로 발전시키고, 그리하여 전 인류를 그 규정〔사명/본분〕으로 이끄는 교육을 점점 더 성취해나갈 수 있다. ― 섭리는, 인간이 선을 자신 안에서 끄집어낼 것을 의욕했으며, 그래서 인간에게 이를테면 "세상으로 나가라" ― 뭐 아마도 창조주는 인간에게 이렇게 말을 건넸을 수도 있겠다! ―, "나는 너희에게 선으로의 온갖 소질을 갖춰주었다. 그것을 발전시키는 것은 너희의 몫이며, 너희 자신의 행복과 불행은 너희 자신에게 달려 있다."라고 말한다.[28)]

A14

　인간은 선으로의 자기 소질들을 우선 발전시켜야 한다. 섭리는 그 소질들을 이미 완성된 것으로 인간 안에 넣어놓은 것이 아니다. 그것들은 순전한 소질일 따름이며, 도덕성의 차이는 없다.[29)] 자기 자신을 개선하는 일, 자기 자신을 교화〔문화화〕하는 일, 만약 그가 악하다면, 자기에서 도덕성을 만들어내는 일, 그 일을 인간은 마땅히 해야 한다. 그러나 이 일을 충분히 숙고해보면, 사람들은 이 일이 매우 어렵다는 것을 알게 된다. 그래서 교육은 인간에게 부과될 수 있는 최대의 문제이자 최난〔最難〕의 문제이다. 무릇 식견〔통찰〕은 교육에 의존해 있으며, 교육은 다시 식견

A13

※　개개 인간은 그 약점들에서 결코 완전히는 자유로워질 수 없고, 스스로 자기 결점들을 완전히는 고치지 못할 것이나, 그럼에도 그와 함께 그리고 특히 인류〔인간성〕와 함께는 개선될 수 있다. 소위 인간의 타락에 대한 통상의 고발조차도 선에서의 인류〔인간성〕의 진보의 증거이다. 그러한 고발은 오직 법적으로 그리고 윤리적으로 엄정한 원칙들의 결과일 수 있으니 말이다.

---

28) "한 처음에 주님께서 인간을 만드셨을 때 인간은 자기 결정을 할 수 있도록 하셨다. 네가 마음만 먹으면 계명을 지킬 수 있으며 주님께 충실하고 않고는 너에게 달려 있다. 주님께서는 네 앞에 불과 물을 놓아 주셨으니 손을 뻗쳐 네 마음대로 택하여라. 사람 앞에는 생명과 죽음이 놓여 있다. 어느 쪽이든 원하는 대로 받을 것이다."(『싱서』, 「집회서」 15, 14~17) 참조.
29) 인간은 소질에 있어서 "어떤 점들에서는 윤리적으로 선하고, 다른 점들에서는 동시에 악한 것일 수 없다."(칸트, 『이성의 한계 안에서의 종교』〔RGV〕(1793〔A〕·1794〔B〕), B13=VI24) 참조.

〔통찰〕에 의지해 있다. 그래서 교육은 또한 단지 점차적으로 한 발짝씩만 전진할 수 있는바, 한 세대가 그의 경험과 지식들을 후속 세대에게 전수하고, 이들이 다시 무엇인가를 이에 덧붙이며, 그렇게 해서 차세대에게 전달하고, 오직 이렇게 함으로써 교육에 대한 올바른 개념은 생길 수 있는 것이다. 그러니까 올바른 교육 개념은 그토록 많은 문화〔교화〕와 경험을 전제하는 것 아니겠는가? 그렇기에 이런 개념은 늦어서야 생길 수 있었던 것이며, 우리 자신 아직도 그러한 개념을 온전히는 전혀 성취하지 못했다. 과연 개인별 교육이 서로 다른 세대를 관통하는, 인간성〔인류〕 일반의 도야를 본받아야 하는 것인가?

A15

인간의 고안물로 가장 어려운 두 가지는 아마도 통치〔기〕술과 교육〔기〕술일 것이다. 그런즉 사람들은 여전히 이것들의 이념에 관해서조차 논쟁하고 있다.

그러나 이제 인간의 소질들을 발전시키기 위해 우리는 어디서부터 시작할 것인가? 우리는 조야〔미개〕한 상태에서 시작해야 하는가, 아니면 어떤 이미 도야〔개발〕된 상태에서 시작해야 한단 말인가! 조야〔미개〕한 상태에서의 발전을 생각한다는 것은 어려운 일이다. (그래서 최초의 인간이라는 개념 또한 그토록 어려운 것이다.) 그리고 우리가 보는바, 그러한 상태에서의 발전의 경우에도 사람들은 언제나 다시금 미개〔조야〕한 상태로 추락했고, 비로소 다시 새롭게 그러한 미개 상태에서 솟아올랐다. 우리는 매우 개명된 민족들에서도 그들이 기록해놓은 최고〔最古〕의 정보물들에서 미개성〔조야함〕과 아주 가까이 접해 있음을 발견한다. ― 기록에 이르기까지 이미 얼마나 많은 문화가 필요했겠는가? 그래서 개명된 인간의 견지에서, 사람들은 기록기술의 시작을 세계의 시작이라 일컬을 수 있을 터이다. ―

IX447

A16

인간에게 있어서 자연소질들을 발전시키는 일이 저절로 일어나는 것은 아니기 때문에, 모든 교육은 곧 하나의 기술인 것이다. ― 자연은 이것을 위해 인간 안에 어떠한 본능도 넣어놓지 않았다. ― 이 기술의 기원 및 진보는 **기계적으로**, 즉 계획 없이, 주어진 상황에 따라 정리된 것이거나 **판결적으로** 정리된 것이다. 교육〔기〕술은 한낱 우연한 기회에 우리가 어떤 것이 인간에게 해로운지 이로운지를 경험할 경우에 기계적으로 생겨난다. 한낱 기계적으로 생겨나는 모든 교육술은, 그 기초에 아무런 계획을 가지고 있지 않기 때문에, 그 자체로 아주 많은 결점과 결함을 지닐 수밖에 없다. 그러므로 만약 교육술 내지 교육학이 인간의 자연본성을 발전시켜, 인간으로 하여금 그 규정〔사명〕에 이르게 해야 한다면, 이는 반드시 판결적인 것이어야 할 것이다. 이미 교육받은 부모는 그들에 따라 자식들이 교양〔도야〕될, 준범이 되는 실례이다. 그러나 자식들이 마땅 A17
히 더욱 개선되어야 한다면, 교육학은 하나의 연구여야만 한다. 그렇지 않으면 교육학에 기대할 것은 아무것도 없고, 교육 중에 오염된 어떤 자가 평상 또 다른 사람을 교육할 것이다. 교육술에서의 기계주의는 학문〔과학〕으로 변환되어야 한다. 그렇지 않으면 교육술은 결코 상호연관적인 노력이 되지 못하고, 이미 한 세대가 구축해놓은 것을 다른 세대가 허물어뜨리기 십상이다.

특히 교육을 위한 계획을 세우는 인사들이 유념해야 할 교육술의 한 원리는, 아이들은 인류의 현재의 상태가 아니라 미래에 개선 가능한 상태에, 다시 말하여 인간성의 이념에 그리고 인간성의 전 규정〔사명〕에 부합하게 교육해야 한다는 것이다. 이 원리는 매우 중요하다. 부모는 보통 그 자식들을 현재의 세계에 ― 그 세계가 타락한 것일지라도 ― 적응하게끔 교육한다. 그러나 부모는, 미래의 개선된 상태가 산출되도록 그렇 A18
게 자식들을 마땅히 더 좋게 교육해야 하는 것이다. 그런데 이렇게 하는데는 두 가지 장애물이 있다:
곧 1) 부모들은 보통은 오직 그들의 자식들이 훌륭하게 출세하는 것만 IX448
을 염려하고, 2) 군주들은 그들의 신민을 단지 그들의 의도를 위한 도구처럼 여기는 것이다.

부모들은 가정을 염려하고, 군주들은 국가를 염려한다. 양자는 세계 최선〔세계복지〕[30]과 완전성 — 인간성〔인류〕은 이에 대한 사명이 있고, 이를 위한 소질도 가지고 있는바 — 을 궁극목적으로 갖지 않는다. 그러나 교육계획을 위한 설계도는 세계주의적으로 만들지 않으면 안 된다. 그런데 세계최선〔세계복지〕은 우리의 사적 최선〔개인복지〕에 해가 될 수 있는 이념인가? 결코 그렇지 않다! 왜냐하면 설령 사람들이 그러한 이념에 무엇인가를 희생하지 않으면 안 되는 것처럼 보일지라도, 사람들은 다른 것이 아니라 바로 그러한 이념을 통해 언제나 그의 현재의 상태의 최선을 촉진하기 때문이다. 그렇다면, 얼마나 훌륭한 결과들이 그 이념에 수반하는가! 좋은 교육은 그것에서 세상의 모든 선이 생겨나는 바로 그런 것이다. 인간 안에 놓여 있는 싹들은 단지 언제나 더욱더 발전되어야 한다. 무릇 사람들은 인간의 자연소질들 안에서 악으로의 근거들을 발견하지 못한다. 단지 자연본성이 규칙들 아래에서 통제되지 않는 것이 악의 원인이다. 인간 안에는 오직 선으로의 싹들이 놓여 있을 뿐이다.[※]

그러나 이제 어디에서 세계의 개선된 상태가 유래해야 할 것인가? 군주들에 의해서, 아니면 신민들에 의해서? 신민들이 곧 우선 스스로 개선하고, 중도에서 좋은 정부를 맞이해야 할까? 개선된 상태가 군주들에 의해 구축되어야 한다면, 소공자〔왕자〕들의 교육이 우선 개선되지 않으면 안 된다. 아주 오랫동안 늘 언제나, 사람들이 소공자들에게는 어린 시절부터 맞서지 않는, 그런 큰 과오가 있었다. 그러나 들판에 홀로 서 있는 나무는 구부러져 자라며, 가지들을 옆으로 넓게 뻗는다. 이에 비해 숲속

A19

A20

[※] 후술하는 바를 참조하라. 그리고 칸트의 "악한 원리가 선한 원리와 동거함에 대하여, 또는 인간 자연본성에서의 근본악에 대하여"(『〔순전한〕이성의 한계 안에서의 종교』, 3면 이하[31]에 관한 서술을 참조하라.

---

30) 원어: das Weltbeste.
31) 칸트, *RGV*, 제1논고, A3~57=B3~64면을 지시함.

에 서 있는 나무는 그 옆에 있는 나무들이 맞서기 때문에, 곧게 자라며, 자기 위에서 공기와 햇빛을 찾는다. 이러한 이치는 군주들에게서도 마찬가지이다. 군주들이 다수 신민들 중 누군가에 의해 교육받는 것이 그들과 같은 신분의 사람들에 의해 교육받을 때보다 언제나 훨씬 더 좋다. 그러므로 우리가 선을 위로부터 기대할 수 있는 것은, 오직 그 교육이 더욱 탁월할 경우뿐이다! 그래서 무릇 이런 경우 주요 관건은 사적인 노력들이지, **바제도브**[32])와 다른 이들이 생각한 것처럼, 군주들의 협조가 아니다. 왜냐하면 경험이 가르쳐주거니와, 군주들은 세계최선[세계복지]이 아 IX449 니라, 오히려 자기들의 목적을 달성하기 위해 자기 국가의 안녕을 우선적으로 의도하기 때문이다. 그러니 군주들이 이를[교육을] 위한 금전을 제공한다면, 그를 위한 계획의 입안도 정말이지 그들에게 일임될 수밖에 없을 것이다. 그리되면 인간 정신을 배양하는 일, 인간 인식을 확장하는 일에 관한 모든 것에 있어서도 그렇게 된다. [그러나] 권력과 금전이 이를 이룩할 수는 없는 일이고, 기껏해야 수월하게 해줄 따름이다. 그러나 A21 만약 국가경제가 국고를 위해 미리 이자를 계산하지만 않는다면, 국가의 권력과 금전이 이를 이룩할 수도 있을 것이다. 학술원[학술기관]들 또한

---

32) Johann Bernhard Basedow(1724~1790). 칸트 당대 계몽주의 시대 Hamburg 태생의 신학자, 교육학자, 작가, 박애주의자. *Ein Privatgesangbuch zur gesellschaftlichen und unanstößigen Erbauung auch für solche Christen welche verschiedenes Glaubens sind*(Berlin und Altona 1767) 등의 저술과 함께 박애주의 교육운동을 폈고, Anhalt-Dessau의 Friedrich Franz Leopold III 공의 후원 아래 1774년에 '데사우 박애주의 학교(Dessau Philanthropinum)'를 설립 주관했으며, 이에 관한 저술 *Das in Dessau errichtete Philanthropinum. Eine Schule der Menschenfreundschaft und guter Kenntnisse für Lernende und junge Lehrer, arme und reiche; Ein Fidei-Commiß des Publicums zur Vervollkommnung des Erziehungswesens aller Orten nach dem Plane des Elementarwerks*(Crusius, Leipzig 1774)도 남겼나. 이 학교는 1793년까지 존속하였으나, Basedow는 교사들과의 충돌로 인해 이미 1776년에 이 학교의 운영에서 손을 뗐다. 칸트는 초기부터 이런 식의 실험학교에 대해 일면 기대와 일면 비판적 태도를 보였다.(AA II, 445~452; Aufsätze, das Philanthropin betreffend; *RGV* B4=VI19 참조)

이제까지 이런 일을 하지 않았으며, 게다가 학술원〔학술기관〕들이 이런 일을 할 것 같은 가능성이 지금보다 낮은 적도 없었다.

따라서 학교들의 설치도 순전히 가장 계몽된 전문가의 판단에 의거해야 할 일이다. 모든 문화는 사인〔私人〕[33]에서 시작해서 그로부터 퍼져나간다. 순전히 세계최선에 적극적으로 참여하고 미래의 어떤 개선된 상태에 대한 이념을 가질 수 있는, 넓혀진 경향성의 인사들의 노력을 통해서만 인간 자연본성이 그 목적으로 점차 접근하는 일이 가능하다. 곳곳에서 많은 권력자들이 자기 국민을 흡사 단지 자연계의 일부로 간주하고, 그리하여 단지 국민들이 번식하는 데에만 주목하는 것을 보라. 그때 그들은 숙련성 또한 최고로 갈망하는데, 그러나 그것은 순전히 그들의 의도를 위해 신민들을 더욱더 좋은 도구로 사용할 수 있기 위해서이다. 물론 사인〔私人〕들은 우선 자연목적을 염두에 두어야만 하지만, 그 다음에는 또한 특히 인간성의 발전에 주목하여, 인간성이 단지 숙련될 뿐만 아니라 개명〔윤리화〕되도록 해야 한다. 이때 가장 어려운 일은 사인들이 그 후손을 자신들이 이르렀던 것보다 더 전진하도록 노력하는 일이다.

그러므로 인간은 교육에서 1) **훈육**되어야 한다. 훈육함이란 개개 인간에서나 사회적 인간에서 동물성이 인간성을 해치지 않도록 방지하려 애씀을 말한다. 그러므로 훈육이란 순전히 야〔만〕성의 제어이다.

2) 교육에서 인간은 **교화**〔문화화〕되어야 한다. 교화〔문화화〕는 교시〔敎示〕와 교습을 포함한다. 교화는 숙련성을 갖춤이다. 숙련성이란 모든 임의의 목적에 충분한 능력을 가짐이다. 그러므로 숙련성은 어떤 목적을 전혀 정하지 않고, 그것을 나중 상황에 맡기는 것이다.

몇몇 숙련성들은 모든 경우에 좋은 것이다. 예컨대 읽기와 쓰기 같은 것 말이다. 그런가 하면 다른 숙련성들은 단지 몇몇 목적들에만 좋다. 예컨대 음악은, 우리를 호감을 얻도록 만드는 데 좋은 것이다. 수많은 목적

A22

A23 IX450

---

33) 원어: Privatmann.

들이 있기 때문에 숙련성은 사뭇 무한하다.

3) 교육에서 사람들이 주목해야 할 바는, 인간은 [교육을 통해] 또한 **현명**
해지고, 인간 사회에 적응하여 호감을 얻고, 영향력을 갖게 된다는 점이다.
이를 위해 필요한 것이 모종의 교화[문화화]인데, 이를 사람들은 **문명화**
[시민화]라고 부른다. 문명화에는 범절, 정중함 그리고 모종의 현명함이
요구되며, 이 문명화에 의해 사람들은 모든 인간을 자기의 궁극목적으로
대할³⁴⁾ 수 있다. 문명화는 각 시대의 변천하는 취미에 따라 방향이 정해
진다. 몇십 년 전만 해도 사람들은 사교적인 의식[儀式]을 좋아했다.

4) 교육에서 사람들은 **도덕화**에 주목해야 한다. 인간은 온갖 목적들에
알맞게 숙련되어야 할 뿐만 아니라, 또한 오직 순정하게 선한 목적들을
가려내는 마음씨를 갖게 되어야 한다. 선한 목적들이란 반드시 누구나
동의하고, 또한 동시에 누구에게나 목적이 될 수 있는 그런 목적들을 말
한다.³⁵⁾

인간은 한갓되이 길들여지고, 조련되고, 기계적으로 교습될 수도 있　　A24
고, 참으로 계몽될 수도 있다. 사람들은 개나 말을 길들이며, 인간도 길
들일 수 있다. (이 낱말³⁶⁾은 영어 낱말 '드레스'³⁷⁾ 즉 '**옷을 입히다**'에서 유래한

---

34) 원어: gebrauchen. 칸트는 이러한 문맥에서 이 낱말을 'brauchen'과 똑같이 사용하
며, 이런 경우 'brauchen'을 'behandeln'과 교환적으로 쓴다. 이를 고려하여 여기서는
이를 '사용하다'라는 통상적인 의미보다는 '대하다'라는 의미로 새긴다. 칸트, 『윤리형
이상학 정초』[GMS], B66/67=IV429와 B75=IV433 참조.

35) 여기서 칸트는 교육과 관련하여 이야기하고 있지만, 『인간학』 강의에서 이미 "인간은
자기의 이성에 의해, 하나의 사회 안에서 다른 사람들과 함께하고, 그 사회 안에서 기
예와 학문들을 통해 자신을 **교화**[문화화/개화]하고, **문명화**하고, **도덕화**하도록 정해
져 있다."(Anth, A321=B319=VII324)라고 말하고 있다.

36) 곧, 독일어 낱말 'dressieren'[길들이다].

37) 곧, 'dress'.

것이다.[38] 그래서 또한 사제가 옷 갈아입는 곳은 옷방〔제의실〕[39]이지, 위안실[40]
이 아니다.)

그러나 길들이는 것으로는 아직 똑바로 된 것이 아니니, 오히려 특
히 중요한 것은, 아이들이 **생각하기를** 배우는 일이다. 생각하기를 배움
이 목표하는 바는, 그로부터 모든 행위들이 나오는 원리들이다. 그러므
로 사람들은 진정한 교육에서는 해야 할 일이 매우 많다는 것을 아는 바
이다. 그러나 보통 사교육에서는 네 번째의 가장 중요한 요소가 거의 시
행되지 않고 있다. 그것은 사람들이 본질적으로 아이들을 교육하는 데
있어서, 도덕화를 성직자에게 일임하기 때문이다. 그러나 어린 시절부
터 아이들에게 패악을, 단지 신이 그것을 금지했다는 이유에서가 아니
라, 그 자체로 혐오할 만한 것이기 때문에, 혐오하도록 가르치는 것이 어
찌 무한히 중요한 일이 아니겠는가.[※] 그렇지 않게 되면 곧 아이들은 자
칫, 그것을 언제든 할 수 있고, 만약 신이 금지만 하지 않는다면, 그 밖에
는 그것을 하는 것이 허용되어 있는 것이겠고, 그래서 신은 언젠가 한 번
은 예외를 만들 수도 있을 것이라는 생각에 이르게 된다. 〔그러나〕 신은
가장 신성한 존재자이고, 오직 선한 것만을 의욕하며, 우리가 덕을 마땅
히 실행해야 하되, 그것을 신이 요구하기 때문이 아니라, 그것의 내적 가
치 때문에 그리해야 함을 요구하는 것이다.[41]

우리는 훈육화[42]와 교화〔문화〕와 문명화의 시대에 살고 있지만, 아직
도 도덕화의 시대에 살고 있지는 않다. 인간의 현재 상태에서는 국가들

A25

IX451

※ 아래의 서술 참조.

---

38) 그러나 많은 이들은 독일어 낱말 'dressieren'이 칸트가 말하는 바와는 달리 프랑스
　어 낱말 'dresser'〔길들이다 / 조련하다〕에서, 더 소급하면 라틴어 낱말 'dirigere'
　〔지도하다 / 지휘하다〕에서 유래하는 것으로 본다.(*Brockhaus*, *Wahrig Deutsches*
　Wörterbuch, Gütersloh／München ⁹2011, S. 390 참조)
39) 원어: Dreßkammer.
40) 원어: Trostkammer.

의 번영은 동시에 인간들의 비참과 함께 커가고 있다고 말할 수 있다. 그리고 이에서 여전히 제기되는 물음은, 우리는 우리의 현재 상태에서보다 이 모든 문화가 우리에게 아직 있지 않던 미개의 상태에서 더 행복하지 않았을까 하는 것이다. 무릇 인간을 윤리적으로 그리고 지혜롭게 만들지 않는다면, 어떻게 인간을 행복하게 만들 수 있겠는가? 그렇게 하지 않을 경우 악의 분량은 감소하지 않을 것이다. A26

표준학교를 설립하기 전에 우선 실험학교를 설립해야 한다. 교육과 교습이 한갓 기계적이어서는 안 되며, 원리들에 의거해야 한다. 그렇다고 교육과 교습이 한낱 이성사변적[43]이어서는 안 되고, 동시에 어느 정도는 기계적일 필요가 있다. 오스트리아에는 대부분 하나의 입안에 의해 설립되었던 표준학교들만이 있었고, 이런 입안에 대해 많은 반대 표명이 있었는바, 사람들은 특히 그 입안이 맹목적 기계주의라고 비난할 수 있었는데, 그것은 근거 있는 이야기였다. 도대체가 이러한 표준학교에 그 밖의 모든 학교를 맞춰야만 했으며, 사람들은 심지어 이런 학교를 다니지 않은 사람을 지원하는 것마저 거부하였다. 이러한 지침들은 정부가 얼마나 심하게 이러한 문제에 개입하고 있는지를 보여준다. 그와 같은 강제가 있으면 어떠한 좋은 것도 육성되기가 불가능할 수 있다.

사람들은 보통 교육에서 실험은 불필요하며, 이미 이성에 의해 무엇이 좋고 좋지 않을지를 판단할 수 있다고 생각하기는 한다. 그러나 사람들은 이 점에서 자못 착오를 범하는 것으로, 경험은 우리의 시도들에서 사람들이 기대했던 것과는 정반대의 결과가 종종 나타남을 가르쳐준다. A27

---

41) 이와 같은 맥락에서 칸트의 '도덕신학'은 "우리 행위들이 신의 지시명령[계명]이기 때문에 책무 있는 것으로 여기는 것이 아니라, 오히려 우리가 그에 대해 내적으로 책무가 있기 때문에, 그 행위들을 신의 지시명령으로는 보는 것"이나. 이에 대해서는 『순수이성비판』[KrV], A819=B847 · A632=B660 참조. 또 같은 취지의 '이성종교' 내지 '이성신앙'에 관해서는 RGV, B239 이하=VI159 이하 참조.

42) 원어: Disziplinierung.

43) 원어: räsonierend.

이에서 알게 되는 것은, 실험에 달려 있는 것인 만큼, 어떤 세대도 온전한 교육기획안을 제시할 수는 없다는 점이다. 어느 면에서 새 길을 여는 효시가 된 유일한 실험학교는 데사우 학원[44]이었다. 사람들은 이 학원을 칭송하지 않을 수 없다. 그럼에도 또한 이 학원은 사람들에게 비난받을 만한 많은 결함이 있다. 그 결함들은 사람들이 시도함으로써 얻는 모든 결론들에서 볼 수 있는 것인즉, 아직도 새로운 시도들이 더욱더 필요하다는 것이다. 이 학원은 어떤 점에서 교사가 자신의 방법과 계획에 따라 일할 수 있는 자유를 가졌던 유일한 학교였고, 이 학교 안에서 교사들은 교사들 상호 간에 그리고 독일의 모든 지식인과도 연계가 있었다.

교육은 그 안에 **부육**〔扶育〕과 **교양**〔도야〕을 포함한다. 후자는 1) **소극적으로는** 한낱 과실을 방지하는 훈육이고, 2) **적극적으로는** 교습과 교도〔敎導〕이며, 그런 한에서 교화〔문화〕에 속한다. **교도란** 가르친 바를 실행하게 지도함이다. 그래서 한낱 교사인 **지식정보전수자**[45]와 지도자인 **가정교사**〔인성교육자〕[46]의 차이가 생긴다. 전자는 한낱 학교〔학과과정〕를 위한 교육을 하고, 후자는 인생을 위한 교육을 한다.[47]

생도 때의 첫 시기에 아이는 복종과 수동적인 순종을 익혀야 한다. 그 다음 시기에 가서 사람들은 아이가 스스로 사려하고 자기의 자유를, 물론 법칙들 아래서〔법칙들을 준수하면서〕, 사용하도록 해야 한다. 첫 시기에는 기계적인 강제가, 그 다음 시기에는 도덕적 강제가 있는 것이다.

---

44) 앞의 A20=IX448 및 해당 각주 참조.

45) 원어: Informator.

46) 원어: Hofmeister.

47) 루소 또한 훈육(institution)하는 가정교사와 교습(instruction)하는 교사를 구별한다. (『에밀』, p. 403 참조)

교육은 **사적** 교육이거나 **공적** 교육이다. 후자는 오직 지식정보전수[48] 와만 관계하며, 이러한 교육은 언제나 공적인 것으로 머물 수 있다. 지시 규정들[49]의 실행은 전자에 맡겨진다. 완벽한 공적 교육은 교습과 도덕적 교양, 이 둘을 통합하는 교육이다. 공적 교육의 목적은 훌륭한 사적 교육 을 촉진하는 일이다. 이러한 일이 일어나는 곳인 학교를 사람들은 교육 기관[학원][50]이라고 부른다. 그러한 기관은 많을 수가 없고, 그 기관의 생 도 수도 많을 수가 없다. 왜냐하면 이러한 기관은 비용이 엄청나게 들고, 그런 기관을 순전히 건립하는 데만도 매우 큰돈이 필요하기 때문이다. 이는 구빈원이나 양로원과 그 사정이 비슷하다. 그러한 기관에 필요한 건물, 기관장과 감독자와 고용인의 급여만으로도 그러한 사업에 책정된 돈의 절반이 들어가며, 확실한 것은, 이 돈을 가난한 이들의 가정에 보내 준다면, 그들이 훨씬 더 좋게 보육할 것이라는 점이다. 그래서 순전히 부 유한 사람들의 아이들 외에 다른 아이들이 그러한 교육기관에 참여할 수 있기란 역시 어려운 일이다.

A29

그러한 공적 [교육]기관들의 목적은 가정교육의 완성이다. 만약 애초 에 부모들이나 그 교육에서의 조력자들이 훌륭하게 교육을 받기만 한다 면, 공적 [교육]기관들의 낭비는 제거될 수 있을 것이다. 공적 [교육]기관 들에서는 실험들이 이루어지고, 주체들이 교양[도야]되어야 한다. 그렇 게 해서 공교육기관으로부터 훌륭한 가정교육이 생겨나야 하는 것이다.

A30

사적 교육은 부모들 자신이 맡아 하기도 하고, 때로 이러한 시간이 없 거나 역량이 안 되거나, 아예 그런 일에 흥미를 갖지 못하는 경우에는, 급여를 받는 조력자인 다른 인사[가정교사]들이 맡아 하기도 한다. 그러 나 이런 조력자에 의한 교육에서는 부모와 이 가정교사 사이에 권위가 분 배되어 있는, 매우 곤란한 상황이 생긴다. 아이는 가정교사의 지시규정

IX453

---

48) 원어: Information.
49) 원어: Vorschriften.
50) 원어: Erziehungsinstitut.

에 따라야 하고, 또한 다시금 부모의 변덕에도 따라야만 하게 된다. 이러한 교육에서는 부모들이 그들의 전체 권위를 가정교사에게 양도하는 것이 필요하다.

그러나 사적 교육이 공적 교육보다, 또는 후자가 전자보다 어느 정도까지 우선권을 갖는 것이 좋을까? 일반적으로 숙련성의 면에서뿐만 아니라 시민의 성격[품성]과 관련해서도 공적 교육이 가정교육보다는 더 장점이 있는 것으로 보인다. 가정교육은 심지어는 종종 가족의 결함을 만들어낼 뿐만 아니라, 이를 대를 이어 전승하기도 한다.

그런데 교육은 대체 얼마 동안 계속되어야 하는가? [교육은] 자연 자신이 인간이 스스로 자신을 영위하게끔 정해준 시기까지, 즉 인간에게 성본능이 발달하고, 그 자신이 부[모]가 될 수 있고 그 자신이 교육해야만 하는, 대략 16세까지 [계속되는 것이 알맞다]. 이 시기 후에도 사람들은 능히 교화[敎化]의 보조수단들을 사용할 수 있고, 암암리에 훈육을 시행할 수도 있지만, 더 이상 정규 교육을 할 수는 없다.

생도의 복종은 **적극적**이거나 **소극적**이다. 생도가 스스로 판단할 수 없고, 아직 한갓된 모방의 역량만을 지니고 있어서, 그에게 지시규정된 것만을 행하지 않으면 안 될 때 그 복종은 적극적이다. 반면에 생도가 타인들이 다시 무엇인가 그의 마음에 드는 것을 할 것을 의욕해서, 타인들이 의욕하는 것을 그가 행하지 않을 수 없을 때에 그 복종은 소극적이다. [불복종에는] 앞의 경우 처벌이 따르고, 뒤의 경우에는 생도가 의욕하는 바를 사람들도 해주지 않는다. 이런 경우 생도는 이미 [스스로] 생각할 수 있음에도 불구하고, 자기의 즐거움에서 [타인에] 의존한다.

교육에서 가장 중대한 문제 중 하나는, 사람들이 법률적 강제에 대한 복종과 자기의 자유를 사용할 수 있는 역량을 어떻게 통일할 수 있는지 하는 것이다. 무릇 강제는 필요한 것이다! [그러니] 나는 강제에 임하여

A31

A32

자유를 어떻게 교화할 것인가? 나는 나의 생도가 자기의 자유의 강제를 참아내는 일에 익숙하도록 해야 하며, 동시에 자기의 자유를 잘 사용하게끔 그 자신을 이끌어야 한다. 이렇게 하지 않으면 모든 것은 한갓된 기계주의[한갓 기계적인 것]이고, 교육[과정]을 마친 자들은 자기의 자유를 사용할 줄 모를 것이다. 자기 자신을 보존하는 일, 필요한 것이 없이도 살아가는 일, 자립적이기 위해 [필요한 것을] 획득하는 일의 어려움을 알아내기 위해서, 생도는 일찍부터 사회의 불가피한 저항을 느낄 수밖에 없다.

여기서 사람들은 다음의 점들을 주의해야만 한다. 1) 사람들은 아이를 IX454 아주 어린 시절부터 모든 점에서 (예컨대 아이가 날선 칼을 잡아 자신을 상하게 하는 것 같은 그런 일들을 제외하고는) 자유롭게 둘 일이다. 만약에 예컨대 아이가 소리를 지른다거나 혼자 좋아서 날뛰어 타인들을 사뭇 괴롭힐 A33 때처럼, 타인의 자유를 방해하는 것이 아닌 방식으로만 일이 일어난다면 말이다. 2) 사람들은 아이에게, 오직 그가 타인들로 하여금 그들의 목적을 이룰 수 있게 해줌으로써만 그 또한 자기의 목적을 이룰 수 있다는 것을 보여주어야 한다. 예컨대 사람들이 바라는 것을, 곧 아이가 배워야 마땅한 것 등등을, 아이가 하지 않는다면, 사람들은 아이에게 아무런 즐거움도 주지 않을 것임을 보여주어야 한다. 3) 사람들은 아이에게 그 자신의 자유를 사용할 수 있도록 이끌 강제를 부과하는 것이며, 그가 언젠가 자유로울 수 있게 하기 위해, 다시 말해 타인의 보살핌에 의존할 필요가 없도록 하기 위해 그를 교화하는 것임을 아이에게 증명해 보여야 한다. 이 마지막 일[타인의 보살핌에 의존할 필요가 없게 되는 일]이 최종의 과업이다. 왜냐하면 아이들은 예컨대 사람은 나중에 스스로 자기의 생계를 꾸려가지 않으면 안 된다는 사실을 비로소 늦게야 깨우치기 때문이다. 아이들은 부모의 집에서처럼 그들이 먹고 마실 것을 걱정할 필요 없이 얻게 되는 일이 언제나 이루어질 것이라 생각한다. 이렇게 다루지 않으면 아이들, 특히 부자 부모들의 아이들과 군후의 아들들은 타히티 섬의 주민들처럼 전 생애를 걸쳐 어린아이에 머무를 것이다. 여기서 공적 교육은 가장 뚜렷한 장점들을 갖는다. 왜냐하면 사람들은 공적 교육에서 자기의 힘들을 〔타인들의 힘과 견주어〕 가늠하는 것을 배우고, 타인의 권리에 의해 〔자기 권리가〕 제한됨을 배우기 때문이다. 여기서는 어느 누구도 우선권을 향유하지 못한다. 사람들은 어디서나 저항을 느낄 것이고, 공적을 통해 두각을 나타냄으로써만 자신을 돋보이게 할 것이기 때문이다. 공적 교육은 장래 시민의 최선의 전형을 제공한다.

그러나 여기서 한 가지 난제가 더 고려되어야 하는데, 그것은 이미 성년기에 들어서는 것을 앞두고 〔일어날 수 있는〕 패악을 방지하기 위해 성 지식을 예취하게 하는 일이다. 그렇지만 이에 대해서는 저 아래에서[51] 다루는 것이 마땅하겠다.

---

51) 아래 A137＝IX496 이하.

본론[52]

교육학 내지 교육론은 **자연적**[53]이거나 **실천적**이다. **자연적** 교육이란
인간이 동물들과 공유하고 있는 것, 바꿔 말해 보육을 말한다. **실천적** 내
지 **도덕적** 교육이란 인간이 자유롭게 행위하는 존재자로서 살 수 있도록
인간을 교양[도야]시켜야 할 그런 교육을 말한다. (자유와 관련되어 있는 모
든 것을 사람들은 **실천적**이라고 부른다.) 이는 인격성을 위한 교육, 즉 자기
자신을 보존하고, 사회 안에서 그 일원을 이루며, 그러면서도 독자적으
로 내적 가치를 가질 수 있는, 자유롭게 행위하는 존재자의 교육이다.

그리하여 실천적 교육은 세 요소로 구성되어 있다. 즉 1) 숙련성에 관
한 **교과적**[54]–**기계적** 교양 ── 그러므로 그것은 **교수법적**(지식정보전수자) A36
이다 ── 과, 2) 현명함에 관한 **실용적**[55] 교양(가정교사)과, 3) 윤리성에 관
한 **도덕적** 교양으로.[56]

─────────────

52) 이 제목은 편자인 Rink가 붙인 것으로 추정된다. AA IX, 572 참조.
53) 원어: physisch.
54) 원어: scholastisch.
55) 칸트에서 '실용적(pragmatisch)'이란 "어떤 기술의 실행에 쓸 수"(*Anth*, B82=A82=
   VII176) 있는 것, 그리하여 세계시민으로서의 인간에게 보편적으로 쓸모가 있는 것을
   뜻하며, 그것은 인간의 "보편적 복지를 위한 예방적 배려에서 나온" 것(*GMS*, B44=
   IV417)을 말한다.

인간이 자기의 모든 목적들을 달성하는 데 능숙하기 위해서는 **교과**〔학과〕**적** 교양 내지 교습이 필요하다. 이것이 인간에게 개인으로서의 자기 자신에 관한 가치를 부여한다. 그러나 **현명함**을 위한 교양을 통해서 인간은 시민으로 도야〔교양/형성〕되며, 그때 인간은 공적 가치를 얻는다. 그때 인간은 시민적 사회를 자기 의도에 맞게 주도하고, 또한 자기 자신을 시민적 사회에 어울리게 하는 것을 배운다. 끝으로 **도덕적** 교양을 통해서 인간은 전체 인류에 관한 가치를 얻는다.

교과적 교양이 가장 조기의, 첫 번째의 것이다. 왜냐하면 모든 현명함은 숙련성을 전제하기 때문이다. 현명함이란 자기의 숙련성을 인간에게 선하게 사용하는 능력이다. 도덕적 교양은 인간이 마땅히 스스로 통찰해야 할 원칙들에 의거하는 한에서는 가장 후기의 것이다. 그러나 그것이 단지 평범한 인간지성〔상식〕에 의거하는 한에서는 시작 단계에서부터, 곧 자연적 교육에서도 고려되지 않으면 안 된다. 왜냐하면 그렇게 하지 않을 경우에는 나중에 가서 모든 교육기술을 써도 허사가 될 결함이 쉽게 뿌리박힐 것이기 때문이다. 숙련성과 현명함에 관해서는 모든 것이 나이에 맞춰 진행되어야 한다. 아이답게 숙련성을 기르고, 아이답게 현명하게 기르고, 선량하게 길러야지, 어른스럽게 간교하게 길러서는 안 된다. 성인의 어린아이 같은 성미가 적절하지 않듯이 아이의 어른스러운 간교함도 적절하지 않다.

IX456 ### 자연적 교육에 대하여[57]

가정교사로서 교육을 맡아하는 이는 설령 아이들의 자연적 교육까지를 보살필 수 있는 그렇게 이른 나이의 아이들을 감독하지는 않는다 할지

---

56) 이것을 아래(A112=IX486)에서는 "실천적 교육의 요소는 1) 숙련성, 2) 세간지〔世間智〕, 3) 윤리성이다."라고 표현하고 있다.
57) 이 제목은 편자인 Rink가 붙인 것으로 추정된다.

112

라도, 교육에서 처음부터 끝까지 유의해야 할 필요가 있는 모든 것을 아는 것이 유리하다. 비록 가정교사로서 단지 좀 큰 아이들을 맡아 일한다 할지라도, 집안에 새롭게 아이들이 태어나는 일도 있을 것이고, 그 사람이 업무를 잘 수행하면 언제나 부모의 신뢰를 받게 되는 것이며, 그래서 그 아이들의 자연적 교육에도 조언을 하게 될 것이다. 더구나 흔히는 그 사람이 그 집안에서 유일한 지식인일 것이니 말이다. 그래서 가정교사에게는 자연적 교육에 대한 지식이 필수적이다. A38

자연적 교육은 본래 단지 보육으로서, 부모나 유모 또는 보모에 의한 것이다. 자연이 아이에게 정해준 음식은 모유이다. "넌 모유와 함께 이미 그것을 빨아들인 거야!"라고 하는 말을 종종 듣는 바처럼, 어린아이가 모유와 함께 [어머니의] 마음씨도 빨아들인다고 함은 순전한 선입견이다.※ 어머니 자신이 수유를 한다면, 그것은 어머니에게나 아이에게나 가장 몸에 좋은 것이다.[58] 물론 여기서 [어머니의] 질병으로 인한 극단적인 경우에는 예외가 생긴다. 옛적에 사람들은 산후 직후의 어머니의 유장[乳漿]으로 된 초유[初乳]가 아이에게 유해하다고 생각했고, 그래서 어머니는 아이에게 젖을 먹이기 전에 그것을 짜내 버려야 한다고 생각했다. 그러나 **루소**는 처음으로 의사들에게 과연 초유가 아이의 건강에 좋지 않은 것인지에 대해 주목하게 했다. 자연은 일반적으로 쓸데없는 것을 마련해놓지 않으니 말이다. 그리고 실제로 사람들은 알아내게 되었는바, 이 초유는 신생아에게 있는, 의사들이 태변[胎便]이라고 부르는 배내똥을 가장 잘 씻어내 주는 것이고, 그러므로 아이들의 몸에 최고로 좋은 것이다. A39

※ 그런 의견이 분분하기는 하지만, 특정한 질병과 마찬가지로 특정한 패악이 아이들에게 유전되는 일은 아마도 거의 없을 것이다. 그러나 생식과 최초의 수유 중에 질병이나 패악이 어떤 식으로든 더 많이 수용될 수 있다 함은 이성과 모순되는 어떠한 것도 포함하고 있지 않은 것으로 보인다.

---

58) Rousseau, 『에밀』, p. 406 참조.

사람들은 동물의 젖을 가지고서도 아이를 잘 기를 수 있지 않을까 하는 물음을 제기했었다. 인간의 젖은 동물의 것과는 아주 다르다. 모든 초식의, 풀을 뜯어먹고 사는 동물들의 젖은 어떤 종류의 산[酸]이, 예컨대 포도산이나 구연산 또는 특히 사람들이 **응고 효소**라고 부르는, 송아지 주름위 막에 있는 산[酸] 같은 것이, 첨가되면 곧바로 응고한다. 그러나 사람의 젖은 전혀 응고하지 않는다. 그렇지만 만약 산모나 유모가 며칠째 줄곧 채식만 한다면, 그 젖 또한 소의 젖 등과 같이 쉽게 응고한다. 그러다가 만약 그들이 단지 얼마 동안 다시 고기를 먹으면, 젖 역시 그 전과 같이 이내 좋은 상태로 된다. 그래서 사람들은 이로부터, 산모나 유모가 수유하는 기간 동안 고기를 먹는다면, 그것은 매우 좋은 일이고, 아이의 건강에도 최선이라는 결론을 내렸다. 무릇 어린아이들이 젖을 토해낼 때, 사람들은 그것이 응고되어 있는 것을 본다. 그러므로 아이들의 위 안에 있는 산이 다른 어떤 산보다도 젖의 응고를 촉진시키는 것임이 틀림없다. 왜냐하면 사람의 젖은 그 밖에는 어떤 방식으로도 응고될 수 없기 때문이다. 그러므로 만약 사람들이 아이에게 이미 저절로 응고하는 젖을 준다면, 그 얼마나 해로운 일이겠는가. 그러나 한낱 이것만이 문제가 되는 것이 아님을 다른 종족들에서 보는 바이다. 예컨대 퉁구스족은 고기 외에 거의 다른 것은 먹지 않는데, 건장하고 건강한 사람들이다. 그러나 그러한 족속들은 모두 장수하지 못하며, 다 큰 청소년을, 겉보기로는 가벼워 보이지 않는데도, 별 힘 안 들이고 들어올릴 수 있다. 그에 비해 스웨덴 사람들, 또 특히 인도의 종족들은 거의 고기를 먹지 않는다. 그럼에도 이 사람들은 아주 썩 발육이 좋다. 그러므로 중요한 것은 순전히 유모의 건강 상태이며, 최선의 음식은 유모에게 가장 잘 맞는 음식인 것으로 보인다.

여기서 제기되는 물음은, 이제 모유를 끊고 나면 사람들은 무엇을 가지고서 아이를 먹여 키울 것이냐 하는 것이다. 사람들은 얼마 전부터 갖가지 곡류 죽을 가지고 이를 해보고 있다. 그러나 처음부터 아이를 이런 음식

IX457 A40

A41

114

물을 먹여 키우는 것은 좋지 않다. 특히 사람들은 아이들에게 술, 양념, 소금 등과 같은 자극적인 것은 주지 않도록 주의해야 한다. 그럼에도 아이들이 그와 같은 모든 것에 매우 강한 욕구를 가지고 있다는 것은 신기한 일이다! 그 이유인즉, 그런 것이 아이들의 아직 덜 발달한 감각에 어떤 자극과 활기를 주어 그들을 쾌적하게 하기 때문일 것이다. 러시아의 아이들은 화주[火酒]를 즐겨 마시는 어머니들로부터 사뭇 그 같은 것을 받아먹으면서 자란다. 그리고 그러한 러시아인들이 건강하고 건장한 사람들이라는 것은 확인되는 바이다. 두말할 것 없이 그러한 것을 잘 견뎌내는 이들은 훌륭한 신체구성[체질]을 가지고 있는 것이다. 그러나 [그렇지 않았더라면] 오래 살 수도 있었을 많은 이들이 그로 인해 [일찍] 죽기도 한다. 왜냐하면 그러한 이른 자극은 신경에 많은 혼란을 야기하기 때문이다.[※] 그뿐 아니라 너무 뜨거운 음식물로부터도 아이들을 조심스럽게 보호하지 않으면 안 된다. 왜냐하면 이런 것들도 아이들이 허약해지는 원인이 되기 때문이다.

A42

IX458

더 나아가 주의해야 할 점은, 아이들을 너무 덥게 키워서는 안 된다는 것이다. 왜냐하면 아이들의 피는 그 자체로 이미 성인들의 피보다 훨씬 따뜻하기 때문이다. 어린아이들의 피의 온도는 화씨 110°인데, 성인들의 피는 단지 화씨 96°이다. 나이든 이들은 정말 편안함을 느낄 온도에서 어린아이는 숨이 막힌다. 시원한 온도에 습관이 됨은 대체로 인간을 강하게

A43

※ **쉴뢰처**[59] 씨는 이미, 러시아가 화주의 과도한 사용으로 인해 얼마나 가공할 결과를 맞았는지를 매우 철저하게 밝힌 바 있다.

---

59) August Ludwig von Schlözer(1735~1809). 칸트 당대 독일 계몽주의 시대의 역사학자, 법학자, 통계 전문가, 지술가, 작가, 역사가, 교육자. 말년 Göttingen 대학의 교수가 되기 전에, 십수 년 간 스웨덴, 러시아에서 가정교사 생활을 했으며, 러시아에서는 러시아 역사 교사로서도 활동하였다. 언급되고 있는 문제와 관련해서는 그의 *Von der Schädlichkeit der Pocken in Rußland und von Rußlands Bevölkerung überhaupt*, Göttingen u. Gotta 1768, S. 29 참조.

만든다. 그리고 성인들의 경우에도 너무 덥게 옷을 입고, 덥게 이불을 덮거나, 너무 뜨거운 음료에 습관이 드는 것은 좋지 않다. 그래서 무릇 아이는 시원하고 딱딱한 잠자리를 얻어야 한다. 찬물로 목욕하는 것도 좋다.[※] 어린아이의 식욕을 일으키기 위해 어떤 자극적인 음식을 써서는 안 된다. 식욕은 오히려 언제나 오직 활동과 열심히 일한 결과여야만 한다. 그런 중에 아이가 무엇에든 습관이 들어 그것이 〔벗어날 수 없는〕 필요욕구가 되지 않도록 해야 한다. 또한 좋은 것이라 하더라도 모두 인위적으로 그런 것에 습관이 들도록 조성해서는 안 된다.⁶⁰⁾

A44

기저귀 채우기를 미개 민족들에서는 전혀 볼 수 없다. 예컨대 아메리카의 야만족들은 어린아이들을 위해 땅바닥에 구덩이를 파고, 그 위에 썩어가는 나무들의 가루를 흩뿌려서 채워 넣고, 아이들의 오줌이나 오물이 빠져 들어가게 하여, 아이들이 마른자리에 누워 있을 수 있게 한다. 그리고 아이들을 나뭇잎으로 덮어주되, 그 밖에는 아이들이 손발을 자유롭게 쓰도록 해준다. 그런데 우리는 순전히 우리의 편의를 위해 아이들을 미라처럼 강보로 감싼다. 단지 우리가 아이들의 팔다리가 구부러지는 것을 주의하지 않아도 되게끔 하기 위해서 말이다. 그러나 바로 기저귀를 채움으로써 그런 일이 종종 발생한다. 또한 그런 짓은 아이들 자신을 불안하게 만들어, 아이들로 하여금 자신이 수족을 전혀 쓸 수 없는 것 아닌가 하는 일종의 절망에 빠지게 한다.⁶¹⁾ 그때 사람들은 아이들이 큰소리로 울면 단지 얼러줌으로써 진정시킬 수 있다고 생각한다. 그러나 한 번만 성인을 강보로 감싸는 일을 해본다면, 과연 그는 소리치면서 불안과

※ 여기서 말한 바는 여건에 따라 다르며, 잘 새겨서 이해되고 적용되어야 함은 이에 관해서 최근에 전문의들이 말한 바에 의해 분명하다.

---

60) Rousseau, 『에밀』, p. 418 이하 참조.
61) 기저귀 채우기에 대해 Rousseau 역시 비슷한 우려를 표명하면서 말한다: "이는 자연에 반하는 관습이다."(『에밀』, p.405)

절망에 빠지지 않을 것인지를 이내 알 것이다.

일반적으로 유념해야 할 바는, 초기의 교육은 단지 소극적이어야만 IX459
한다⁶²⁾는 점이다. 다시 말해, 사람들은 자연의 사전배려 위에 또 하나의 A45
새로운 것을 덧붙여서는 안 되고, 자연을 단지 훼방 놓지 말 일이다. 실로
교육에서 기술〔인위〕이 허용되어 있다면, 그것은 오직 단련의 기술〔인위〕
뿐이다. ― 그러니까 그래서라도 기저귀 채우기는 그만두어야 한다. 그
러나 만약 약간의 예방 조치를 취하고자 한다면, 위에 가죽 끈이 달려 있
는 상자 같은 것이 이런 목적에는 가장 맞을 것이다. 이탈리아인들이 이
러한 상자를 사용하고 있는데, 그들은 이것을 '아루치오'⁶³⁾라고 부른다.
아이는 언제나 이 상자 안에 머무르는데, 그 안에 누워 있는 상태로 젖도
먹인다. 그럼으로써 어머니가 밤에 젖먹이는 동안 잠이 들어 아이를 압
사시킬 일도 방지된다.[※] 그러나 우리 경우는 수많은 아이들이 이런 일로
인해 목숨을 잃고 있다. 그러므로 이러한 사전배려가 기저귀 채우기보다
더 좋다. 왜냐하면 아이들은 이런 경우 그래도 더 자유롭고, 다리가 굽는
것도 방지되기 때문이다. 그에 반해 기저귀를 채움으로써 아이들은 흔히 A46
다리가 구부러지게 된다.⁶⁵⁾

초기 교육에서 다른 또 하나의 관습은 **요람 흔들기**이다. 가장 가벼운

※ 내가 아주 잘못 알고 있는 것이 아니라면, 그 최신판이 집집마다 있을 터인 **파우
스트**의 『위생문답』⁶⁴⁾의 구판에서 사람들은 이 기구의 그림을 볼 수 있을 것이다.

---

62) 루소에서 똑같은 말을 읽을 수 있다: "La première éducation doit donc être purement
négative."(『에밀』, p. 440) 루소는 인생 초반인 12세까지의 교육이 인간 형성에 가장
중요하고 그만큼 위험하다고 본다.
63) 원어: aruccio. 이 상자를 모사한 그림은 편집자 주에서 언급하는 B. Ch. Faust,
Gesundheits-Katechismus, S. 20에서 볼 수 있다.
64) Bernhard Christoph Faust(1755~1842), *Gesundheits-Katechismus zum Gebrauche
in den Schulen und beym häuslichen Unterrichte*. Mit Holzschnitten, Bückeburg
1794.
65) Rousseau 역시 신체의 자유로움을 구속하지 않게 양육할 것을 주장한다.(『에밀』, p. 417
참조)

종류의 요람은 일부 농부들이 가지고 있는 것이다. 곧 그들은 요람을 들보에 끈으로 매달아놓는데, 그러므로 툭 건드리기만 하면, 요람은 저절로 한쪽에서 다른 쪽으로 흔들거린다. 그러나 요람 흔들기는 도대체가 쓸데없는 짓이다. 이리저리 흔들거리는 것은 아이에게 해로운 일이니 말이다. 알다시피 실로 흔들거림은 성인들에게조차 구토를 일으키고 현기증이 나게 한다. 사람들은 그렇게 함으로써 아이를 마비시켜 소리 내어 울지 않게 하려는 것이다. 그러나 소리 내어 우는 것은 아이들에게는 치유적인 것이다. 아이들은 어머니의 몸에서 나오자마자, 그 안에서는 누릴 수 없었던 공기를 최초로 들이마신다. 이렇게 해서 변화된 혈행〔血行〕은 아이들 안에 고통스러운 감각을 낳는다. 그러나 소리 내어 욺으로써 아이는 신체 내부의 성분들과 맥관〔脈管〕들을 그만큼 더 발달시키는 것

A47 이다. 아이가 울 때 곧장 도와주러 가서, 유모가 습관적으로 그렇게 하듯이, 노래 같은 것을 불러주고 하는 일, 그런 일은 매우 해로운 것이다. 이런 일이 보통은 아이를 타락시키는 첫 번째의 것이다. 왜냐하면 아이가 소리침으로써 모든 것이 이루어진다는 것을 알게 되면, 아이는 울부짖기를 더 자주 반복할 것이기 때문이다.

사람들이 참으로 말할 수 있는 것은, 평민의 아이들이 귀족의 아이들

IX460 보다 훨씬 더 버릇없이 클 수 있다는 점이다. 왜냐하면 평민들은 자기 아이들과 놀기를 마치 원숭이처럼 하기 때문이다. 그들은 아이들에게 노래를 불러주고, 아이들을 껴안고 뽀뽀하고, 아이들과 함께 춤을 춘다. 그러니까 그들은 아이가 울음을 터뜨리자마자 곧장 달려가 아이와 함께 놀아주고 하면서, 이런 것 등등이 아이에게 잘 해주는 것이라고 생각한다. 그러나 아이들은 그만큼 더 자주 울어젖힌다. 그에 반해 아이들이 소리쳐 울어도 사람들이 아랑곳하지 않으면, 아이들은 결국 울음을 그친다. 왜냐하면 어떤 피조물도 헛된 일을 기꺼이 하지는 않기 때문이다. 그렇지만 아이들이 자기들의 기분에 맞게 모든 것이 충족되는 데 습관이 들게 되면, 나중에 가서 그런 의지를 꺾기에는 너무 늦다. 그러나 아이들이

소리쳐 울게 내버려두면, 그들 자신이 그런 일에 싫증을 낼 것이다. 그러나 어린 시절에 아이들의 기분에 맞게 모든 것을 충족시켜준다면, 그로써 사람들은 아이들의 심정과 윤리를 망가뜨리는 것이다.[66]

  물론 아이는 아직 윤리에 대한 개념을 가지고 있지 않다. 그러나 아이는 그의 기분에 맞게 모든 것이 충족됨으로써 그의 자연소질이 망가져, 나중에는 그 망가진 것을 바로잡기 위해서 매우 엄한 벌을 내리지 않을 수 없게 된다. 사람들이 나중에 아이들이 언제나 그들의 요구를 득달같이 들어주던 습관에서 벗어나게 하고자 한다면, 아이들은 울어댐으로써 언제나 성인들만이 할 수 있는 매우 큰 분노를 표출하는데, 다만 그 차이는 아이들에게는 분노를 실행으로 옮길 힘이 없다는 것뿐이다. 아이들이 단지 소리쳐 부르기만 하면 모든 것이 이루어지던 동안에, 아이들은 그러니까 아주 전제적으로 군림했다. 이제 이러한 지배가 끝나면, 그것이 아이를 짜증나게 하는 것은 자연스러운 일이다. 무릇 위인들도 한동안 권력을 가지고 있었다면, 그것 없이 지내는 데 신속하게 익숙해지기는 아주 어려운 것이다.

  아이들은 최초의 시기, 대략 생후 3개월간은 제대로 보지 못한다. 아이들은 빛에 대한 감각을 가지고 있기는 하지만, 대상들을 서로 구별하지는 못한다. 확신할 수 있거니와, 아이들에게 무엇인가 빛나는 것을 앞에다 놓는다 해도, 아이들은 그것을 눈으로 좇지 못한다.[※] 시각 능력과

※ 내 생각에 어린아이들에게는 청각이 시각보다 더 강하게 작용하고, 더 활동적인 것 같다. 감관의 최선의 사용도 모종의 교화를 전제하거니와, 그래서 그토록 많은 성인들조차도 눈을 가지고 있되 보지 못하고, 귀를 가지고 있되 듣지 못하는, 따위의 일이 일어난다. 그 원인은 아마도 오직 주의의 부족에 있을 것이나, 교화가 변변찮으면 변변찮을수록 그 부족은 점점 더 커진다. 주의를 일차로 함기함으로써 교화를 위한 기초가 놓이지만, 그러고 나서는 교화가 주의의 조건

---

66) 그래서 루소는 아이가 욺으로써 부탁하는 것을 들어주되, 그때 그것으로 "명령하는 버릇이 들지 않도록 하는 것이 중요하다."(『에밀』, p. 422)라고 말한다.

함께 웃고 우는 능력도 생긴다. 이제 아이가 이런 상태에 이르면, 비록 아직 그다지 명료하지는 않지만 아이는 반사적으로 소리 내서 운다. 그럴 때는 언제나 아이가 자기에게 고통스러운 일이 일어났다고 생각하는 것이다. **루소**에 의하면, 대략 6개월 된 아이의 손등을 찰싹 때리면, 아이는 손등에 불똥이 떨어진 것처럼 소리쳐 운다.[67] 실로 아이는 벌써 이 일과[68] 모욕의 개념을 결합시키고 있는 것이다. 부모는 보통 아이들의 의지를 꺾는 일에 대해 아주 많이 이야기들을 한다. 아이의 의지를 먼저 타락시키지 않았다면, 그것을 꺾을 필요도 없는 일이다. 그러나 아이들의 전제적인 의지를 그대로 따라주면, 그것이 첫 번째 타락으로, 이로써 아이들은 울어댐으로써 모든 것을 〔어른들에게〕 강요할 수 있는 것이다. 이를 나중에 다시금 좋게 만든다는 것은 극히 어려운 일로서, 이런 일은 거의 성공할 수가 없다.※ 아이가 조용히 있도록 할 수는 있겠지만, 이는 아이로 하여금 화를 삼키게 하는 것으로서, 그것은 더 크게 내심의 분노를 불러일으키는 것이다. 그것은 아이로 하여금 위장하고 감정 변화를 속에다 담아두는 데에 익숙해지게 만든다. 예컨대 부모가 아이들을 회초리로 때린 다음에 아이들에게 부모 손등에 입맞춤을 하라고 요구하는 것은 매우 기묘한 일이다. 그러한 짓은 아이들을 위장과 가식에 익숙해지게 만든다. 왜냐하면 회초리는 사람들이 감사를 표시할 수 있는 그렇게 아름다운 선물이 아니기 때문이다. 그때 아이가 어떤 심정으로 손등에 입맞춤을 할 것인지는 쉽게 생각할 수 있는 바이다.

아이들에게 걸음마를 가르치기 위해 보통은 〔몸에 묶는〕 **걸음마끈**/

이 된다. 이것은 더 상술할 가치가 있는 주제이겠으나, 다만 이 자리에서 이를 더 다루지는 못한다.

※ Horstig, 『아이들이 소리쳐 우는 것을 내버려 둘 것인가?(*Soll man Kinder Schreien lassen?*)』, Gotha 1798 참조.

67) Rousseau, 『에밀』, p. 421 참조.
68) 원문은 "hier". AA에 따라 "hiermit"로 고쳐 읽음.

견인대[牽引帶]**와 보행기**를 이용한다. 그런데 마치 누구나 보행 학습을 받지 않으면 걸을 수 없을 것처럼, 사람들이 아이들에게 걸음마를 가르치고자 하는 것은 참 특이한 일이다.[69] 특히 걸음마끈은 아주 해로운 것이다. 언젠가 어떤 작가는 그가 가슴이 좁아 천식이 있는 것은 어린 시절에 순전히 걸음마끈을 착용한 탓이라고 한탄했다. 무릇 어린아이는 모든 것을 붙잡고, 모든 것을 바닥에서 들어올리거니와, 그로 인해 가슴이 걸음마끈 안으로 조여들어간다. 더구나 어린아이의 가슴은 아직 연약하기 때문에, 그대로 눌려버리고, 나중에도 그런 모양새를 간직하게 된다. 아이들은 그러한 보조수단들을 이용해서 걷기를 배울 때 자기 힘으로 할 때만큼 그렇게 확실하게 배우지도 못한다. 아이들이 점차 자기 힘으로 걷기 시작할 때까지 바닥을 이리저리 기어 다니게 내버려 두는 것이 가장 좋은 일이다. 예방책으로 방바닥에 모포를 깔아두면 어린아이들이 물건 조각 같은 것에 찢기지 않고, 딱딱한 데 넘어져 다치지 않게 할 수 있다.

A52

사람들은 보통 아이들이 넘어지면 아주 심하게 충격을 받는다고 말한다. 그러나 아이들은 간혹 넘어져도 심하게 충격을 받지 않을 수 있을 뿐만 아니라, 넘어진다 해도 그것이 그다지 해로운 것도 아니다. 아이들은 단지 그만큼 더 잘 균형을 잡고, 넘어져도 다치지 않게 대비하는 방법을 터득하게 된다. 사람들은 흔히 아이가 넘어져 얼굴이 부딪치는 일이 없도록 바닥과 간격을 벌려놓을, 이른바 원반 챙이 있는 모자를 씌우곤 한다. 그러나 아이가 자연적인 도구를 가지고 있는데, 사람들이 인위적인 도구들을 사용한다면 이것 또한 부정적인 교육[방식]이다. 넘어질 때 이미 자신을 지켜주게 될 손들이야말로 이런 경우 자연적인 도구이다. 사람들이 인위적인 도구를 많이 사용하면 할수록 인간은 도구들에 그만큼 더 의존하게 된다.

IX462

---

69) Rousseau도 어린아이들을 보행기나 걸음마끈을 이용해 억지로 걷기 학습을 시키는 것은 불필요한 것으로 본다.(『에밀』, p. 429 참조)

A53   초기에 도구들을 적게 사용하고, 아이들이 더 많이 자기 힘으로 배우
게 놓아둔다면 대체로 그것이 더 낫다. 그렇게 하면 아이들은 많은 것을
훨씬 더 철저하게 배울 수도 있다. 그렇게 해서 예컨대 아이가 자기 힘으
로 쓸 줄 알게 되는 것도 충분히 가능하다. 무릇 쓰기란 옛적에 누군가가
고안해낸 것으로, 그런 고안 역시 그렇게 대단한 일은 아니기 때문이다.
예컨대 만약 아이가 빵(Brot)을 먹고 싶어 하면 "네가 먹고 싶은 것을 그
려볼 수 있겠니?" 하고 묻기만 해도 된다. 그러면 아이는 하나의 타원 도
형을 그릴 것이다. 그때 "네가 생각하는 것이 빵인지 돌멩이(Stein)인지
잘 모르겠는데."라고 말하기만 해도, 나중에는 'B' 모양을 그리려고 시도
할 터이다. 이하 등등, 이렇게 해서 아이는 시간이 지남에 따라서 자기
자신의 철자(ABC)를 고안할 것이고, 그것을 나중에는 다른 기호들과 바
꾸기만 하면 될 것이다.※

A54   몇몇 아이들은 어떤 장애를 가지고 태어난다. 그렇다면 이러한 결함,
말하자면 기형을 다시 교정할 수단은 없는가? 다수의 박식한 저술가들의
노력으로 확인된 바는, 이런 경우 코르셋 같은 것은 아무런 도움이 되지
못하며, 오히려 혈액과 체액의 순환을 방해하고, 신체 외부와 내부 기관
의 꼭 필요한 신장〔伸張〕을 방해하기 때문에 단지 그 장애를 더 악화시킬

※ 위인들이 말한 바를 사람들은 너무도 쉽게 오해하고, 그것도 흔히는 고의로 그
리한다. 특히 칸트에서 그런 일이 일어났다. 그래서 여기서 내가 다만 주의를
환기시키려는 바는, 칸트가 여기서 사람들로 하여금 모든 아이들로 하여금 최초로 자
기 자신의 철자를 고안하도록 해야 한다고 말하려는 것이 결코 아니라는 사실
A54   이다. 그는 다만 이렇게 말함으로써, 더 나이가 들어서는 그런 것을 의식하지도
자각하지도 못하는데, 어떻게 아이들이 읽기 쓰기에 있어서 실제로 그리고 심
지어 분석적으로 행해나가는지, 그리고 어떻게 아이들이 어떤 상황에서 그것을
행해나갈 것인지를 시사하는 것이다. 그 밖에도 여기서 굳이 **페스탈로치**나 **올리
비어**[70]를 상기할 필요까지 없기를 바라는 바이다.

---

70) 책머리에 있는 편자 서문(AIV=IX439) 참조.

뿐이라는 것이다. 아이를 그대로 자유롭게 놓아둔다면, 아이는 **그런 자기의 몸**을 단련시킬 것이나, 코르셋 같은 것을 착용한 이는 그것을 벗을 때엔 그런 것을 착용한 적이 없는 이보다 훨씬 더 약해져 있을 것이다. 균형이 맞지 않게 태어난 이들로 하여금 근육이 더 강한 쪽에 더 무거운 것 을 지게 한다면, 어쩌면 도움을 줄 수 있을지도 모르겠다. 그러나 이 역시 매우 위험한 일이다. 대체 누가 그 평형점을 알아낼 수 있다는 말인가? 가장 좋은 것은, 아이가 스스로 훈련을 해서, 일정한 자세를 잡는 것이다. 비록 그런 일이 아이에게는 몹시 힘들겠지만, 일체의 기계들은 이런 경우 아무것도 바로잡지 못하기 때문이다.

IX463

A55

그러한 모든 인위적인 장치들은 유기적이고 이성적인 존재자에게는 자연의 목적에 정면으로 배치되는 것이므로 그만큼 해로운 것이다. 자연의 목적대로 이성적인 존재자에게는 자기의 힘을 사용하는 법을 배울 수 있는 자유가 여전히 있어야만 한다. 사람들은 교육을 할 때 아이들이 연약해지는 것만은 마땅히 막아야 한다. 그런데 단련은 연약함의 반대이다. 어린아이들이 모든 것에 익숙해지도록 하고자 한다면, 이는 너무 많은 것을 감행하는 것이다. 이 점에서 러시아인들의 교육은 아주 지나치다. 그 때문에 믿을 수 없을 만큼 많은 수의 어린아이들이 죽고 있다. 습관[익숙해짐]이란 동일한 향수[享受]나 동일한 행위를 자주 반복함으로써 반드시 그렇게 할 수밖에 없게 된 향수나 행위이다. 자극적인 것들, 예컨대 담배, 브랜디, 따뜻한 음료 같은 것보다 아이들이 더 쉽게 습관이 드는 것은 없을 것이다. 그러므로 아이들에게 이런 것들은 되도록 주지 말아야 한다. 나중에 이런 습관에서 벗어나는 것은 몹시 어려운 일이며, 초기에도 큰 고통을 수반한다. 왜냐하면 잦은 향수로 인해 우리 신체의 기능에 일정한 변화기 일어나 있기 때문이다.

A56

그런데 한 인간이 갖는 습관이 많으면 많을수록 그는 그만큼 자유롭지 못하며 얽매이게 된다. 그런 일은 인간에게도 여타의 모든 동물들에서도 마찬가지로, 일찍 습관이 밴 것은 나중까지도 특정한 성벽[性癖]으로 남는다. 그러므로 아이가 무엇에도 버릇 들지 않도록 방지해야만 하며, 아이에게 어떠한 습관도 생기지 않도록 해야만 한다.

다수 부모들은 자기 아이들이 모든 것에 습관이 들게 하고자 한다. 그러나 이것은 적절한 일이 아니다. 왜냐하면 인간의 자연본성 일반은, 또 한편으로 개개 주체의 자연본성은 모든 것에 습관이 들지는 않게 되어 있으며, 다수의 아이들은 여전히 배우는 중에 있기 때문이다. 예컨내 다수 부모들이 하고자 하는 바는, 아이들은 언제든 잠자리에 들 수 있고, 기상할 수 있어야 하며, 또는 그들이 요구할 때에, 식사를 해야 한다는 것이다. 그러나 이런 것을 해내기 위해서는 특별한 생활방식이 필요하다. 즉

A57

신체를 강화하고, 그럼으로써 저 잘못된 것을 다시 제대로 만들 생활방식이 필요하다. 자연 안에서도 우리는 주기적인 많은 것을 발견한다. 동물들도 일정한 시간에 잠을 잔다. 인간도 그 신체가 기능에 장애가 생기

IX464

지 않도록 하기 위해서 일정한 시간에 하는 습관이 들도록 해야 할 것이다.※ 다른 일, 즉 아이들은 언제든 음식을 먹을 수 있어야 한다는 것에 관해서는, 이 경우 우리는 동물들을 예로 들 수는 없겠다. 왜냐하면, 예컨대 모든 초식동물들은 풀을 뜯어먹을 때마다 적은 영양분만을 섭취하기 때문에, 그런 동물들이 〔언제라도〕풀을 뜯어먹는 것은 정상적인 일이

※ 이런 습관은 틀림없이 기계로서의 인간에게는 아주 큰 장점이다. 그러나 우리가 잊지 말아야 할 것은, 때때로 예외도 필요하다는 점이다. 신체적 생활과 관련해서는 이미, **후페란트**[71]가 아주 훌륭하게 밝혀냈듯이, 이런 예외가 매우 유용하다. 그러나 우리가 엄격한 습관을 가짐으로써 더 장수한다고 한다면, 이러한 장수는 결국 단지 배열된 대로 사는 삶, 다시 말해 한갓된 식물적인 삶〔무위(無爲)의 삶〕으로 보일 수도 있겠다.

---

71) Christoph Wilhelm Hufeland(1762~1836). 대중요법 보급에 활발했던 칸트 당대의 프로이센 의사. 프로이센 학술원 회원(1800), 프로이센 궁정 주치의(1801). 『長生術(Die Kunst das menschliche Leben zu verlängern)』(Jena 1796), 『건강한 수면법(Der Schlaf und das Schlafzimmer in Beziehung auf die Gesundheit)』(Weimar 1802) 등을 저술함.

니 말이다. 그러나 인간이 언제나 일정한 시간에 식사한다면, 그것은 인간에게 매우 유익하다. 그리고 많은 부모들은 자기의 아이들이 혹한이나 악취, 이런저런 소음과 같은 것들을 잘 참아낼 수 있게 하고자 한다. 그러나 이런 것은 전혀 불필요한 일이다. 만약 아이들이 무엇에도 습관이 들지 않기만 한다면 말이다. 그리고 이를 위해서는 아이들을 여러 가지 상황에 처하게 하는 것이 매우 효과적이다.

단단한 침상이 폭신한 침상보다는 훨씬 건강에 좋다. 일반적으로 엄한 교육이 신체의 강화를 위해서는 썩 도움이 된다. 그런데 우리는 엄한 교육을 순전히 안일함을 방지하는 것으로 이해한다. 이러한 주장을 확증하는 주목할 만한 사례들이 없지 않은데, 다만 사람들은 그런 것에 주목하지 않는다. 아니 더 정확히 말하자면, 그런 것에 주목하려 하지 않는다.

정서교육에 관해 말할 것 같으면, 그것은 실로 어떤 점에서는 자연적 교육이라 부를 수 있는 것으로, 주로 유념해야 할 바는, 훈육이 노예를 만드는 식이 되지 않고, 아이가 언제나 자기가 자유롭다는 것을 느껴야 한다는 점, 그러면서도 아이가 타인의 자유를 저해하지 않아야 하며, 그래서 (그럴 경우에는) 아이가 반드시 저항을 받아야 한다는 점이다. 많은 부모들은 아이들의 인내심을 훈련시키기 위해, 아이들에게 모든 것을 거절하고, 그렇게 함으로써 아이들 자신이 지니고 있는 것 이상으로 인내 심을 요구한다. 그러나 이런 짓은 너무 잔혹한 것이다. 아이에게 필요한 만큼은 주고서, 그 다음에 "넌 충분히 가진 거야!"라고 말할 일이다. 그러나 그때 이렇게 말한 것은 절대로 번복되어서는 안 된다. 아이들이 소리쳐 우는 것에 괘념하지 말 것이고, 아이들이 울음을 터뜨림으로써 무엇인가를 얻어내고자 할 때, 그러한 요구를 들어주지 말 일이다. 그러나 아이들이 상냥하게 청하는 것은, 만약 그것이 아이들에게 필요한 것이며, 그것을 아이들에게 주는 것이 마땅하다. 그렇게 되면 아이들은 솔직한 것에 익숙해지고, 또 아이가 울음을 터뜨려 누구를 성가시게 하지 않을 것이므로, 다른 편으로는 아이에게 모든 이가 친절할 것이다. 실로 아이들이 주위 사람들을 자신에게 유리하게 끌어올 수 있게끔 친절한 표정을 짓게 하는 것은 신의 배려인 것처럼 보인다. 고집을 꺾기 위해 〔아이를〕 우롱하는, 노예적인 훈육보다 더 해로운 것은 없다.

곧잘 사람들은 아이들에게 "아휴, 부끄러워, 참 잘하는 짓이다! 운운" 하고 다그친다. 그러나 이런 종류의 말을 교육 초기의 단계에서는 결코 해서는 안 될 일이다. 아이는 아직 수치나 예의 바른 것에 대한 개념이 없으며, 아이는 부끄러워해야 할 것도 없고, 또 부끄러워해서도 안 된다. 그렇게 하면 아이는 오직 수줍어하게 될 뿐이다. 아이는 다른 사람들의 시선 앞에서 당황할 것이고, 다른 사람들을 피해 쉽사리 숨을 것이다. 그렇게 되면 소심함과 무엇인가를 속으로 숨기는 일이 생겨날 것인데, 이는 해로운 것이다. 이러한 아이는 더 이상 아무것도 감히 청하지 못한다. 뭐든 청할 수 있는 것이 마땅함에도 말이다. 아이는 자기의 속마음을 감추며, 모든 것을 솔직하게 말할 수 있어야 함에도, 늘 실제와는 다른 모습을 보인다. 아이는 늘 부모 주변에 있는 대신에 부모를 피하고, 자기 뜻을 잘 받아주는 가복의 팔에 안기게 될 것이다.

저런 우롱하는 교육보다 더 좋지 않은 것은 응석받이와 한없이 귀여워하는 짓이다. 이러한 짓은 아이의 고집스러움을 강화하고, 아이를 거짓되게 만들며, 아이에게 부모가 약함을 노정시켜, 아이의 시선 중에 반드시 있어야 할 부모에 대한 존경을 앗아간다. 그러나 큰소리로 울어대도

얻을 수 있는 것이 아무것도 없는 방식으로 아이를 교육시킨다면, 아이는 뻔뻔스럽지 않으면서도 기탄이 없고, 수줍음을 타지 않으면서도 겸손하게 될 것이다. '뻔뻔한'을 뜻하는 〔독일어 낱말〕 'dreist'는 본래 'dräust'라고 써야 한다. 왜냐하면 이 말은 '위협하다'를 뜻하는 〔독일어 낱말〕 'dräuen', 'drohen'에서 유래한 것이기 때문이다.[72] 사람들은 뻔뻔한 인간

---

72) 오늘날의 사전학에서는 'dreist'가 고대 고지독일어 낱말 'dristi'에서 유래했고, 이 말은 'dringen(파고들다, 조르다)'과 어원을 같이한다고 보고 있다.(*Brockhaus, Wahrig Deutsches Wörterbuch*, S. 390 참조)

을 썩 좋아할 수가 없다. 많은 사람이 뻔뻔한 얼굴을 가지고 있거니와, 사람들은 그들의 난폭성을 언제나 두려워하지 않을 수 없다. 또한 그와는 다른 얼굴들도 있는데, 사람들은 그런 얼굴을 보자마자 그런 얼굴을 가진 사람은 누구에게도 난폭한 말을 할 수 없음을 알 수 있다. 사람은 오직 선량함과 함께할 때만 언제나 솔직담백하게 보일 수 있다. 사람들은 종종 지체 높은 인사들에 대해, 그들은 진짜 왕처럼 보인다고 말하곤 한다. 그러나 이런 모습은 그들이 유년 시절부터, 누구도 그들에게는 맞서지 않았기 때문에, 습관으로 배어 있는 일종의 뻔뻔한 모습에 지나지 않는다.

이 모든 것은 부정적인 교양〔교육〕 탓이라 볼 수 있다. 무릇 흔히 인간의 수많은 단점들이 생기는 것은, 인간에게 아무것도 가르치지 않았기 때문이라기보다는 그릇된 인상들이 심어져 있기 때문이다. 그렇게 해서 유모들은 아이들에게 예컨대 거미나 두꺼비 같은 것들에 대한 두려움을 A62 심어준다. 아이들은 다른 사물들과 마찬가지로 거리낌 없이 거미도 잡고 싶어 한다. 그러나 유모들은 거미를 보자마자 혐오스러운 표정을 완연하게 짓기 때문에, 이것이 아이에게 일정한 공감으로 영향을 미친다. 다수의 사람들은 이러한 두려움을 일생 가지고 있고, 그래서 이 점에서는 언 IX466 제나 어린아이로 머문다. 무릇 거미는 파리에게는 독을 쏘기 때문에 위험한 것이지만, 인간에게는 해를 끼치지 않으니 말이다. 두꺼비 또한 아름다운 청개구리나 어느 다른 동물과 꼭 마찬가지로 〔인간에게는〕 아무런 해가 되지 않는 동물이다.

자연적 교육의 적극적 부분은 **교화**〔敎化〕/**문화학**이다. 이 같은 것에 관해서 인간은 동물과 다르다. 교화는 주로 인간의 마음 능력들의 훈련에 있다. 그 때문에 부모는 자기 아이에게 이를 위한 기회를 주어야만 한다. 이때 제일의 최우선적 규칙은, 가능한 한 일체의 도구 없이 하는 일

이다. 그래서 바로 초기에는 걸음마끈이나 보행기 없이, 아이가 자기 힘으로 걷기를 배울 때까지, 바닥을 이리저리 기어다니게 놔두어야 한다. 그러면 아이는 그만큼 더 확실하게 걷게 될 것이다. 도구들은 곧 자연적인 숙달을 망칠 뿐이다. 사람들은 너비를 측정하기 위해 줄자를 사용하는데, 이런 일을 사람들은 눈대중으로도 충분히 잘할 수 있다. 사람들은 시간을 확정하기 위해 시계를 사용하는데, 이런 일은 태양의 위치를 보고서도 할 수 있으며, 숲속에서 방향을 알기 위해 나침반을 사용하지만, 이것 또한 낮에는 태양의 위치를 보고서, 밤에는 별들의 위치를 보고서 알 수 있는 것이다. 실로 사람들은, 강을 건너기 위해 거룻배를 이용하는 대신에 수영을 할 수도 있다는 말까지도 할 수 있다. 저 유명한 **프랭클린**[73]은 수영이 누구에게나 쾌적하고 유용한 것인데 이를 사람들이 배우지 않는 것을 의아해했다. 그는 사람들이 자기 힘으로 수영을 배울 수 있는 쉬운 방법을 소개하기도 한다. 개울 속에서 바닥을 딛고 서는 곳에서 최소한으로 머리를 물 밖에 두고 달걀 하나를 떨어뜨린다. 그러고는 그 달걀을

잡으려고 시도한다. 그렇게 상체를 구부리면, 발이 위로 뜰 것이다. 물이 입 안으로 들어오지 않게 하기 위해 사람은 목을 뒤에 젖혀 머리를 들 것이고, 그렇게 되면 사람은 수영하기에 필요한 알맞은 자세를 취하는 것이다. 이제 사람은 손동작만 하면 되고, 이미 수영을 하고 있는 것이다.[74] ─ 오로지 중요한 점은, 자연스러운 숙련성이 교화[개화]되어야 한다는 것이다. 종종 지식정보가 필요하나, 아이 자신도 충분히 고안해낼 재능이 있고, 또 스스로 도구들을 고안해내기도 한다.

그러므로 자연적 교육에 있어서, 신체에 관하여 유념해야 할 바는, 자의적인 운동 또는 감각기관들의 사용과 관련되어 있다. 첫 번째 점과 관련해서 중요한 것은, 아이가 언제나 자력으로 해야 한다는 점이다.

---

73) Benjamin Franklin(1706~1790). 미국 건국 시기의 정치가, 교육자, 과학자, 저술가.

74) Franklin이 1732년부터 25년간 Richard Saunders라는 필명으로 펴낸 연보 *Poor Richard's Almanack*(Philadelphia)에 게재했던 글의 일부 발췌.

예컨대 좁은 외나무다리를 건너고, 깊은 계곡이 내려다보이는 가파른 산 봉우리를 올라가고, 흔들거리는 널빤지 위를 걸을 수 있기 위해서는 강한 체력과 숙련성, 민첩성, 그리고 확신이 필요하다. 한 인간이 이런 것을 할 수 없으면, 그는 그가 될 수 있었을 그러한 사람이 온전히 되지 못한다. 이와 관련해 데사우의 박애학교[75]가 모범을 보인 이래로, 이제는 아이들을 양육하는 다른 기관들에서도 그와 유사한 많은 시도들이 이루어지고 있다. 그런데 책을 읽어보면 아주 신기한 것이, 스위스 사람들은 이미 유소년 때부터 산에 오르는 데 습관이 배고, 그에 아주 능숙하게 되어, 좁은 널빤지 다리도 완전히 자신감에 차서 걸으며, 눈대중만으로도 너끈히 건널 수 있음을 알고서 절벽들 사이를 건너 뛰어다닌다는 것이다. 그러나 대부분의 사람들은 추락을 상상하여 두려움을 갖게 되고, 이 두려움이 말하자면 사지를 마비시킨다. 그리하여 그러한 사람들에게는 그런 곳에 간다는 것이 위험과 직결되어 있는 것이다. 이러한 두려움은 보통 나이가 듦에 따라 증가하거니와, 특히 주로 정신〔두뇌〕 노동하는 사람들에서 흔히 보이는 바다.

어린아이들이 같이하는 그러한 시도들은 실제로 그렇게 많이 위험하지 않다. 왜냐하면 어린아이들은 어른들과 달리 그 체력에 비해 훨씬 가벼운 체중을 가지고 있고, 그러므로 그렇게 심하게 낙상하지 않기 때문이다. 또 어린아이들의 뼈는 나이 들어서처럼 그렇게 잘 으스러지거나 부러지지 않는다. 또한 어린아이들은 스스로 자신들의 능력을 시험해보려한다. 그래서 아이들이 종종 예컨대 아무런 의도도 없이 기어 올라가는 것을 볼 수 있다. 달리기는 건강에 좋은 운동이며, 신체를 강건하게 만든다. 높이뛰기, 들어올리기, 나르기, 내던지기, 과녁 맞춰 던지기, 레슬링, 경주, 그리고 이런 종류의 모든 훈련들은 아주 좋다. 춤추기는, 그것이 기교적인 한에서는, 아주 어린아이들에게는 아직은 너무 이른 감이 있다.

---

75) 위의 A20=IX448, Basedow 참조.

던지기 훈련은, 멀리 던지기든 과녁 맞추기든, 감각기관의 훈련, 특히 눈대중의 훈련 또한 의도하는 것이다. 공놀이는 하려 하면 건강에 좋은 달리기도 함께해야 하는 것이기 때문에 가장 좋은 어린아이들의 놀이 가운데 하나이다. 일반적으로는 숙련성을 위한 연습 외에도 감각기관의 훈련을 겸하는 그러한 놀이들이 가장 좋다. 예컨대 거리, 크기, 비율을 A67 정확히 판단하는 눈대중 훈련, 태양의 도움을 얻어 방위에 따라 장소들의 위치를 찾는 등등과 같은 것들은 모두 좋은 훈련이다. 그리하여 장소 상상력이란 사람들이 무엇인가를 실제로 보았던 장소들에 있는 모든 것, IX468 즉 무엇인가 매우 유익한 것을 표상해낼 수 있는 능력으로서 사람들은 이것을 숙련성이라고 하는 것이다. 예컨대 이전에 지나가며 본 적이 있던 나무들을 알아봄으로써 숲속에서 길을 찾을 수 있는 기쁨이 그런 것이다. 또한 예컨대 어떤 책에서 무엇을 읽었다는 것뿐만이 아니라, 그것이 그 책 어디에 있는지를 아는 場所 記憶[76]이라는 것도 있다. 그처럼 음악가들은 머릿속에 건반을 가지고 있어서, 그는 더 이상 그것을 볼 필요가 없다. 그리고 또한 아이들의 청각도 교화[개화]될 필요가 있는데, 그렇게 함으로써 어떤 것이 멀리 있는지 가까이 있는지, 어느 쪽에 있는지를 알게 된다.

아이들의 술래잡기 놀이는 이미 그리스인들에게도 알려져 있었던 것으로, 그들은 이 놀이를 '뮈인다'[77]라고 불렀다. 일반적으로 어린아이들 A68 의 놀이는 매우 보편적이다. 독일에 있는 놀이들을 영국, 프랑스 등등에서도 볼 수 있다. 이런 놀이들의 근저에는 아이들의 어떤 자연추동이 있다. 예컨대 술래잡기 놀이에서 아이들은 만약 그들이 불가불 어떤 한 감각기관을 잃게 된다면, 그 곤경을 어떻게 벗어날 수 있는지를 알려고 하는 자연추동이 그 근저에 있는 것이다. 팽이 돌리기는 특별한 놀이이다.

---

76) 원어: memoria localis.
77) 원어: μυῖνδα.

이와 같은 놀이들은 성인들에게도 한층 더 깊이 생각할 소재가 되며, 또 때로는 중요한 발명의 단초를 제공하기도 한다. **세그너**[78]는 팽이에 대한 한 편의 논고를 썼으며, 이 팽이가 어떤 영국 선장에게는 하나의 반사경을 발명할 계기를 제공하기도 했는데, 이를 가지고 사람들은 배 위에서 별들의 높이를 측량할 수 있다.

아이들은 예컨대 트럼펫이나 드럼 등과 같이 시끄러운 소리가 나는 악기들을 좋아한다. 그러나 그러한 것들은 다른 사람들에게 폐를 끼치기 때문에, 전혀 적절한 것이 아니다. 그렇지만 아이들이 갈대 피리를 만들어 불기 위해서 스스로 갈대 자르기를 배운다면 그와 같은 것은 한결 더 좋은 일이겠다. ─

그네타기 또한 좋은 운동이다. 이것은 성인들에게도 건강을 위해 필요하며, 다만 아이들은 그네타기를 할 때 주의를 요하는바, 그것은 그 움직 _{A69} 임의 속도가 너무 빨라질 수 있기 때문이다. 연날리기 역시 마찬가지로 나무랄 데 없는 놀이이다. 연이 제대로 높이 올라가게 하기 위해서는 연의 바람맞이를 위한 특정한 위치가 관건이기 때문에, 연날리기는 숙련성을 교화시켜준다.

사내아이는 이런 놀이들을 잘하기 위해서 다른 필요욕구들을 단념하며, 그렇게 해서 점차로 무엇인가 다른 더 많은 것들 없이 지내는 것도 배운다. 거기에 더하여 사내아이는 그렇게 함으로써 지속적인 일에 습성이 밴다. 바로 그렇기에 여기서 놀이는 또한 순전한 놀이여서는 안 되고, 의도와 궁극목적을 갖는 놀이여야 한다. 왜냐하면 이러한 방식으로 아이의 신체가 강해지고 단련이 되면 될수록, 유약함에서 오는 해로운 결과들로부터 그만큼 더 안전하기 때문이다.[79] 체조 또한 오직 자연스럽게 이 _{IX469}

---

78) Johann Andreas Segner(1704~1777). Göttingen 대학과 Halle 대학 교수를 역임한 당대 최고의 수학자, 자연과학자이자 철학자. 칸트는 『순수이성비판』에서도 그의 저술 『산술학(*Elementa Arithmeticae, Geometriae et Caluculi*)』(Halle, 1판: 1756, 2판: 1767)에 관해 말하고 있다.(*KrV*, B15 참조)

끌어야 하고, 그러므로 강요된 우아함을 부추겨서는 안 된다. 지식정보전수가 아니라 훈육이 먼저 시행되어야 한다. 무릇 여기서 유념해야 할 바는, 아이들의 신체 능력을 교화(배양)할 때도 사회성을 육성해야 한다는 점이다. **루소**는 "만약 여러분이 먼저 개구쟁이를 만나지 못한다면, 결코 유능한 인사를 육성하지 못할 것이다."[80]라고 말한다. 아는 체하고 영리하게 행동하는 녀석보다는 오히려 활기찬 사내놈이 훌륭한 인사가 된다. 아이는 사회생활 중에 단지 폐를 끼치지 않아야 하는 것뿐만 아니라, 타인의 환심을 사기 위한 짓 또한 하지 않아야 한다. 아이는 타인의 초대에 넉살 좋게가 아니라 붙임성 있게, 뻔뻔하게가 아니라 솔직담백하게 응해야 한다. 이렇게 하기 위한 수단은, 오직 아이의 자연본성을 손상시키지 않는 일이다. 아이에게 예절 개념을 주입시킴으로써 아이가 수줍어하고, 사람을 피하게 하지 말 일이며, 또 다른 한편으로는, 아이에게 주제넘게 나서고자 하는 생각을 불어넣지 말 일이다. 어린아이가 애늙은이가 되어 점잔을 빼거나 아는 체 자만하는 것보다 더 우스꽝스러운 일은 없다. 더욱이나 후자의 경우에 우리는 아이가 자기의 미약함을 느끼도록 해주어야 한다. 그러나 그렇다 해도 아이가 우리 어른들의 우월성이나 지배력을 지나치게 느끼도록 해서는 안 된다. 아이 스스로, 그것도 사회 속에서 자기 자신을 완성해가도록 말이다. 이 사회는 그 아이를 위해서도 그래야 하지만, 또한 다른 이들을 위해서도 충분히 넓은 세계이지 않으면 안 된다.

A71 　　토비는 『트리스트럼 샌디』[81]에서 자기를 오랫동안 성가시게 했던 파리

---

79) "아이의 신체를 끊임없이 단련시켜라. 그를 지혜롭고 이성적인 인간으로 만들기 위해서는 튼튼하고 건장하게 만들라."(『에밀』, p. 458) "허약한 신체는 영혼을 약화시킨다." (『에밀』, p. 412) 등 참조.

80) 이 "개구쟁이/악동(Gassenjunge＝polisson)"의 표현은 Rousseau, 『에밀』, p. 492 참조.

81) 아일랜드 출신의 소설가 Laurence Sterne(1713~1768)의 작품 *The Life and Opinions of Tristram Shandy, Gentleman*(London 1759). 당대 유럽에서 사용하던 대부분의 언어로 번역되었으며, 광범위한 독자를 얻었다.

한 마리를 창밖으로 쫓아내면서, "가라, 이 못된 짐승아. 이 세계는 나를 위해서도 너를 위해서도 충분히 넓다!"라고 말한다. 이 말은 누구에게나 금언이 될 수 있겠다. 우리는 서로 간에 폐를 끼쳐서는 안 된다. 세계는 우리 모두를 위해 충분히 넓다.

———————

우리는 이제 어느 정도는 자연적〔물리적〕이라고도 부를 수 있는 영혼〔마음/정신〕의 교화 문제에 이르렀다. 그러나 자연과 자유는 서로 구별되어야 한다. 자유의 법칙들을 수립하는 일은 자연〔본성〕을 교양하는 것과는 전혀 다른 어떤 것이다. 그럼에도 신체〔몸〕와 영혼〔마음〕의 자연본성은 서로 합치하는데, 사람들이 이 쌍방의 교양〔교육〕에서 어떤 타락을 막고자 한다는 점에서, 그리고 후자에서와 마찬가지로 전자에서도 기술〔인위〕이 무엇인가를 첨가한다는 점에서 그러하다. 그러므로 사람들은 영혼〔마음〕의 교양〔교육〕이 어느 정도는 신체〔몸〕의 교양〔교육〕과 마찬가지로 충분히 자연적〔물리적〕이라고 일컬을 수 있다.

그러나 이 정신의 자연적〔물리적〕 교양〔교육〕은 도덕적인 교양〔교육〕과 A72
는 구별되는데, 후자는 오직 자유를 목표로 하며, 전자는 오직 자연을 목표로 한다는 점에서 그러하다. 한 인간은 자연적〔물리적〕으로는 잘 교화되어 있을 수 있고, 잘 형성된 정신을 가지고 있을 수 있다. 그러나 그런 IX470
경우에도 도덕적으로는 잘못 교화되어 있을 수 있고, 그 경우 그는 악한 피조물〔인간〕일 수 있다.

무릇 **자연적**〔**물리적**〕 교화는 **실천적** 교화와는 구별되어야 한다. 후자는 **실용적**인 것이거나 **도덕적**인 것이다. 후자의 경우에서 문제인 것은 **도덕화**이지 **교화**가 아니다.

우리는 정신의 **자연적**〔**물리적**〕 교화를 **자유로운** 교화와 **교과적인** 교화로 나눈다. **자유** 교화는 말하자면 단지 놀이이고, 그 반면에 **교과적** 교화는 학업을 구성한다. **자유** 교화는 언제나 생도들에서 반드시 관찰되는 것이지만 **교과** 교화에서의 생도는 강제하에 있는 것으로 간주된다. 사람들은 놀이에 몰두할 수 있는데, 이를 '한가 중에 바쁘다〔閒中忙〕'라고 일컫는다. 그러나 사람들은 또한 강제되어〔강제적으로〕몰두할 수도 있는데, 이를 사람들은 '노동하다'라고 일컫는다. 교과 교양〔교육〕은 아이에게 노동이고, 자유 교양〔교육〕은 아이에게 놀이라 하겠다.

A73

사람들은 교육에서 최선의 방법이 무엇인지를 찾아내기 위해, 매우 상찬할 일이기도 하거니와, 여러 가지 교육계획들을 안출하였다. 그 가운데서 어떤 사람은 아이들이 모든 것을 놀이하는 것처럼 배우도록 해야 한다는 생각에 이르기도 했다. **리히텐베르크**[82]는《괴팅겐 학예 잡지》의 한 호에서 소년들로 하여금 모든 것을 놀이하듯이 하게끔 시도하는 것은 망상이라 질타하고 있다. 소년들은 언젠가 직무적인 생활에 진입하지 않을 수 없기 때문에 이미 조기에 직무들에 습관이 배지 않으면 안 된다는 것이다.[83] 모든 것을 놀이하듯이 하는 것은 전적으로 전도된 결과를 낳는다. 어린아이는 놀이를 해야 하고, 휴양의 시간을 가져야 하지만, 또한 노동을 배워야 한다. 어린아이의 숙련성을 교화함은 물론 정신의 교화처럼 좋은 것이다. 그러나 이 두 종류의 교화는 서로 다른 시간에 행해져야 한다. 어떤 사람이 활동하기를 싫어하는 경향을 아주 강하게 가지고 있음은 두말할 것도 없이 그에게 이미 특별한 불행이다. 어떤 사람이 게으르면 게으

A74

를수록, 노동하는 것을 결심하기가 그만큼 더 어려울 것이다.

---

82) Georg Christoph Lichtenberg(1742~1799). Göttingen 대학의 수학, 물리학, 천문학 교수. 최초의 '실험물리학'자로, 칸트도 그의 학식과 재치를 높이 평가하였다.(1794. 12. 4 자 C. F. Stäudlin에게 보낸 편지: AA XI, 534 참조) Georg Forster와 함께 1780~1785년에 *Göttingisches Magazin der Wissenschaften und Litteratur*를 펴냈다.

83) Lichtenberg/Forster(Hrsg.), *Göttingisches Magazin der Wissenschaften und Litteratur*, Jg.3(1783), St. 4, S. 589 이하: Lichtenbergs Antwort auf das Sendschreiben eines Ungenannten über die Schwärmerey unserer Zeiten 참조.

노동에 몰두함이 그 자체로 쾌적하지는 않다. 사람들은 다른 의도 때문에 노동을 꾀하는 것이다. 반면에 놀이에 몰두함은 더 이상 다른 목적을 의도함이 없이도 자체로 쾌적하다. 사람들이 산책을 간다 하면, 산책 자체가 의도이며, 그러므로 보행이 길어질수록 그것은 그만큼 더 우리에게 쾌적하다. 그러나 우리가 어딘가를 갈 때, 우리가 의도하는 것이 그곳에서 열리는 모임이거나 또는 다른 어떤 것이면, 그때 우리는 기꺼이 가장 짧은 길을 선택한다. 이는 카드놀이에서도 마찬가지이다. 사람들은 이성적인 인사들이 종종 오랜 시간을 앉아서 카드를 섞고 있는 것을 보 IX471 는데 이는 실로 특이한 일이다. 여기에서 밝혀지는 바는, 인간이 아이이 기를 멈춘다는 것이 그다지 쉽지 않다는 사실이다. 무릇, 저 같은 카드놀이가 아이들의 공놀이보다 더 나은 게 있는가? 성인들은 정작 목마타기는 하지 않지만, 다른 종류의 목마들을 타고 있는 것이다. A75

어린아이들이 노동을 배운다는 것은 매우 중요하다. 인간은 노동을 해야만 하는 유일한 동물이다. 인간은 수많은 준비를 함으로써 비로소 자신의 생계를 위해 무엇인가를 향유할 수 있는 데에 이른다. 만약 하늘이 우리를 위해 모든 것을 이미 준비해놓아 우리가 전혀 아무런 노동을 하지 않아도 되게끔 했다면, 우리를 위해 더 호의적으로 배려한 것이 아니겠는가 하는 물음에 대해서는 확실하게 "그렇지 않다"라고 대답할 수 있다. 왜냐하면 인간은 과업〔일거리〕을 필요로 하고, 게다가 어떤 강제를 수반하는 그러한 과업〔일거리〕을 필요로 하기 때문이다.[※] 만약 아담과 이브가

※ 대다수 사람들은 틀림없이 일정한 생업이나 공직에 종사하는 것이 필수적이다. 흔히 그렇게들 말하듯이, 은퇴한 사람들은 이전에 그들이 일정한 노동에서 만족을 얻고 건강했던 것만큼 그렇게 만족스럽지 못하고, 심지어는 아프기까지 한데, 이것은 일거리가 없어서가 아니라, 모든 것이 순전히 그들의 임의에 달려 있기 때문에 그들이 해야만 하는 일이 더 이상 일정한 노동이 아니어서 그렇다는 사례들이 없지 않다. 내가 보기에 그러한 까닭은, 일정한 공직이나 생업 A76 을 위한 노동은 우리를 많은 관계에 놓이게 하고, 그러므로 또한 우리의 생활

낙원에만 머물러 있었다면, 거기서 그들은 함께 앉아 목가적인 노래를 부르고 자연의 아름다움을 관찰하는 것 외에는 아무것도 하지 않았을 것이라는 생각은 마찬가지로 그릇된 것이다. 비슷한 상황에서 무료함이 다른 사람들을 그렇게 하는 것과 똑같이 아담과 이브를 못 견디게 만들었을 것이 틀림없다.

　인간은 자기 자신을 전혀 느끼지 못할 만큼 집중할 정도로 눈앞에 두고 있는 목적에 전심전력해야 한다. 인간에게 최선의 휴식은 노동 후의 휴식이다. 그러므로 아이는 노동에 습관을 들여야 한다. 그리고 학교에서가 아니면 어디서 노동으로의 경향성이 교화되어야 하겠는가? 학교〔과정〕는 강제적인 교화이다. 만약 아이가 모든 것을 놀이로 보게끔 습관을 들이면, 이것은 극히 해로운 것이다. 아이는 휴식의 시간을 가져야 한다. 그러나 그러기 위해서 아이에게 노동하는 시간이 있지 않으면 안 된다. 비록 아이가 이러한 강제가 무엇에 유용한지를 곧바로 통찰하지 못한다 할지라도, 아이는 장차 이러한 것이 매우 유용함을 깨닫게 될 것이다. 일반적으로 아이들이 "그것은 무엇을 위한 것이지요? 또, 이것은 무엇을 위한 것이지요?"라고 묻는 것에 대해 일일이 대답해주려 하는 것은 아이들을 주제넘게 아는 체하는 잘못된 습관을 들이는 짓이다. 교육은 강제성이 수반되지 않을 수 없다. 그러나 그렇다고 해서 교육을 노예처럼 시켜서는 안 된다.

에 많은 전환을 가져오거니와, 이 전환은, 유쾌한 것이든 불쾌한 것이든 ― 후자의 경우에 그것이 아주 심한 정도의 것만 아니라면 ―, 우리의 힘들을 강화시키고, 그렇게 함으로써 우리의 원기와 선의지를 더욱 잘 유지시켜주는 데에 있는 것 같다. 게다가 사람은 보통, 무엇인가를 이루지 않으면 안 될 때, 더 많은 것을 이룰 수 있다. 그리고 그때 사람은 그날그날을 마무리할 시점에서 자기가 하루를 무위 무익하지 않게 보냈다는 자기 결산서를 뽑을 수 있는데, 이러한 생각이 무엇보다도 활력소가 되고, 말하자면, 사람을 강건하게 해준다. 아무런 고유한 생업이나 공직이 없는 이는 확실히 그의 힘과 의지가 미치는 모든 것을 할 수 있다. 그러나 바로 그렇기 때문에 그에게는 선택이 매우 어려워지고, 그가 이 일을 할까 저 일을 할까를 결정하기도 전에 흔히 하루가 지나가버린다.

마음 능력들의 자유로운 교화와 관련하여 유념할 바는, 그것이 언제나 진행되어가고 있다는 점이다. 그것은 원래 상위 능력들[84]과 관련된 것일 수밖에 없다. 하위 능력들은 언제나 부수적으로 교화되는데, 그것은 오직 상위 능력들과 관련해서만, 예컨대 기지[85]는 지성과 관련해서 교화되어야 하는 것이다. 여기서의 원칙은, 어떠한 마음의 능력도 하나하나 개별적으로가 아니라, 오직 다른 능력들과의 관계 속에서 각각 교화되어야 한다는 것이다. 예컨대 상상력은 오직 지성의 이득을 위해서만 교화되어야 한다.

하위 능력들은 그 자체만으로는 아무런 가치가 없다. 예컨대 많은 기억을 가지고 있으되, 아무런 판정능력을 가지고 있지 않은 사람의 경우. 그러한 사람은 그것만으로는 살아 있는 사전일 따름이다. 파르나스[86]의 짐 나르는 당나귀들도, 스스로는 아무것도 분별 있는 일을 할 수 없음에도 불구하고, 다른 사람들이 어떤 좋은 것을 만들 수 있기 위한 재료들을 실어 나르는 데 필요하기는 하다. — 판단력이 덧붙여지지 않는다면, 기지는 우직함만을 보일 뿐이다. 지성[이해능력]은 보편적인 것에 대한 인식 [능력]이다. 판단력은 보편적인 것을 특수한 것에 적용함[의 능력]이다. 이성은 보편적인 것과 특수한 것의 연결을 통찰하는 능력이다. 이런 자 유로운 교화는 유아기부터 청소년이 모든 교육을 마치고 떠나는 시기까지 계속 진행된다. 한 청소년이 예컨대 어떤 한 보편적 규칙을 인용하면, 그로 하여금[87] 이 규칙이 숨겨져 있는 역사상의 사례나 우화의 사

---

84) 일관되게 그렇게 하는 것은 아니지만, 칸트는 당대의 방식에 따라 곳곳에서 "지성, 판단력, 이성"을 "상위 인식능력"으로, "감성, 상상력" 등을 "하위 인식능력"으로 구분한다. (*Anth*, AB115=VII196 이하 참조)

85) 원어: Witz. "특수한 것에 대해 보편적인 것을 생각해내는 그러한 능력"인 기지를 칸트는 "보편적인 것(규칙)에 대해서 특수한 것을 찾아내는 능력"인 판단력과 함께 지성의 작용방식으로 보면서도, 기지를 판단력에 비해 그 "지위에서(이성의 목적들의 면에서) 더 낮은 것"이라고 평한다.(*Anth*, AB123=VII201 참조)

86) Parnass. 중부 그리스의 산맥. 그 기슭에 델피가 있으며, 그리스 신화에서 아폴로가 산의 주신이며, 예술의 여신 뮤즈들의 고향이다.

례들, 이 규칙이 이미 표현되어 있는 시 구절들을 인용해보라고 할 수 있고, 그럼으로써 그에게 그의 기지, 그의 기억 등을 훈련할 계기를 줄 수 있다.

"우리는 記憶하는 만큼 안다."[88]라는 격언은 확실히 맞는 말이다. 그래서 기억을 교화〔배양〕하는 것은 매우 필요한 일이다. 지성이 일차로 감각인상들을 따르고, 기억이 이 인상들을 보존해야만 하는 방식으로 만사는 그렇게 되어 있다. 이런 사정은 예컨대 언어의 경우에서도 마찬가지이다.

IX473 사람은 언어를 형식적인 암기를 통해서도 회화를 통해서도 배울 수 있거니와, 살아 있는 언어〔현대어〕의 경우에는 후자의 방식이 최선의 방법이다. 어휘를 배우는 것은 실로 필요한 일이다. 그러나 젊은이와 함께 막

A80 읽고 있는 작가〔작품〕에서 마주치는 바로 그 낱말들을 배우게끔 한다면, 그것이야말로 가장 잘하는 것이다. 젊은이는 확실하고 일정한 일과〔日課〕를 가져야 한다. 지리학 또한 일정한 기계적 방식으로 배우는 것이 최선이다. 기억은 특히 이러한 기계적 방식을 좋아하며, 경우들이 다량일 때도 이런 기계적 방식은 매우 유용하다. 역사학을 위해서는 아직까지 제대로 된 적절한 기계적 방식이 고안되어 있지 못했다. 사람들이 연대표를 가지고 시도를 해보기는 했으나, 여전히 그런 것으로는 나아가고 싶은 만큼 제대로 나가지 못하는 것으로 보인다.※

※ **쉴뢰처**의 역사연대표[89]도 이러한 궁극목적을 가지고 있다. **페스탈로치**의 이념과 방법도 어느 정도 그러한 기계적 방식에서 나온 것으로 보인다.

---

87) 원문은 "ihm"이나 AA에 따라 "ihn"으로 읽음.
88) 원문: tantum scimus, quantum memoria tenemus.
89) Schlözer에 대해서는 앞의 A42=IX459 각주 참조. 그의 저술 *Vorstellung seiner Universal-Historie*(Göttingen·Gotha 1772~1773)에 부록으로 "Geschichte der Hauptvölker der Welt, summarisch in leichte Perioden vertheilt"가 실려 있다. 후에 법학자이자 역사학자인 그의 아들 Christian von Schlözer가 *Deux tables chronologiques sur l'histoire universelle d'après la méthode d'A. L. de Schlözer* (Dorpat 1810)를 썼다.

그러나 역사는 판정하는 일에서 지성을 훈련시키는 탁월한 수단이다. 암기는 자못 필요하다. 그러나 순전한 훈련을 위한 암기는 전혀 쓸모가 없다. 예컨대 연설문을 외우도록 하는 일 같은 것 말이다. 물론 그런 것이 순전히 대담성을 촉진하는 데는 도움이 되겠으나, 도대체가 연설이라는 것은 단지 모모 인사들의 일일 뿐이다.※

이런 것에는 사람들이 순전히 장래의 시험을 위해서나 未來의 忘却[91]을 고려[대비]해서 배우는 모든 것이 들어간다. 사람들은 외워두는 것이 우리에게 중요하고, 실제 생활과 관련이 있는 것들로만 기억을 채워야 한다. 가장 해로운 것은 아이들의 소설 읽기이다. 소설들은 아이들이 그것을 읽는 순간에 오락거리가 되는 것 외에 더 이상 쓸모가 없기 때문이다.[92] 소설 읽기는 기억을 약화시킨다. 왜냐하면 소설을 외워서 그것을 타인들에게 다시 이야기해주려는 것은 우스운 일이니 말이다. 그래서 아이들의 손에 일체의 소설이 닿지 않도록 해야 한다. 아이들은 소설을 읽을 때 그 소설 속에 또 하나의 새로운 소설을 지으면서, 스스로 상황을 다르게 만들어내고, 이리저리 공상 속을 헤매며 생각 없이 지낸다.

산만함[93]은, 적어도 학교에서는 결코 용납되어서는 안 된다. 왜냐하면

A81

A82

IX474

※ 물론 연설 능력은 없어 보이지만, 매우 지성적이고 통찰력 있는 인사들이 있다. 그러나 사람들이 필수적인 표현들로써 읽고, 적어도 읽을 수 있는 것을 더 쉽게 외운다는 것은 확실하며, 그리고 이를 위한 기초가 이미 이른 시기에 성공적으로 놓인다는 것이 최신의 독서법에 의해 증명되었다. **올리비어**[90]의 『좋은 자연 교수방법의 성격과 가치』(라이프치히, 1802)와 『읽기와 바르게 쓰기를 가르치는 기법』(데사우, 1801) 참조.

A81

---

90) 앞의 AIV=IX439, 역주와 A53=IX462 참조.
91) 원어: futura oblivio.
92) 소설 읽기에 대한 칸트의 또 다른 부정적인 견해는 『인간학』(AB133=VII208 이하) 참조. 이는 쾨니히스베르크 도서관의 부사서 재직의 경험을 포함해서 칸트가 목격하고 체험한 다수의 사람들이 선호하는 '통속소설'에 대한 소회로 보인다.
93) 『인간학』, A130=B131=VII206 이하 참조.

이는 끝내 산만함으로의 성벽[性癖], 하나의 특정한 습관을 만들어내기 때문이다. 제아무리 뛰어난 재능이라도 산만한 아이에게서는 소멸하고 말 것이다. 보통 아이들은 설령 즐거운 일로 인해 산만해진다 해도, 이내 다시 집중력을 되찾는다. 그러나 아이들의 머릿속에 나쁜 짓이 들어 있을 때는 아주 심하게 산만해지는 것을 볼 수 있다. 왜냐하면 그때 아이들은 그런 짓을 어떻게 감출까, 어떻게 다시 제자리로 되돌릴 수 있을까를 궁리하기 때문이다. 그런 때 아이들은 모든 것을 단지 건성으로 들으며, 엉뚱한 대답을 하고, 무엇을 읽고 있는지도 모른다. 등등.

기억[력]은 일찍부터, 그러나 그것도 곧바로 지성과 병행해서 교화[배양]해야 한다.

A83

기억[력]은 1) 이야기들에 나오는 이름들의 외우기에 의해, 2) 읽기와 쓰기에 의해 교화[배양]되거니와 읽기는 머리로 연습해야지, 문자로만 해서는 안 되며, [또 기억력은] 3) 말하기를 통해 교화[배양]된다. 그런데 말하기는 아이들이 아직 무엇인가를 읽기 전에 먼저 듣기를 통해 깨칠 것이 틀림없다. 그 다음에는 이 목적에 맞게 제작된 이른바 『그림으로 보는 世界』[94]가 크게 쓸모가 있다. 식물채집과 광물학 그리고 박물학[博物學] 일반을 가지고 시작할 수 있는 것이다. 대상들에 대한 약도 그리기[스케치]는 도안 그리기[드로잉]와 모형 만들기[모델링]를 유도하거니와, 이를 위해서는 수학이 필요하다. 최초의 학술적 수업은 수리 지리학 및 자연 지리학과 관련해서 하는 것이 가장 유익하다. 그 다음에는 동판화와 지도들로 설명되는 여행기들이 정치 지리학으로 이끌 것이다. 지구

---

94) *Orbis pictus*[世界圖畫]. 체코 출신의 주교이자 철학자, 신학자이며 17세기 최고의 교육자로 꼽히는 Johann Amos Comenius(1592~1670)의 저작인 *Orbis sensualium pictus*(Nürnberg 1658)는 언어와 사물교육을 위한 그림책으로 17~19세기에 유아와 학생 교육에 널리 사용되었다. 이 책의 표지에 실려 있는 격언 "만물은 저절로 흘러간다. 사물들에서 강제는 멀리 있을지어다.(Omnia sponte fluant, absit violentia rebus.)"와 그의 교육의 원칙인 "만인에게 만물을 전모에서 가르치기(omnes omnia omnino excoli)"는 Comenius의 자유 교육과 전인 교육 사상을 단적으로 표현하고 있다.

표면의 현재 상태에서 출발하여 과거 상태로 거슬러 올라가고, 그렇게 해서 고대의 지리, 고대의 역사 등에 이른다. 기타 등등.

그러나 아이들을 가르침에서는 점차로 앎[지식]과 할 수 있음[실행력]을 결합하는 시도를 하지 않으면 안 된다. 모든 학문들 가운데 수학이야말로 이러한 궁극목적을 가장 잘 충족시키는 유일한 것으로 보인다. 더 나아가 앎[지식]과 말하기[언어]가 결합되어야만 한다(능변, 달변, 웅변). 그러나 또한 아이는 앎[지식]을 한갓된 의견이나 믿음[신앙]과 구별할 줄 알아야 한다.[95] 이렇게 함으로써 사람들은 올바른 지성과 **올바른 — 세련된** 또는 **섬세한** 것이라기보다는 — 취미[96]를 준비한다. 취미란 일차적으로는 감관의 취미, 특히 눈의 취미일 수밖에 없지만, 종국에는 이념들의 취미이지 않으면 안 된다. ― A84

지성을 교화해야 할 모든 것 안에는 규칙들이 있어야 한다. 지성이 한낱 기계적으로가 아니라 규칙에 대한 의식과 함께 작용하기 위해서는 규칙들을 추상하는 일 또한 매우 유용하다. IX475

규칙들을 일정하게 정식화하여 기억해두는 것도 매우 좋다. 우리가 규칙을 기억하고 있다면, 설령 그것을 사용하는 것을 잊고 있다 해도, 우리는 이내 다시 가야 할 길을 알게 된다. 여기서 제기되는 물음이 있으니, 규칙들이 먼저 抽象的으로 선행해야 하는지, 사람들이 사용을 마쳤을 때 비로소 나중에 그 규칙들을 배우게 되는지, 또는 규칙과 그것의 사용은 보조를 함께해야 하는지 하는 것이다. 이 마지막 경우만이 긍정할 만하다. 다른 경우는 사람들이 그러한 규칙들에 이를 때까지 그 사용이 너무 오래 걸려 매우 불확실하다. 그러나 규칙들은 기회 있을 때마다 분류되어 A85

---

95) 주관적으로나 객관적으로나 불충분함을 의식하는 견해인 '의견(Meinen)', 주관적으로는 충분하지만 객관적으로 그렇다고 여겨지는 않는 견해인 '믿음/신앙(Glauben)'과 주관적으로뿐만 아니라 객관적으로도 충분한 견해인 '앎/지식(Wissen)'에 관한 칸트의 구별과 설명은 『순수이성비판』, A822=B850 참조.
96) 취미(Geschmack)란 "미적인[아름다운] 것을 판정하는 능력"(*KU*, B3=V203)을 말한다.

야 한다. 만약 규칙들이 서로 결합되어 있지 않으면 사람들이 그것을 외우지 못하기 때문이다. 그러므로 언어〔습득〕에서는 문법이 언제나 어느 정도 선행하지 않을 수 없다.

그러나 이제 우리는 교육의 전체 목적과 그것에 어떻게 도달할 수 있는지 그 방식에 대한 하나의 체계적인 개념을 제시해야만 한다.

1) **마음 능력들의 보편적 교화**와 특수한 교화는 구별되어야 한다. 전자는 숙련성과 완성을 지향하는 것으로, 생도에게 특별히 지식정보를 주는 것이 아니라, 마음의 능력들을 강화하는 것이다. 이것은 자연적〔물리적〕인 것이거나 도덕적〔정신적〕인 것이다.

A86　　　a) **자연적**〔물리적〕 **교화**. 여기서는 모든 것이 연습과 훈육에 의거하며, 아이들이 준칙을 알 필요는 없다. 자연적 교화는 학도에게는 **수동적**인 것으로, 학도는 타인의 지도를 잘 따라야 한다. 다른 사람들이 학도를 위해 생각한다.

b) **도덕적**〔정신적〕 **교화**. 이것은 훈육에 의거하는 것이 아니라, 준칙들에 의거한다. 만약 이러한 교화를 사례나 위협, 처벌 등등과 같은 것 위에 세우려 한다면, 모든 것을 그르친다. 그렇게 되면 그것은 한낱 훈육일 것이다. 주목해야 할 것은, 생도는 습관에 의해서가 아니라 자기 자신의 준칙에 의해서 선하게 행위하고, 한갓되이 선을 행하는 것이 아니라, 그것이 선하기 때문에 선을 행하는 것이라는 점이다. 왜냐하면 행위들의 전체 도덕적 가치는 선의 준칙들에 있기 때문이다. 자연적인 교육은 도덕적인 교육과 구별된다. 전자가 생도에 대해 수동적인 반면에, 후자는 능동적이라는 점에서 말이다. 생도는 항상 행위의 근거를 통찰해야 하고 행위가 의무 개념들로부터 유래함을 이해해야 한다.

A87　　　2) **마음 능력들의 특수한 교화**. 여기서 일어나는 일은, 인식능력, 곧

감관〔감각기능〕, 상상력, 기억, 주의력의 강도, 기지의 교화, 그러니까 지성의 **하위 능력들**에 관한 것이다. 감각기능, 예컨대 눈대중의 교화/개발에 대해서는 이미 앞에서[97] 이야기하였다. 상상력의 교화에 관해서 유념해야 할 바는, 아이들은 대단히 강한 상상력을 가지고 있어서, 이를 동화같은 것을 통해 더 넓히거나 확장할 필요가 전혀 없다는 점이다. 오히려아이들의 상상력은 조절되어 규칙들 아래서 사용되어야 한다. 그러나 물론 그것을 〔너무 옥죄어서〕 전혀 활동하지 못하도록 만들어서는 안 되지만말이다.

IX476

지도들은 무엇인가 그 자체로 모든 사람들에게, 아주 어린아이들에게도 매력적인 점을 가지고 있다. 만약 어린아이들이 다른 모든 것에 싫증을 낼 때, 지도를 이용할 경우 아마도 어린아이들은 여전히 무엇인가를배울 것이다. 그리고 이것은 아이들에게는 하나의 훌륭한 오락으로서,여기에서 아이들의 상상력은 공상 속에서 떠돌지 않고, 오히려 이를테면일종의 형상〔形象〕을 가질 것이 틀림없다. 사람들은 아이들의 교육을 실제로 지리학으로 시작할 수 있겠다.[98] 그와 함께 동물, 식물 등등의 형상들이 동시에 결합될 수 있는데, 이것들이 지리학을 생생하게 해줄 것이틀림없다. 그러나 역사학은 그보다 한참 후에나 비로소 등장할 수밖에없을 것이다.

A88

주의력 강화에 관해서 유념할 것은, 주의력은 보편적으로 강화되지 않으면 안 된다는 점이다. 우리의 생각이 어떤 한 대상에 고착해 있는 것은재능이라기보다는 오히려 우리 내감의 하나의 약점이다. 왜냐하면 이런경우 내감은 유연하지 못해서 적의〔適意〕한 대로 적응되지 못하기 때문이다. 그러나 산만함은 모든 교육의 적이다. 무릇 기억은 주의력에 기초하는 것이다.

---

97) 앞의 A66=IX467 이하 참조.
98) 루소의 유사한 제안은 『에밀』, p. 494 이하 참조.

그러나 **상위 지성능력**[99]들과 관련해서 말하자면, 지성과 판단력 그리고 이성을 교화하는 일이다. 사람들은 규칙에 대한 실례들을 들거나, 또는 거꾸로 개별적인 경우들에 대한 규칙을 찾아냄으로써, 지성을 초기에는 어느 정도 수동적으로도 교양[도야]할 수 있다. 판단력은 지성이 어떻게 사용되어야 하는지를 보여준다. 지성[100]은 사람들이 배우거나 말하는 것을 이해하기 위해서, 그리고 그것을 이해하지 않고서는 아무것도 따라서 말하지 않기 위해서 필요한 것이다. 얼마나 많은 이들이 어떤 것을 설령 이해한다고 믿고 있다 할지라도 그것을 이해하지 못한 채 읽고 듣는가. 그런 일에는 그림과 실물이 필요하다.

A89

사람들은 이성에 의해 근거들을 통찰한다. 그러나 사람들이 숙고해야 할바, 여기서[어린아이의 교육에서] 문제되는 것은 [어린아이의 이성은] 여전히 지도받는 이성이라는 점이다. 그러므로 이성이 언제나 추론[101]하고자 해서는 안 되며, 개념들을 넘어서는 것에 관해 그렇게 많이 선추론하지 말아야 한다. 여기에서 타당한 것은 사변적 이성이 아니라, 일어나는 것을 그 원인과 결과들에 따라 반성함이다. 그것은 관리하고 정돈하는 데 있어서 실천적인 이성이다.

IX477

마음의 능력들은 사람들이 해내고자 하는 모든 것을 스스로 행한다면, 그로써 가장 잘 교화된다. 예컨대 사람들이 배운바 문법 규칙들을 곧바로 실제로 사용한다면 말이다. 사람들은 한 장의 지도를 그 자신이 완성해낼 수 있으면, 가장 잘 이해한다. 이해를 돕는 최고의 도우미는 만들어

A90

냄이다. 사람들은 말하자면 자기 자신의 힘으로 배운 것을 가장 철저하게 배우고, 가장 잘 간직한다. 그러나 단지 소수의 사람들만이 그러한 능력이 있다. 그런 이들을 독학한 이들(獨學者들[102])이라고 부른다.

---

99) 넓은 의미로 '지성능력'은 이해하는 능력, 곧 인식능력 일반을 지칭한다.
100) 원문의 "er"를 'sie' 곧 '판단력'으로 고쳐 읽자고 제안하는 이도 있다.(AA IX, 572 참조)
101) 원어: räsonieren. 이것은 Räson(이성)의 본래적 활동이라 하겠으나, 여기서는 '머리 굴리다' 정도의 의미.

이성을 육성함에 있어서는 소크라테스식으로 해야 한다. 즉 자기 청강자들에게 지식의 산파라고 불리던 **소크라테스**는 **플라톤**이 우리에게 얼마간 전해주고 있는 대화편들에서, 사람들이, 나이든 사람들의 경우에서도, 자기 자신의 이성으로부터 많은 것을 어떻게 이끌어낼 수 있는지의 사례들을 제시해준다. 이성은 많은 점에서 어린아이들에게는 실행될 필요가 없다. 어린아이들은 모든 것에 관하여 추론[103]해서는 안 된다. 잘 교육받아야 할 것에 관해서 아이들이 그 근거들을 알아야 할 필요는 없다. 그러나 의무와 관련해서는 아이들이 그 근거들을 즉시 알도록 해야 한다. 그럼에도 일반적으로 주의해야 할 것은, 아이들에게 이성인식들을 주입할 것이 아니라, 아이들이 이것들을 자기 안에서 끄집어내도록 해야 한다는 점이다. 문답법에서의 소크라테스식 방법이 마땅히 규칙이 되어야 할 것이다. 물론 이 방법은 약간 더디고, 한 아이의 안에서 앎을 끄집 A91 어낼 때 거기서 다른 아이들도 무엇인가를 배우도록 설치한다는 것은 어려운 일이다. 기계적-문답의 방법도 많은 학문에서 좋은데, 예컨대 계시 종교의 강론에서 그러하다. 그 반면에 보편적인 종교에서는 소크라테스식 방법을 이용해야만 한다. 곧 특히 역사적으로 배워야 할 것과 관련해서는 기계적-문답의 방법이 권장할 만하다.

쾌 또는 불쾌의 감정의 교양[도야] 또한 마땅히 이 자리에서 다룰 문제이다. 이 감정의 교양[도야]은 소극적이어야 한다. 그러나 감정 자체를 유약하게 만들어서는 안 된다. 인간에게는 안일함으로의 성벽이 생의 모든 해악보다도 더 해롭다. 그래서 아이들이 어릴 때부터 일하기를 배우는 것은 극히 중요하다. 아이들이 이미 과보호로 유약해져 있지만 않다면, 실제로 신고[辛苦]가 함께 있는 오락을 좋아하며, 힘이 드는 일거리를 좋아한다. 아이들이 즐기는 것과 관련해서는 아이들이 너무 미식[美食]에

---

102) 원어: αὐτοδίδακοι.
103) 원어: vernünfteln. 본래는 Vernunft(이성)의 본래적 활동이라 하겠으나, 여기서는 앞에서 말한 räsonieren과 동의어로 보아야겠다.

만 빠지지 않도록, 그러한 것만 선호하지 않도록 해야 한다. 보통은 어머니들이 이 점에서는 자기 아이들을 잘못 기르고, 일반적으로 아이를 과보호로 유약하게 만든다. 그렇지만 눈에 띄는 바는, 아이들, 특히 아들들은 어머니보다 아버지를 더 좋아한다는 사실이다. 아마도 이런 일은, 어머니들은 아이들이 다칠지도 모른다는 두려움 때문에 아이들이 이리저리 뛰고 내달리고 하는 짓들과 같은 것을 아예 하지 못하게 하는 데서 비롯한 듯하다. 아버지들은 아이들을 꾸짖고, 아이들이 버릇없이 굴 때는 매질까지도 하지만, 때때로 아이들을 들로 데리고 나가, 아이들이 사내답게 이리저리 내달리고 놀이하고 즐거워하도록 내버려둔다.[※]

　사람들은 아이들이 무언가를 오래 기다리게끔 하면 인내심이 길러질 것이라고 믿는다. 그러나 이런 것은 불필요한 짓일 것이다. 그러나 아마도 아이들이 질병 같은 것을 앓고 있을 때는 인내심이 필요하겠다. 인내심은 양면이 있다. 인내심은 사람들이 모든 희망을 포기하는 데 있거나, 새로운 용기를 갖는 데 있는 것이다. 앞의 인내심은, 사람들이 언제나 오직 가능한 것만을 구한다면, 불필요한 것이고, 뒤의 인내심은 사람들이 오직 올바른 것만을 욕구한다면 언제나 필요한 것이다. 그러나 질병 중에는 희망을 잃는 것이 병을 악화를 시키며, 그와는 정반대로 새로운 용기는 상황을 호전시킬 수 있다. 그러나 자기의 자연적〔신체적〕또는 도덕적 상태에 대해 아직 용기를 가질 수 있는 이는 희망 또한 포기하지 않는다.

※ 내 생각에 더 세세한 하나의 이유는, 아버지들이 더 드물게 자녀들과 장난치고, 그래서 이렇게 사랑을 내보이는 것이 더 큰 가치를 얻는 것 같다. 게다가 아버지들은 또 대부분 자신들의 명령 준수를 중시하고, 양보하는 데서 더 적게 약함을 보이며, 그래서 신뢰와 사랑의 견고한 토대인 일종의 존경이 생긴다. 그러나 이는 이미 어떤 주목을 전제하는 것으로, 바로 그래서 또한 아이들은 유년기에는, 특히 아들들은 어머니한테 더 의존하는 것이다.

또 아이들을 소심하게 만들어서는 안 된다. 이런 일은 특히 사람들이 아이들을 꾸짖으면서 몰아세우고 빈번하게 창피를 줄 때 일어난다. 이런 것으로는 특히 수많은 부모들이 다그치며 하는 "아휴, 부끄러워!"와 같은 말이 있다. 예컨대 아이들은 손가락을 입속에 넣는 따위의 짓을 할 때, 그런 것에 관해 왜 부끄러워해야 하는지를 전혀 알지 못한다. "그런 짓은 A94 풍속에 어긋나!"라든지 "예의에 맞지 않아!"라고 아이들에게 말할 수는 있어도, 결코 "아휴, 부끄러워!"라고 소리쳐서는 안 된다. 아이들이 거짓말을 하는 경우를 제외하고서는 말이다. 자연은 인간이 거짓말하자마자 탄로 나게끔 인간에게 수치심을 부여하였다. 그래서 부모들이 자녀들이 거짓말할 때 외에는 수치에 대해 결코 먼저 이야기하지 않는다면, 아이들은 거짓말로 인해 얼굴이 달아오르는 수치심을 일생 내내 간직하게 된다. 그러나 아이들로 하여금 끊임없이 수치심을 느끼게 한다면, 그것은 아이들을 소심하게 만들고, 그 소심성은 줄곧 변하지 않고 그들에게 붙어 떨어지지 않는다.

이미 앞에서[104] 말했듯이 아이들의 의지를 꺾어서는 안 되며, 자연적인 장해물에 대해 순응하도록 지도해야 할 따름이다. 물론 초기에 아이 IX479 는 무조건 복종하지 않을 수 없다. 아이가 큰소리로 울어댐으로써 명령하고, 강자가 약자에게 복종하는 것은 부자연스러운 일이다. 그래서 아이들이 큰소리로 울어댄다 해도 아이들의 뜻을, 아주 어린 시기에서도, 그대로 받아주고, 무언가를 강요하도록 허용해서는 안 된다. 보통 부모 A95 들은 이 점을 간과하고 나서, 아이들이 좀 큰 후에야 청하는 것을 모두 거절함으로써 뒤늦게 이를 바로잡고자 한다. 그러나 아이들이 부모의 호의에 기대하는 것을 아무런 이유 없이 거절하는 것은 매우 잘못된 일로서, 한낱 아이들에게 저항하여, 약자인 아이들로 하여금 어른들의 위세를

---

104) 앞의 A50＝IX461 참조.

느끼게 만들 뿐이다.

　사람들이 아이들이 의욕하는 바를 쉽게 채워주면 아이들은 버릇없이 자라게 되고, 사람들이 아이들이 의욕하는 바나 소망하는 바와 정반대로 행위하면, 아이들은 아주 그릇되게 큰다. 앞의 경우와 같은 일은 보통 아이들이 부모의 장난감인 것처럼 되고, 특히 아이들이 말을 배우기 시작할 무렵에 그렇게 하면, 일어나는 일이다. 그러나 그렇게 버릇없이 자라게 되면 아이의 일생에 아주 큰 손상이 생긴다. 아이들이 의욕하는 것과 반대로 행위할 경우에는 당연히 일어날 수밖에 없는바, 사람들은 동시에 아이들이 불만을 터뜨리는 것을 막을 것이지만, 아이들은 그만큼 더 많
A96　이 내면에서 분노할 것이다. 아이들은 이런 경우 어떻게 자제해야 하는지를 아직 익히지 못한 것이다. ― 그러므로 아이들이 어릴 때부터 사람들이 준수해야 할 규칙은, 아이들이 큰소리로 울 때에 아이들에게 무엇인가 해로운 일이 있다는 생각이 들면, 아이들을 〔지체 없이〕 도우러 가고, 그러나 아이들이 한갓된 불만 때문에 그렇게 할 때는 내버려둔다는 것이다. 그리고 동일한 처리방식이 나중에도 중단 없이 취해져야 한다. 이런 경우에 아이가 받는 저항은 아주 자연스러운 것이며, 본래 소극적인 것이다. 사람들은 단지 아이가 뜻하는 바대로 하지 않은 것뿐이니 말이다. 이에 반해 많은 아이들은 간청하기만 하면 그들이 요구하는 모든 것을 부모에게서 다시 얻어낸다. 만약 아이들이 큰소리로 울어댐으로써 모든 것을 얻어내게 되면, 아이들은 사악해지고, 아이들이 간청을 통해 모든 것을 얻어내게 되면, 아이들은 나약해진다. 그래서 반대해야 할 뚜렷한 이유가 없다면, 아이의 청을 들어주어야 한다. 그러나 청을 들어줄
A97　수 없는 이유가 있으면, 수없이 청해도 흔들려서는 안 된다. 일단 거절한 대답은 어느 것도 번복되어서는 안 된다. 그렇게 해야 거절하는 대답이 더 자주 거절할 필요 없는 효과를 얻는다.[※]
IX480　비록 단지 아주 드물게 납득할 수 있는 바이기는 하지만, 만약 아이에

148

게 고집 부리는 자연적인 소질이 있다면, 아이가 우리 마음에 들지 않게 행동할 때는 우리도 아이 마음에 들지 않게 행동하는 방식으로 처신하는 것이 최선이다. — 의지를 꺾는 일은 노예적 사유방식[성향]을 만들어내고, 반면에 자연스러운 저항은 유순함을 만들어낸다.

도덕적인 교화는 준칙들에 기초해 있어야지, 훈육에 기초해서는 안 된다. 훈육에 기초한 교화는 버릇없는 것을 막아주지만, 준칙에 기초한 교화는 사유방식[성향]을 교양[도야]한다. 사람들은 아이가 어떤 추동에 따라서가 아니라, 준칙에 따라서 행위하는 습관이 들도록 유념해야 한다. 훈육에 의한 습관은 단지 몇 년이 지나면 소멸하는 그런 것일 따름이다. 아이는 그 자신이 그 합당성을 통찰하는 준칙들에 따라 행위하는 것을 배워야 한다. 어린아이들이 이를 실현하기란 어려운 일이며, 그래서 도덕적 교양[도야]이 부모와 교사들 쪽에 최대의 식견을 필요로 한다[106]는 것을 쉽게 알 수 있는 바이다.^{※※}

※ 세상에는 소수의 본래적으로 나쁜 인간, 다시 말해 원칙적으로 나쁜 인간이 있다. 그러나 그에 반해 품성[인성]을 상실한 다수의 인간, 또는 더 정확히 말해, 품성[인성]을 지닌 적이 없고, 그로부터 대부분의 패악이 기인하는 다수의 인간이 있다. 그렇기에 모든 교육학의 주요과제는 옳음[105]의 개념에 따라서 아이들을 어떤 품성[인성]으로 교양/도야하는 일이지, 명예의 개념에 따라서 하는 것이 아니다. 왜냐하면 명예의 개념은 품성[인성]을 배제하는 것이니 말이다. 이런 교양/도야의 토대는 사례이거니와, 여기서 부모의 마음 약한 양보에서 이미 아이에게도 뚜렷하게 보이는, 부모 자신의 태도에, 부모 자신의 품성[인성]에 있는 결함의 사례보다 더 해롭게 영향을 미칠 수 있는 것이 무엇일 수 있겠는가? 바로 이 점이 아이들이 품성[인성]을 갖추지 못함의 원천이다.

※※ 이미 앞서 시사했던바, 이러한 준칙들은 명예의 준칙들일 수가 없고, 옳음의 준칙들이어야만 한다. 전자는 능히 품성[인성]이 없는 것과 양립할 수 있지만, 후자는 그럴 수가 없는 것이니 말이다. 그 밖에도 명예는 전적으로 인습적인

---

105) 원어: Recht.
106) 원문의 "erfordern"를 AA에 따라 "erfordere"로 고쳐 읽음. 곧 이 문장의 주어와 목적어를 바꿔 읽음.

예컨대 아이가 거짓말을 한다면, 아이를 처벌할 것 없이 경멸로 응대해야 하며, 아이에게 장차 그는 사람들의 신용을 얻지 못할 것이라는 사실 같은 것들을 말해주어야 한다. 그러나 아이가 악한 짓을 했을 때 벌을 주고, 선행을 했을 때 상을 주게 되면, 아이는 그 좋은 것을 갖기 위해 선행을 할 것이다. 나중에 아이가 일이 그렇게 되어가지 않는 세상, 즉 선행을 해도 상이 없고, 악행을 해도 벌을 받지 않는 세상에 나가게 되면,

그는 어떻게 하면 세상을 잘 헤쳐나갈 수 있을까만을 살피면서, 자기에게 가장 유익하다고 보는 것에 따라 선하기도 하고 악하기도 한 그런 인간이 될 것이다. —

준칙들은 인간 자신에서 생겨나야만 한다. 도덕적인 교화에서 사람들은 아이들에게 이미 일찍부터 무엇이 선이고 악인지에 대한 개념을 깨우

쳐주려고 마땅히 애써야 한다. 도덕성을 기초 지으려 한다면, 벌로써 해서는 안 된다. 도덕성은 신성하고 숭고한 것이므로, 사람들은 그것을 그렇게 격하시켜 훈육과 동렬상에 놓아서는 안 된다. 도덕 교육에서의 첫째 노력은 품성〔인성/성격〕[107]의 기초를 놓는 일이다. 품성은 준칙들에

어떤 것, 어느 정도 배워 익혀야만 하는 것이며, 그를 위해 경험이 필요한 것이다. 그래서 이런 도정에서 품성〔인성〕의 교양/도야는 비로소 늦게야 생각될 수 있는 것이고, 차라리 바꿔 말하자면, 품성〔인성〕의 교양은 비로소 늦게야 가능한 것이다. 그에 반해 옳음의 표상은 만인의 영혼에, 아주 어린아이의 영혼에도, 깊숙한 곳에 놓여 있는 것으로서, 그렇기에 사람들은 아이에게 **"아이고, 부끄러운 줄 알아야지!"**라고 말하는 대신에, 아이를 언제나 **"그렇게 해도 옳을까?"**라는 물음으로 아주 잘 이끌 수 있는 것이다.

---

107) 원어: Charakter. 보통 '성격'이라고 옮겨지는 'Charakter'를 칸트는 『인간학』에서 '천성 또는 자연소질', '기질 또는 성미', '성격 바로 그것 또는 성향(Denkungsart)'으로 세분하여 고찰하고 있는데,(*Anth*, VII285＝A255＝B253 이하 참조) 교육학 강의에서는 이 가운데 주로 세 번째의 성격, 즉 "사람이 자신으로부터 무엇을 만들 준비가 되어 있는지를 보여주는 소질"을 말하고 있으므로, 이러한 특정한 성격을 표현하기 위해 이후에는 '품성'이라고 옮긴다. 이 '품성'은 '인품' 또는 '인성'의 의미도 함축한다 하겠다.

따라 행위하는 숙련[108]을 말하는 것이다. 초기에는 학교준칙들이 있고, 나중에는 인간성의 준칙들이 있다. 초기에 아이는 법칙〔법규〕들에 순종한다. 준칙들도 법칙이다. 그러나 그것들은 주관적인 것이다. 준칙들은 인간 자신의 지성에서 유래한 것이다. 그러나 학교법칙을 위반하면 처벌 없이 넘어갈 수는 없다. 물론 그 처벌은 언제나 그 위반에 적절해야 하는 것이지만 말이다.

아이들의 품성을 교양〔도야〕하고자 할 때 매우 중요한 점은, 아이들에게 사안마다 아주 정확하게 준수하지 않으면 안 되는 일정한 계획, 일정한 법칙들을 유념하도록 하게 하는 일이다. 그래서 아이들에게는 예컨대 잠잘 시간, 일할 시간, 오락할 시간을 확실하게 정해주어야 한다. 그러고 나서는 이 시간을 늘리거나 줄이지 말아야 한다. 아무래도 좋은 사안 A101에 있어서는 아이들이 선택할 수 있도록 해주되, 다만 그들이 스스로 일단 법칙으로 정한 것은 나중에도 언제나 준수하도록 하지 않으면 안 된다. — 그러나 아이들의 경우 시민의 품성이 아니라 어린이의 품성을 교양시켜야 한다.

일정한 규칙들을 세워 살지 않는 사람들은 신뢰받지 못한다. 사람들은 흔히 그런 사람들을 이해하지 못하며, 그런 사람들을 어떻게 대해야 할지를 정말 제대로 알 수가 없다. 사람들은 언제나 규칙에 따라 행위하는 이들, 예컨대 시계에 맞춰 모든 행위를 일정한 시간을 정해놓고 하는 사람을 자주 비난하지만, 이러한 비난은 종종 부당하다. 이러한 엄정함은 지나치게 면밀하고 융통성이 없어 보일 수 있기는 하지만, 품성을 위한 〔좋은〕 성향이다.

어린아이의, 특히 학생의 품성으로서는 무엇보다도〔최우선적으로〕 복종심이 필요하다. 복종은 두 가지이거니와, 첫째는 이끄는 자의 **절대적**

---

108) 원어: Fertigkeit. "숙련(習性)은 행위를 쉽게 함 내지는 의사의 주관적 완전성"(*MS, TL,* A49=VI407)을 말한다.

의지에 대한 복종이고, 둘째는 이끄는 자의 **이성적이며 선하다고 인정된 의지**에 대한 복종이다. 복종은 강제적으로 끌려 나올 수도 있는 것으로, 그런 경우 복종은 **절대적**인 것이고, 또는 신뢰로 인해 끌려 나올 수도 있는 것이니, 그런 복종은 유가 다른 것이다. 후자의 **자유의지적**인 복종은 매우 중요하다. 그러나 전자의 복종도 매우 필요한 것인데, 그것은 어린 아이로 하여금 그가 장차 시민으로서, 법칙〔법률〕들이 설령 그에게 적의하지 않더라도, 이행해야만 할 그런 법칙〔법률〕들의 이행을 준비시키는 것이기 때문이다.

그래서 아이들은 일정한 필연성의 법칙 아래 종속하지 않으면 안 된다. 그러나 이 법칙은 보편적인 것이어야 하며, 특히 학교에서는 이 점에 주의를 기울여야만 한다. 교사는 특히 많은 아이들 가운데서 편애를, 즉 한 아이에 대한 우선적인 사랑을 보여서는 안 된다. 무릇 그렇지 않으면 법칙이 보편성을 잃으니 말이다. 자기 외의 모든 아이들이 또한 반드시 동일한 법칙에 종속해 있지는 않다는 것을 아이가 알아채자마자, 그 아이는 다루기 어려운 아이가 될 것이다.

사람들은 늘, 아이들에게는 모든 것이 그들의 경향성에 따라〔마음이 쏠리는 대로〕하는 것이라 생각될 수밖에 없다고 많이들 말한다. 많은 경우에 이 말은 물론 맞다. 그러나 아이들에게는 많은 것이 또한 의무로서 지시규정되지 않으면 안 된다. 이런 것이 나중에 전 생애를 위해 크게 유익하다. 왜냐하면 세금 낼 때나 공무를 볼 때, 그리고 또 다른 많은 경우에 우리를 인도하는 것은 의무일 뿐, 경향성일 수 없기 때문이다. 어린아이가 의무를 이해하지 못한다 해도, 그렇게 하는 것이 더 좋다. 그리고 아이는 어떤 것이 아이로서의 그의 의무인지를 이내 이해할 것이지만, 어떤 것이 인간으로서의 그의 의무인지를 이해하기는 더 어려울 것이다. 아이가 이런 것까지 이해할 수 있다면 — 그러나 이는 비로소 나이가 들어서야 가능한 일이다 —, 복종심은 더욱더 완전해질 것이다.

어린아이가 지시명령을 위반함은 모두 복종심의 결여이며, 이러한 걸여는 처벌을 초래한다. 부주의해서 지시명령을 위반함도 처벌이 불필요한 것이 아니다. 이러한 처벌은 **자연적**〔물리적〕[109]이거나 **도덕적**〔정신적〕인 것이다.

도덕성 〔함양〕의 조력 수단인, 존경받고 사랑받고자 하는 경향성을 손상시키면, 예컨대 사람들이 아이를 냉랭하고 차갑게 대해 아이를 창피하게 만든다면, 그것은 **도덕적**〔정신적〕으로 처벌하는 것이다. 이러한 경향성들은 가능한 한 보존되어야 한다. 그래서 이런 식의 처벌이 가장 좋다. 왜냐하면 이러한 방식이 도덕성 〔함양〕에 도움이 되기 때문이다. 예컨대 아이가 거짓말을 한다면, 경멸의 눈초리로 한 번 바라보는 것만으로도 충분한 처벌이 되며, 그것이 가장 목적에 맞는 처벌이다.

자연적〔물리적〕 처벌은 〔아이가〕 욕구하는 것을 거절하거나 〔신체적인〕 벌을 주는 데에 있다. 전자의 처벌 방식은 도덕적 처벌 방식과 유사하며, 소극적인 것이다. 후자의 처벌은 奴隷根性[110]이 생기지 않도록 조심스럽게 시행되어야만 한다. 아이들에게 상을 주는 것은 유익하지 못하다. 그렇게 하면 아이들이 이기적으로 되며, 그로부터 傭兵根性〔代價根性〕[111]이 생긴다.

더 나아가서 복종은 **유년**의 복종이거나 **소년**의 복종이다. 이를 위반하는 경우에는 처벌이 뒤따른다. 이 처벌은 실로 **자연적**인〔자연스러운〕[112] 처벌이거나 **인위적**인 것이다. **자연적**인 처벌은 인간 자신이 자기의 행동거지로 인해 야기되는 벌이다. 예컨대 어린아이가 너무 많이 먹으면 병이 나는 것 같이 말이다. 이러한 처벌들은 인간이 단지 어린아이 때문만이 아니라 일생 내내 경험하기에, 가장 좋은 것이다. 그러나 **인위적**인 처벌도 있다. 존경받고 사랑받으려는 경향성은 지속적으로 효과가 있게끔

---

109) 원어: physisch.
110) 원어: indoles servilis.
111) 원어: indoles mercenaria.
112) 원어: natürlich.

징계를 내릴 수 있는 확실한 수단이다. 자연적〔물리적〕 처벌들은 순전히 도덕적〔정신적〕 처벌의 불충분함을 보완하기 위한 것이어야 한다. 도덕적〔정신적〕 처벌이 더 이상 전혀 도움이 되지 않아, 사람들이 자연적〔물리적〕 처벌로 넘어간다면, 이러한 처벌에 의해서도 역시 더 이상 좋은 품성이 교양〔도야〕되지는 않을 것이다. 그러나 초기에는 자연적〔물리적〕 강제가 유아들의 사려 부족을 보충할 수밖에 없다.

분노의 징표와 함께 행사되는 처벌은 효과를 얻지 못한다. 그런 경우 아이들은 처벌을 다른 사람의 정동[113]의 결과로, 그리고 자기 자신을 다른 사람의 정동의 대상으로 볼 따름이다. 일반적으로 말해 처벌은 아이들에게 언제나, 아이들이 그 처벌의 궁극목적이 그들을 개선시킴에 있다는 것을 알게끔 하는 세심한 주의와 함께 내려져야 한다. 처벌을 받고 난 아이들에게 감사 표시를 하도록 하고, 손등에 입맞춤을 하게끔 시키는 따위의 짓은 어리석은 것이며, 아이들을 노예처럼 만드는 짓이다. 자연적〔물리적〕 처벌이 빈번하게 반복이 되면, 고집불통을 만들고, 부모들은 그 고집 센 것 때문에 〔다시금〕 자녀들을 처벌하게 되며, 이렇게 되면, 그 처벌들은 아이들을 단지 점점 더 고집 세게 만들 뿐이다. ― 말을 잘 듣지 않는 아이가 언제나 가장 나쁜 인간인 것은 아니다. 그런 아이들도 호의적인 훈계에는 종종 잘 따른다.

소년의 복종은 유년의 복종과는 구별된다. 소년의 복종은 의무의 규칙들에 복속함에 있다. 의무에 의해 무엇인가를 행한다 함은 이성에 순종함을 일컫는다. 〔유년기의〕 어린아이들에게 의무에 대해 무언가를 말한다는 것은 부질없는 일이다. 결국 〔유년기의〕 어린아이들은 의무를 그것을 위반하면 매가 뒤따라오는 어떤 것으로 본다.※ 어린아이는 순전한 본능에 이끌릴 수가 있다. 그러나 아이가 이내 성장하면, 의무의 개념이 생겨나

A106

A107

---

113) 칸트는 정동(Affekt)을 "그로 인해 마음의 자제가 파기되는 감각에 의한 갑작스러움"(*Anth*, A204=B203=VII252), 그러니까 이성의 지배를 배척하는 하나의 "마음의 병"으로 꼽는다.

지 않을 수 없다. 유년기에는 수치심도 사용되어서는 안 되고, 그런 것은 IX484 비로소 청소년기에나 사용되어야 한다. 곧 수치심이란 명예 개념이 이미 뿌리를 내렸을 때라야만 비로소 생길 수 있는 것이다.

　어린아이의 품성 수립에서 두 번째의[114] 주요 특성은 진실성이다. 진실성은 품성의 기본 특성이자 본질적인 것이다. 거짓말하는 사람은 전혀 품성을 갖추지 못한 것으로, 만약 그가 어떤 선함을 가지고 있다면, 그것 A108 은 한낱 그의 기질[115]에서 기인하는 것이다. 많은 아이들은 거짓말하려는 성벽을 가지고 있는데, 그러한 성벽은 흔히는 활발한 상상력에서 유래하는 것임에 틀림없다. 아버지의 일은 아이들이 이러한 성벽에서 벗어나도록 주의를 기울이는 것이다. 왜냐하면 어머니들은 보통 그러한 일을 의미가 없거나 단지 미미한 정도의 의미가 있을 뿐이라고 여기기 때문이다. 오히려 어머니들은 아이들의 그러한 성벽에서 흔히 그녀들 자신

※ 내가 어린아이에게 어린아이 자신이 방금 한 이것 또는 저것이 올바른 일이었는지 어떤지를 물으면, 어린아이는 나에게, 그것도 대부분은 바르게 대답할 것이다. 그것이 올바른 일이 아니었고, 그래서 내가 이어서 **"얘야 그러니까 넌 그것을 잘 했어야지?"**라고 물으면, 어린아이는 착오 없이 **"예!"**라고 대답할 것이다. 이러한 의식을 토대로 진전시켜나가면, 어린아이에게 의무 개념에 대해 많이 지껄일 필요 없이 어린아이 자신이 스스로 점차로 어느 정도 의무 개념을 형성해갈 것이다. 그러나 그러한 경우에도 체벌을 필요로 하는 이는 나 A107 IX484 쁜 교육자이거나, 아니면 그가 아마도 그 스스로 그리고 바로 자기의 매질로 오염시킨 이미 오염된 어린아이와 부대끼고 있는 것이다. 그러나 그런 식으로 교육한다면, 어린아이를 주로 단지 그 자신의 행위들과 그것들의 정당성에서 보지 않을 수 없고, 기껏해야 눈에 잘 띄는, 어린아이 자신에게도 인지된, 그의 놀이친구들이나 다른 사람들의 행위들에서 예외를 허용하지 않을 수 없다. 왜냐하면 그 반대로 일을 처리하면 쉽게 불평과 험구로 이끌릴 수 있기 때문이다.

---

114) 앞서(A101 = IX481) 말한 "복종심"에 이어서.
115) 기질(Temperament)이란 습성적인 성향과는 달리 감성의 충동에 의해서도 작용한다.
　　(*Anth.*, A257 = B255 = VII286 참조)

을 기분 좋게 해주는 아이들의 탁월한 소질과 능력이 입증되는 것으로 본다. 무릇 이 자리가 수치심을 사용해야 할 곳이다. 왜냐하면 여기서야말로 아이가 수치심을 잘 이해할 것이기 때문이다. 우리가 거짓말을 하면, 수치심으로 얼굴이 붉어져 그것을 폭로한다. 그러나 물론 얼굴 붉힘이 언제나 [거짓말한다는 것을] 증명하는 것은 아니다. 사람들은 흔히 어떤 타인이 잘못을 우리에게 떠넘기는 파렴치함을 볼 때도 얼굴을 붉히니 말이다. 어떠한 조건에서도 벌주는 것으로써 아이들이 참말을 하도록 강제하려고 해서는 안 된다. 무릇 아이들의 거짓말은 이내 그들 자신에게 불이익을 초래하지 않을 수 없을 것이고, 그렇게 되면 아이들은 그 불이익으로 인해 벌을 받을 것이니 말이다. 존경을 거두는 것이야말로 거짓말에 대한 유일하게 목적에 알맞은 처벌이다.

A109   또한 처벌은 **소극적**인 처벌과 **적극적**인 처벌로 구분할 수 있다. 전자는 나태나 비윤리성, 예컨대 거짓말하는 경우나 불손하고 불화하는 경우에 가해지는 것이겠다. 그러나 적극적인 처벌은 악의적인 거역[116]에 적합하다. 그러나 무엇보다도 조심해야 할 것은 아이들이 원한을 품지 않게 하는 일이다.

어린아이의 품성에서 세 번째[117] 특성은 **사교성**[사회성]임이 틀림없다. 어린아이는 타인과의 친교를 유지해야만 하고, 언제나 외톨이로 있어서는 안 된다. 많은 교사들은 학교에서 이렇게 하는 것에 반대하지만, 그것은 매우 옳지 않다. 아이들은 [학교에서] 생의 가장 달콤한 향유를 준비해

IX485   야만 한다. 교사들이 어떤 아이에게 더 호의를 보인다면, 이는 그 아이의 재능 때문이 아니라 오직 그 품성 때문이어야 하며, 그렇지 않을 경우 우정을 해치는 시샘이 생긴다.

또한 아이들은 솔직해야 하며, 그들의 시선은 태양처럼 밝고 환해야

---

116) 원어: Unwillen.
117) 앞의(A107=IX484) 두 번째 특성 "진실성"에 이어서.

한다. 즐거운 심정만이 선한 것에서 흡족함을 느낄 수 있다. 인간을 음울하게 만드는 종교는 참다운 것이 아니다. 왜냐하면 인간은 강제에서 A110가 아니라 기쁜 심정으로 신을 섬겨야 하기 때문이다. 즐거운 심정이 학교의 강제 속에서 늘 엄격하게 통제받아서는 안 된다. 이런 경우에 그런 심정은 이내 가라앉아 버릴 것이기 때문이다. 어린아이가 자유를 갖게 되면, 어린아이는 다시금 자신을 회복할 것이다. 그를 위해서는 모종의 놀이들이 도움이 되는데, 놀이에서 아이는 자유를 얻고, 언제나 다른 아이보다 무언가를 더 잘하려고 애쓴다. 그때에 영혼은 다시금 밝고 환해진다.

많은 사람들은 그들의 청소년 시절이 그들 생에서 가장 좋았고 가장 쾌적했다고 생각한다. 그러나 실은 그렇지가 않다. 〔오히려〕 가장 힘든 시기이다. 왜냐하면 바로 그 시기에 사람들은 훈육 중에 있고, 참된 친구는 거의 얻지 못하며, 자유를 얻기는 더더욱 어려울 수 있기 때문이다. 일찍이 **호라티우스**는 말했다. — "少年은 많은 것을 견뎌냈고 해냈으며, 땀을 쏟았고, 꽁꽁 얼었도다."[118]

아이들에게는 그 나이에 맞는 것들만 가르쳐야 한다. 많은 부모들은 그들의 아이들이 조숙하여 어른처럼 이야기할 수 있으면 기뻐한다. 그러나 보통 그러한 아이들이 이루게 되는 것은 아무것도 없다. 어린아이는 A111오직 어린아이답게 총명해야만 한다. 어린아이는 맹목적인 흉내쟁이가 되어서는 안 된다. 그런데 조숙하여 어른처럼 윤리적 훈계 같은 것을 하는 아이는 전혀 그 나이에 맞지 않는 것이며, 단지 흉내내고 있는 것이다. 어린아이는 오직 어린아이의 지성만을 가져야 하며, 그것을 너무 일찍

---

118) 원문: multa tulit, fecitque puer, sudauit et alsit.(Horatius, *Ars poetica*, 413)

내보이려 해서는 안 된다. 그러한 어린아이는 통찰력 있고 명랑한 지성을 갖춘 어른이 되지 못할 것이다. 어린아이가 벌써 온갖 유행을 따라 하려 한다면, 예컨대 머리를 볶고, 소매주름을 달고, 심지어는 담배통을 메고 다니려 한다면, 그대로 봐줄 수가 없다. 이렇게 함으로써 어린아이는 어린아이에게는 어울리지 않는 허세 부리는 존재가 된다. 예의 바른 사교모임은 어린아이에게는 짐이고, 결국 〔나중에 성인이 된 후에는 오히려〕 성인의 기백을 전적으로 결여하게 된다. 바로 이렇기 때문에 무릇 허영심이 일찍부터 어린아이 안에서 자라지 못하도록 저지하지 않으면 안 된다. 더 정확히 말하면, 어린아이에게 허영심이 생길 빌미를 주어서는 안 된다. 그러나 만약 사람들이 어린아이들에게 이미 일찍부터 매우 아름답다느니, 이런저런 장식 달린 옷이 아주 잘 어울린다느니 하며 칭찬을 늘어놓는다면, 또는 이런 옷을 어떤 상으로 주겠다고 약속을 하고 그대로 마련해준다면 이런 일이 일어난다. 장식이 달린 옷은 아이들에게는 쓸모가 없다. 어린아이들은 청결하고 수수한 의복을 단지 생활필수품으로 갖춰야 한다. 그러나 부모 또한 그 자신 의복에 어떤 가치를 둬서는 안 되며, 〔아이들이 보는 앞에서〕 거울에 비춰 보는 일을 해서는 안 된다. 왜냐하면 다른 모든 경우에서와 마찬가지로 이 경우에도 본보기는 전능의 힘을 가지며, 훌륭한 가르침을 확고하게 만들기도 하고 무효화시킬 수도 있기 때문이다.

A112

IX486

실천적 교육에 대하여[119]

실천적 교육의 요소는 1) 숙련성, 2) 세간지〔世間智〕, 3) 윤리성이다. **숙련성**에 관해 말하자면, 그것은 철저하고, 피상적이지 않다는 점을 유의해야만 한다. 사람들은 나중에도 성취할 수 없는 사물에 대한 지식들

---

119) 이 제목은 편자인 Rink가 붙인 것으로 추정된다.

을 마치 가지고 있는 척하는 모습을 취해서는 안 된다. 철저성은 숙련성에서 생겨나서, 점차 사유방식/성향 중에서 하나의 습관이 되어야 하는 것이다. 그것은 보통사람[120]의 품성에 본질적인 것이다. 숙련성은 재능〔발휘〕을 위해 필요한 것이다.

세간지에 관해 말하자면, 그것은 우리의 숙련성을 보통사람에게 적용하는 기술, 다시 말해 인간들을 자기의 의도대로 사용〔대〕할 수 있는 기술에 있다. 이 세간지를 위해서는 많은 것들이 필요하다. 본래 이것은 인간이 맨 마지막에 얻는 것이다. 그러나 이것은 가치의 면에서는 두 번째 자리를 차지한다.   A113

만약 아이가 세간지에 의탁할 것이면, 아이는 자신을 감추고 자기의 의중은 들춰볼 수 없게 만들되, 타인의 속내를 꿰뚫어볼 수 있어야 한다. 특히 그는 그의 품성에 관해서는 자신을 감추지 않으면 안 된다. 외양을 꾸미는 기술이 예의범절이다. 그리고 사람들은 이런 기술을 가져야만 한다. 타인의 속내를 꿰뚫어보는 일은 어렵다. 그러나 사람들은 이 기술을 반드시 터득해야 하고, 그 반면에 자기 자신의 의중은 들춰볼 수 없게 만들어야 한다. 그를 위해서는 가식, 다시 말해 자기 결점을 은폐하고 저러한 외양을 꾸미는 일이 필수적이다. 가식이 언제나 가장은 아니며, 때로 허용될 수 있는 것이다. 그러나 그것은 역시 불순성과 가까이에 있는 것이다. 은폐는 어쩔 수 없는 수단이다. 사람들이 자기 성질대로 곧바로 행하지 않는 것은 세간지에 속한다. 그러나 사람은 너무 거리낌 없이 해   A114
서는 안 된다. 그러므로 사람이 격렬해서는 안 되지만, 그래도 기백은 있어야 한다. **기백**(氣魄) 있는 이는 의욕에 대한 쾌감을 가진 이이다. 이것은 정동〔情動〕/격정의 절제에 필수적인 것이다. 세간지는 기질의 사안이다.

윤리성은 품성의 사안이다. "忍耐하라, 그리고 삼가라![121]"라는 것은

120) 원어: Mann.
121) 원문: Sustine et abstine. 아래 A144=IX499 참조.

지혜로운 절제를 위한 준비이다. 사람들이 훌륭한 품성을 형성하고자 한 다면, 먼저 욕정들을 제거해야 한다. 인간은 그의 경향성에 관해 그것이 욕정으로 되지 않게끔, 그리고 오히려 어떤 것이 그에게 거절되면, 그것 없이도 지내는 법을 배우는 데 익숙해져야 한다. '忍耐하라' 함은 '참아라, 그리고 견뎌내는 데 익숙해져라!'를 말하는 것이다.

무엇인가 없이도 살아가는 법을 배우고자 한다면, 용기와 경향성이 요구된다. 사람들은 거절의 회답, 저항 등등에 익숙해지지 않으면 안 된다.

동정심은 기질의 요소이다. 간절히 애태우는 동정이 아이들에게 생기 지 않도록 주의해야 한다. 그러한 동정은 실제로는 감상[感傷]이다. 그러 한 동정은 감상적인 그러한 품성과만 합치한다. 그러한 동정은 함께 괴 로워함과는 구별되는 것으로서, 어떤 일을 한낱 비통해하는 데서 성립하 는 일종의 해악이다. 사람들이 아이들에게 준 용돈을 가지고, 아이들은 궁핍한 사람들에게 선행을 할 수 있겠으며, 그때 사람들은 그 아이들이 함께 괴로워하는지 어떤지를 알게 될 것이다. 그러나 아이들이 언제나 단지 부모의 돈으로 잘 베푸는 것이면, 이런 일은 없다.

"차근차근히 빨리해라!$^{122)}$"라는 격언은 많은 것을 배우기 위해서는 몹 시 서둘러서 꾸준히 해야 하는 활동, 다시 말해 빨리함을 뜻한다. 그러나 사람들은 또한 철저하게 배워야만 하고, 그러므로 누구에게나 시간이 필 요하다. 다시 말해 차근차근히 하지 않을 수 없다. 여기서 생기는 물음 은, 어떤 것이 우선되어야 할 것인지, 곧 사람은 광범위한 지식을 가져야 하는지, 아니면 좁지만 철저한 지식을 가져야 하는지 하는 것이다. 적지만 이 적은 것을 철저하게 아는 것이, 많지만 피상적으로 아는 것보다 낫다. 왜냐하면 결국에 사람들은 이 후자의 경우에서 그 천박성을 깨닫게 될

것이기 때문이다. 그러나 어린아이는 정말이지 자기가 이 지식 또는 저

---

122) 원문: festina lente.

지식을 사용할 어떤 상황에 놓일지를 알지 못한다. 그래서 아마도 최선의 것은, 모든 것에 대해 근본적인 무엇인가를 아는 일이다. 그렇지 않으면 그는 타인을 그가 피상적으로 습득한 지식을 가지고서 기만하고 현혹할 것이기 때문이다.

〔교육에서〕 최종적인 것은 품성의 수립이다. 품성은 무엇인가를 행하고자 하는 확고한 결의와 그리고 또 그것을 실제로 시행하는 데서 성립한다. **호라티우스**는 "決意에 흔들림 없는 사나이〔不屈의 男兒〕[123]"를 말하고 있다. 이것이야말로 훌륭한 품성이다. 예컨대, 만약 내가 누구와 무엇인가를 약속했다면, 그것이 설령 나에게 손해를 끼친다 해도 그 약속을 지켜야만 하는 것이다. 무릇 무엇인가를 작정하고서, 그것을 행하지 않는 남자는 그 자신을 더 이상 신뢰할 수 없다. 예컨대 만약 누군가가 공부하기 위해서, 또는 이런저런 일을 하기 위해서, 또는 산책을 하기 위해서 언제나 일찍 일어날 것을 결심하고서, 봄에는 아침시간이 아직도 너무 춥고, 그래서 그의 건강을 해칠 수 있다는 이유로, 그러나 여름에는 달콤하게 잠을 잘 수 있고, 그 잠이 그에게 편안하다는 이유를 대면서 그의 결심을 언제나 하루하루 미룬다면, 종내는 그가 그 자신을 더 이상 신뢰하지 않게 될 것이다.

IX488

A117

도덕에 반하는 것은 그러한 결의에서 제외된다. 악한 인간의 경우에는 그 품성이 아주 못된 것으로서, 이때 그 품성은 이미 옹고집이라고 일컬어진다. 그가 결심한 것을 실행하고 그것도 완강하게 그리한다면 그것은 적의한 일인데도 불구하고 말이다. 그리고 그가 선한 것에서 그런 태도를 보인다면 더 좋을 것인데도 말이다.

누구든 자기 결심을 실행에 옮기는 일을 늘 미루는 이는 높이 평가받을 수 없다. 이른바 장래의 개심〔改心〕이라는 것도 그러한 유의 것이다.

---

123) 칸트 원문: "Vir propositi tenax", Horatius, *Carmen Saeculare*, III, 3, 1: "正義와 決意에 흔들림 없는 사나이를(Iustum et tenacem propositi virum)" 참조.

무릇 늘 패악스럽게 살아오고서 어느 한순간에 개심하려 하는 사람이 그에 이른다는 것은 불가능하다. 그런 사람이 갑작스레, 자기의 전 생애를 훌륭하게 보냈고, 언제나 바른 생각만 하면서 살아온 사람이 되는 기적은 일어날 수 없는 것이기 때문이다. 바로 그렇기에 무릇 성지순례, 고행, 금식에서 기대할 수 있는 것은 아무것도 없다. 성지순례와 여타의 의식

A118 들이 한 패악스러운 인간을 즉석에서 고상한 인간으로 만드는 데 어떤 기여를 할 수 있을 것이라고는 예상되지 않으니 말이다.

사람이 낮에는 금식하고, 밤에는 그 대신에 다시 그만큼 많이 향유한다거나, 영혼의 변화에 아무것도 기여할 수 없는 보속을 신체에 지운다면, 그것이 정직과 개심〔改心〕에 무슨 도움이 되겠는가?

아이들에게 도덕적 품성을 기초 놓기[124] 위해서는, 우리는 다음의 사항을 유의해야 한다:

아이들에게 그들이 이행해야 할 의무들을 가능한 한 많은 본보기와 규정들을 통해 일러주어야 한다. 아이가 행해야 할 의무들이라고 해봐야 단지 자기 자신과 타인에 대한 통상적인 의무들일 뿐이다. 그러므로 이러한 의무들은 해당 사태의 본성에서 도출되어야만 한다. 그래서 이 점에 관해 우리는 좀 더 세밀하게 고찰하지 않을 수 없다:

a) 자기 자신에 대한 의무.[125] 이러한 의무들은 사람들이 화려한 옷을 갖춰 입고, 훌륭한 식사를 하는 등에 있는 것이 아니다. 물론 모든 것을

A119 청결하게 해야 하기는 하지만 말이다. 〔이러한 의무들은〕 자기의 욕구와 경향성들을 충족시키고자 애쓰는 데 있는 것이 아니다. 왜냐하면 그 반대로 사람들은 매우 절제하고 삼가는 삶을 살아야 하기 때문이다. 〔인간의 자기 자신에 대한 의무들은〕 인간이 자신의 내면에 그를 모든 피조물보다 존귀하게 만들어주는 일정한 존엄성[126]을 갖는 데 있으며, 그의 의무

---

124) 앞의 A100 = IX481 비교 참조.

125) 칸트는 그의 『윤리형이상학 ― 덕이론』에서 이에 관해 상세히 논하고 있다.(MS, TL, A63 = VI417 이하 참조)

는 인간성의 이 존엄성을 그 자신의 인격에서 부인하지 않는 일이다.

그러나 만약 우리가 예컨대 술에 취하고, 부자연스러운[127] 죄악을 범IX489하고, 온갖 무절제한 일을 저지르는 일 등등을 한다면, 우리는 인간성의 존엄성을 부인하는 것이다. 이런 일들은 모두가 인간을 동물 밑으로 격하시킨다. 더 나아가서, 만약 어떤 인간이 타인에게 비굴하게 군다거나, 그토록 품격 없는 거동으로 타인의 환심을 얻기 위해 ― 그렇게 망상하여 ― 늘 찬사나 늘어놓는다면, 이런 짓 또한 다시 인간성의 존엄성에 반한다.

인간의 존엄성은 어린아이에게도 이미 그 자신에서 깨치게 할 수 있겠다. 예컨대 적어도 인간됨의 예의에 맞지 않게 불결한 경우에 말이다. 그러나 아이가 거짓말을 한다면 그로써 아이는 실로 스스로를 인간성의 존엄성 밑으로 격하시킬 수도 있다. 왜냐하면 그는 이미 생각할 수 있고, 자기의 생각을 타인에게 전달할 수 있으니 말이다. 거짓말을 하는 것은A120그 인간을 보편적인[대중의] 경멸의 대상으로 만들고, 그런 짓이야말로 누구나 마땅히 스스로 가져야 할 존경과 신뢰성을 그 자신에게서 스스로 앗는 매개이다.

b) 타인에 대한 의무.[128] 아주 어려서부터 인간의 권리에 대한 경외와 존경을 가르쳐야 하며, 어린아이가 이를 실행하도록 매우 주의를 기울여야 한다. 예컨대 한 아이가 다른 한 가련한 아이를 마주쳤을 때, 거만

---

126) '존엄성(Würde)'이란 "모든 가격을 뛰어넘는", 그러니까 어떠한 것에도 같은 가격을 갖는 것을 허용하지 않는, 그러므로 무엇에 의해서도 대체되지 않는 절대적 가치를 말한다.(*GMS*, B77＝IV434 참조)

127) 칸트는 성애(性愛)와 관련하여 자위행위처럼 "만약에 인간이 현실적인 대상에 의해서가 아니라, 그러한 대상을 상상함으로써, 그러므로 목적에 반하여, 대상을 자기 자신이 지어내서, 환락으로 자극된다면, 그러한 환락은 **부자연스럽다.**"(*MS, TL,* A76＝VI424 이하)고 보며, 이를 "쾌락적인 자기모독"(*MS, TL,* A75＝VI424)이라 규정한다.

128) 칸트는 그의 『윤리형이상학 ― 덕이론』에서 이에 관해 상세히 논하고 있다.(*MS, TL,* A116＝VI448 이하 참조)

스럽게 그 아이를 옆으로 밀쳐버린다거나 내쫓고, 때리고, 등등을 한다면, 그에게 "그러지 마라. 그것은 다른 사람을 괴롭히는 짓이다. 측은하게 여겨라. 불쌍한 아이이지 않니!" 따위로 말해서는 안 된다. 오히려 사람들은 그 아이에게 그 아이가 했던 그대로 거만스럽게 그리고 느낄 수 있게끔 대하지 않으면 안 된다. 그의 거동은 인간성의 권리에 위배되는 것이기 때문이다. 아이들은 본래 아량을 전혀 가지고 있지 않다. 사람들

A121 은 이것을 예컨대 다음의 사실로부터 미루어 알 수 있다. 즉 부모가 자기 아이에게 그의 빵 조각의 절반을 나중에 다시 그만큼 더 받게 될 것이라는 보장 없이 타인에게 나눠주라고 명령할 때, 아이는 이를 전혀 행하지 않거나 하더라도 아주 어쩌다가 마지못해 한다. 게다가 사람들은 이런 아이에게 아량에 대해 많은 이야기를 미리 해줄 수도 없다. 왜냐하면 그 아이는 아직 그런 것을 아무것도 자기 통제력 안에 가지고 있지 않기 때문이다.

　많은 이들이 도덕론에서 자기 자신에 대한 의무들에 관한 이론을 다루는 장절을 아예 빠뜨리거나, **크루고트**[129])처럼 잘못 설명하기도 했다. 그러나 이미 말했듯이, 자기 자신에 대한 의무는 인간이 인간성의 존엄을 자기 자신의 인격 안에서 지켜내는 데에 있다. 인간은 인간성의 이념을 염두에 둘 때, 자신을 책망한다. 인간은 그에 비추어 자신을 비교할 원본을 자기의 이념 중에 가지고 있는 것이다. 나이가 들어가고, 성적인 경향

IX490 성이 왕성하게 일기 시작하면, 그때야말로 위험한 시기로, 이 시기에는 인간의 존엄성만이 청소년을 억제시킬 수 있다. 그러나 일찍부터 사람들

A122 은 청소년들에게 그들 자신이 이런저런 일로부터 자신을 어떻게 지켜내

---

129) Crugott(1725~1790). 칸트 동년배의 신학자, 설교사. 그의 설교집 *Predigten* (Breslau 1790)의 제3설교에서는 "간접적으로 적극적인 덕과 관련한 그리스도의 도덕적 사례에 관하여 또는 자기 자신에 대한 의무들"(S. 94)을 말하고 있다. 목사인 D. F. Koehler가 칸트에게 보낸 편지(1791. 1. 20 자: AA XI, 248~249)에서도 이 내용에 관한 언급을 읽을 수 있다.

야만 하는지 시사를 해주어야 한다.[※]

우리의 학교들은 거의 대개가 올바름에 대한 아이들의 교양을 그래도 잘 촉진시킬 무엇, 곧 법/권리/옳음에 대한 문답 교과서를 가지고 있지 않다. 이 문답 교과서는 대중적인, 일상적인 생활에서 부딪칠 수 있는, 과연 어떤 것이 옳은지 그렇지 않은지의 물음과 늘 쉽게 마주치는 사례들을 담고 있어야 할 것이다.[131] 예컨대 오늘 자기 채권자에게 빚을 변제해야 하는 어떤 이가 어떤 궁핍한 자를 보는 순간에 마음이 움직여 그가 빚지고 있고 이제 변제해야 할 그 금액을 그 궁핍한 자에게 주어버린다면, 이러한 일은 옳은가 그렇지 않은가? 아니다! 그것은 옳지 않다. 왜냐하면 내가 자선 행위를 하고자 하면, 나는 〔채무에서 벗어나〕 자유로워야 하기 때문이다. 그리고 만약 내가 가련한 자에게 돈을 준다면, 공적 있는 일을 하는 것이다. 그러나 내가 나의 부채를 변제한다면, 나는 당연히 해야 할 일을 하는 것이다. 더 나아가, 과연 곤경에서의 거짓말은 허용되는가? 아니다! 그러한 행위가 용인될 수 있는 단 하나의 경우도 생각할 수 없다. 적어도 어린아이들 앞에서는. 그렇지 않으면 아이들은 온갖 사소한 일들을 곤경으로 간주하고, 흔하게 자신이 거짓말하는 것을 허용할 것이다. 이제 만약 그러한 문답 책이 이미 있다면, 사람들은 아이들로 하여금 지상에 있는 신의 눈동자인 인간의 법/권리/옳음을 인지하고 마음

A123

※ 이러한 존엄성의 최초의 감정이 수치심이다. 그래서 "羞恥는 德의 第一의 榮譽"(호라티우스, 『풍자시』, I, 6, 82 참조)[130]인 것이다.

---

130) 편자의 라틴 인용문은 "Pudor primus virtutis honos"이나, Horatius의 원문은 "pudicum, qui primus virtutis honos"(Quintus Horatius Flaccus, *Sermones*, Liber I, Sermo VI, 82/83)이다.

131) 이러한 점을 고려하여 칸트는 그의 『윤리형이상학 — 덕이론』에서 "사례론적 문세들"을 곳곳에서(*MS, TL,* A78 이하=VI426·A81 이하=VI428·A87 이하=VI431·A91 이하=VI433 이하·A97 이하=VI437·A125 이하=VI454·A132 이하=VI458 등등 참조) 예시하고, 또한 "도덕적 문답법의 한 토막"(*MS, TL,* A168 이하=VI480 이하)을 제시하고 있다.

으로 받아들이도록 가르치는 데에 매우 유용하게 매일 한 시간을 쓸 수 있겠다. —※

선행에 대한 책무[132]에 관해 말하자면, 그것은 단지 불완전한 책무이다. 사람들은 아이들의 심정을 유약하게 만들어 타인의 운명에 쉽게 영향을 받도록 해서는 안 되며, 오히려 강건하게 만들어야 한다. 심정은 감정으로 채워져야 할 것이 아니라 의무의 이념으로 채워져야 할 것이다.

A124 많은 인사들이 이전에는 측은지심을 가졌다가 종종 속임을 당한 것을 알고 나서는, 실제로 냉정하게 되기도 했다. 어린아이에게 행위들의 공적을 이해시키고자 하는 것은 헛된 일이다. 성직자들은 선행의 일을 어떤

IX491 공적 있는 일로 그려낸다는 점에서 아주 흔하게 잘못을 저지른다.※※

우리가 신에 관해 마땅히 해야 할 일 이상은 결코 할 수 없다는 것을 생각할 것도 없이, 가련한 자에게 좋은 일을 하는 것은 단지 우리의 의무이기도 하다. 무릇 인간의 유복함의 불평등은 단지 그때그때의 상황에서 비롯하는 것이다. 그래서 내가 한 재산을 소유하고 있다면, 나는 나 자신이나 나의 선조들이 운이 좋은 이런 상황을 붙잡은 것에 대해 감사하지 않을 수 없다. 이 점을 〔인류〕 전체에 대해 생각해보아도 사정은 동일하다.

A125 사람들이 아이로 하여금 타인의 가치에 따라 자신을 평가하는 데 마음을 쓰게끔 하면 질투가 일어난다. 아이는 오히려 모름지기 자신의 이성

※ 이제는 우리에게 더 이상 권리와 의무에 관한 문답서가 없지 않으며, 그 가운데 다수는 매우 유용하다. 그리고 또한 다수의 학교에서 실제로 이미 이것을 수업의 필수적인 부분으로 참고하고 있다. 그러나 칸트의 훌륭한 이념을 온전히 실현시키기 위해서는 해야 할 일이 여전히 많이 남아 있다.

※※ 그리고 만약 그들이 여타의 모든 이른바 공적 있는 일들과 마찬가지로 이 선행을 상급을 요구할 수 있는 근거로 서술한다면, 이 잘못을 더욱 나쁘게 만드는 것이다.

---

132) 칸트에서 책무〔구속성〕란 "이성의 정언적 명령 아래에서의 자유로운 행위의 필연성〔필연적인 자유 행위〕"(*MS, RL*, AB20＝VI222)을 말한다.

166

개념들에 따라 자신을 평가해야 한다. 그래서 겸허는 본래 다른 것이 아니라 자기의 가치를 도덕적 완전성에 견주어보는 일이다. 그런데 예컨대 기독교는 겸허를 가르치지 않고, 오히려 인간으로 하여금 자기 비하를 하도록 만든다. 왜냐하면 그대로 좇으면 인간은 자신을 완전성의 최고의 모범에 견주어보지 않을 수 없기 때문이다. 겸허를 타인에 비해 자신이 미천하다고 평가하는 데 두는 것은 매우 전도〔顚倒〕된 일이다. — "애야, 저것 좀 보아라, 저 아이가 어떻게 하는지 보아라!" 따위와 같이. 이런 식으로 소리쳐 일깨우는 것은 단지 매우 비천한 사유방식/성향을 낳을 따름이다. 인간이 타인에 비추어 자신의 가치를 평가하게 되면, 그는 자신을 타인들 위로 높여 세우거나 타인들의 가치를 깎아내리려고 애쓸 것이다. 그런데 이 후자는 질투이다. 그럴 경우 사람들은 언제나 어떤 과오를 타인에게 뒤집어씌우려고 한다. 무릇 그 사람이 거기 있지 않다면 그와 비교할 일도 없을 터이고, 그러면 자기가 최고일 것이기 때문이다. 나쁘게 설정된 경쟁심에 의해서는 단지 질투가 일어날 뿐이다. 그래도 경쟁심이 무엇인가에 보탬이 될 수 있는 경우라면, 그에 의거해 누군가에게 어떤 일을 잘 해낼 수 있다고 확신을 시키는 경우이겠다. 예컨대 내가 아이에게 숙제를 잘 해내라고 채근하면서 그에게 다른 아이들도 잘 해내고 있음을 알려주는 경우 말이다.

A126

어떤 경우에도 한 아이로 하여금 다른 아이를 수치스럽게 하도록 해서는 안 된다. 사람들은 행운의 우월에 기초하고 있는 모든 자부심을 피하고자 해야 한다. 그러나 동시에 사람들은 아이들에게 솔직함이 뿌리내리도록 애써야 한다. 솔직함이란 자기 자신에 대한 겸손한 신뢰이다. 이를 통해 인간은 자기의 모든 재능을 적절하게 보여줄 수 있게 된다. 솔직함은 타인의 판단을 아랑곳하지 않는 뻔뻔함과는 능히 구별될 수 있다.

IX492

인간의 모든 욕망은 형식적 욕망(자유와 능력)이거나 질료적인(어떤 객체와 관련되어 있는) 욕망, 즉 망상의 욕망이거나 향유의 욕망이다. 또는 끝으로 욕망은 행복의 요소들인 이 둘의 순전한 지속과 관련되어 있다.

첫째 종류의 욕망으로는 명예욕, 지배욕, 소유욕이 있다. 둘째 종류의 욕망으로는 성의 향락(환락), 물건의 향락(유족한 생활) 또는 사교의 향락(오락 취미)이 있다. 끝으로 셋째 종류의 욕망으로는 생에 대한 애호, 건강에 대한 애호, 안락함(미래의 근심 걱정에서 자유로움)에 대한 애호가 있다.

그런가 하면 패악들은 악의의 패악이거나 비열의 패악 또는 편협의 패악이다. 첫 번째의 패악에 속하는 것이 질투, 배은망덕, 고소해함이고, 두 번째 패악에 속하는 것이 부정의, 불성실(허위), 방탕으로서의 재산의 낭비나 건강의 낭비 또는 명예의 낭비와 같은 것이다. 셋째 종류의 패악으로는 냉정, 인색, 타성(유약함)이 있다.

덕들은 **공적**의 덕이거나 순전히 **책임**의 덕이거나 아니면 **순결무구**의 덕이다. 첫 번째 것에 속하는 것이 아량(복수·안일·탐욕의 자제), 자선, 극

기이다. 두 번째 것에 속하는 것은 진정성과 예의바름, 온화함이다. 끝으로 세 번째 것에 속하는 것이 정직성, 정숙함, 수분〔守分〕이다.

그런데 과연 인간은 자연본성상〔태생적으로〕 도덕적으로 선한가 악한가? 둘 중 어느 쪽도 아니다. 왜냐하면 인간은 자연본성상〔태생적〕으로는 전혀 도덕적 존재자가 아니니 말이다. 인간은 그의 이성이 의무와 법칙의 개념에까지 고양될 때에만 도덕적 존재자가 되는 것이다. 그런가 하면 인간은 근원적으로 모든 패악으로의 자극〔충동〕을 자기 안에 가지고 있다고 말할 수 있다. 무릇 인간은 비록 이성이 그 반대 방향으로 추동하기는 하지만, 그를 자극하는 경향성과 본능들을 가지고 있으니 말이다. 그래서 비록 인간이 자극〔충동〕이 없다면 순결무구할 수 있을지라도, 인간은 덕을 통하여, 그러므로 자기강제에 의해서 오직 도덕적으로 선하게 될 수 있는 것이다.

대개 패악들은 개명된 상태가 자연에 폭력을 가할 때 생겨난다. 그렇지만 인간으로서 우리의 사명은 동물로서의 미개〔조야〕한 자연상태를 벗어나는 것이다. 완전한 인위[133]는 다시 자연으로 된다.

교육에서 관건이 되는 것은 사람들이 어디서나 올바른 근거들을 세우

고, 아이들이 그것들을 이해하여 받아들이게끔 만드는 일이다. 아이들이
배워야 할 것은 증오의 혐오 대신에 역겹고 이치에 맞지 않은 것을 혐오
하는 것이다. 인간에 대한 그리고 신의 처벌에 대한 외적 싫음〔혐오〕 대
신에 〔자신의 양심에 비춘〕 내적 싫음〔혐오〕을, 사람들의 의견 대신에 자기
존중과 내적 존엄성을, ── 말과 정서의 변화 대신에 행실과 실행의 내적
가치를, ── 감정 대신에 지성을, ── 그리고 침울하고 소심하고 음울한 신
앙심 대신에 유쾌함과 즐거운 경건함을 갖도록 배워야 한다.

그러나 무엇보다도 아이들이 幸運의 德澤[134]을 결코 높게 평가하지 않
도록 보호해주지 않으면 안 된다.

────────

종교와 관련한 아이들의 교육에 대하여 제일 먼저 제기되는 물음은,
과연 아이들에게 어려서부터 종교개념들을 가르치는 것이 할 수 있는 일
인가 하는 것이다. 이에 관해서는 교육학에서 매우 많은 다툼이 있어왔
다. 종교개념들은 어느 경우나 다소간의 신학을 전제한다. 그런데 세상
을, 아직 자기 자신조차를 알지 못하는 어린아이에게 어떤 신학을 가르
칠 수 있다는 말인가? 의무조차도 아직 알지 못하는 어린아이가 신에 대
한 직접적인 의무를 이해할 수 있겠는가? 확실한 정도〔程度〕에서 말하자
면, 만약에 아이들이 최고 존재자에 대한 경배 행위를 전혀 목격하는 일
이 없고, 아이들 자신이 한 번도 신의 이름을 듣는 일을 없게 할 수 있다
면, 그들을 우선 목적들로 그리고 인간에게 적합한 것으로 이끌고, 그들
의 판정능력을 강화하고, 그들에게 자연작품들의 질서와 아름다움에 대
해 가르치고, 그런 다음에 우주에 대한 더 확장된 지식을 제공하고,

────────

133) 원어: Kunst.
134) 원어: merita fortunae.

그 위에 비로소 최고 존재자, 하나의 입법자의 개념을 그들에게 열어주는 것이 사물의 순서에 알맞은 일이겠다. 그러나 이런 일이 현재의 우리의 [사회적] 상황에서는 가능하지 않기 때문에, 만약에 비로소 아이들이 성장한 후에 신에 대해 무엇인가를 가르치고자 한다면, 그들은 신을 부르는 것을 듣고, 그에 대한 이른바 헌신적 경배를 목격했을 것이므로, 이런 것은 아이들에게 무관심을 낳거나 왜곡된 개념들, 예컨대 신의 위력에 대한 공포심 같은 것을 낳을 것이다. 무릇 이런 왜곡된 개념들이 아이들의 환상 중에 깃들 수도 있는 우려가 있기 때문에, 이를 피하기 위해서 아이들에게 이른 시기에 종교개념들을 가르치려 시도할 수밖에 없다. 그렇지만 이러한 일이 잡다한 것들을 암기하는 일, 한갓된 모방이나 흉내내기가 되어서는 안 되며, 또한 사람들이 택한 [교육의] 방도는 언제나 자연[의 이치]에 맞아야 한다. 의무와 책무, 그리고 선행과 비행이라는 추상적 개념들을 가지지 않고도, 어린아이들은 의무의 법칙이 현존한다는 것, 상쾌함이나 유용성 같은 것이 아니라 사람들의 기분에 따라 좌지우지되지 않는 어떤 보편적인 것이 의무를 규정해야 한다는 것을 깨칠 것이다. 다만, 교사 자신은 이를 개념적으로 잘 이해하고 있어야만 한다.

A131

IX494

사람들은 처음에는 만물을 자연에 귀속시키지만, 나중에는 이 자연 자체를 신에게 귀속시키지 않을 수 없다. 예컨대 일차적으로 만물은 자기 종들의 보존과 종들의 균형에 맞춰져 있지만, 멀리 보면 동시에 그로써 인간이 행복을 누리도록 인간에게 맞춰져 있는 것이다.

A132

신의 개념은 처음에는 우리가 그의 돌봄을 받는 아버지의 개념에 유비해서 분명하게 하는 것이 가장 좋겠다. 그럴 경우 한 가족 안에서처럼 인간의 하나됨을 일러주는 데에 매우 큰 이점이 있다.

그런데 대체 종교란 무엇인가? 종교는 우리 안에 있는 법칙이거니와, 그 법칙이 우리 위에 있는 하나의 입법자[법칙수립자] 겸 심판자[135]에 의해

---

135) 곧, 신.

강력한 힘을 갖는 한에서 그렇다. 종교는 신의 인식에 적용된 하나의 도덕이다.[136] 사람들이 종교를 도덕성과 결합하지 않는다면, 종교는 한낱 은혜 간구〔은총 지원〕가 될 것이다.[137] 찬미와 기도, 교회 다니기는 오직 인간에게 개선을 위한 새로운 힘과 용기를 주는 것이어야 하고, 또는 의무 표상으로 고취된 심정의 표현이어야 한다. 이러한 일들은 선업〔善業〕을 위한 준비들일 뿐, 그 자체가 선업들은 아니다. 인간이 개선된 인간이 되는 것[138] 외에 달리 최고 존재자에 적의할 수 있는 방도는 없다.

아이들의 〔종교 교육의〕 경우 처음에는 아이가 그 자신 안에 가지고 있는 법칙[139]에서 시작해야만 한다. 인간이 패악적일 때 스스로에게 경멸받을 만하다. 이런 것은 인간 자신 안에 기초되어 있다. 신이 악을 금했기 때문에 비로소 인간이 이러한 것이 아니다. 왜냐하면 법칙수립자〔입법자〕가 동시에 법칙창시자이기도 할 필요는 없기 때문이다. 그래서 군주는 절도 금지의 창시자라고 일컬어지지 않고서도 그의 영토 안에서 도둑질을 금지시킬 수 있는 것이다. 이로부터 인간이 익히 알 수 있는 바는, 그의 선행만이 그가 행복할 품격을 갖도록 해준다는 사실이다. 신적 법〔칙〕은 동시에 자연법〔칙〕으로 나타나지 않을 수 없다.[140] 그것은 자의

A133

---

136) "종교란 (주관적으로 고찰하면) 우리의 모든 의무들을 신의 지시명령〔계명〕들로 인식함이다."(*RGV*, B229=VI153)

137) "그래서 도덕〔성〕과 종교는 또한 가장 정확하게 결합되어 있으며, 단지 서로 구별되는 것은, 도덕〔성〕에서는 도덕적 의무들이 모든 이성적 존재자 각각의 원칙들로서 실행되어야 하고, 이성적 존재자 각각이 목적들의 하나의 보편적 체계의 성원으로서 행위해야 한다면, 반면에 종교에서는 도덕적 의무들이 최상의 신성한 의지의 지시명령〔계명〕으로 보인다는 점이다. 근본적으로 도덕〔성〕의 원칙들은 최고 완전성의 이념에 부합하는 유일한 것이니 말이다."(『종교강의』〔V-Phil-Th/Pölitz〕: XXVIII, 1102) 그러나 "도덕이 어떻게 우리가 선한 인간이 되는지를 가르친다면, 종교는 어떻게 우리가 신에게 흡족한 인간이 되는지를 가르친다." 또한 "도덕이 어떻게 우리가 최고선에 합당하게 될 수 있는지를 가르친다면, 종교는 우리가 어떻게 최고선을 나눠 가질 수 있는지를 가르친다."(『조각글』〔Refl〕 6224: XVIII, 515)

138) 또는 "심정의 변화를 통해서 새로운 인간이 되는 것"(*RGV*, B54=VI47).

139) 곧, 도덕법칙. "내 안의 도덕법칙"(『실천이성비판』〔*KpV*〕, A288=V161) 참조.

140) 이에서 칸트의 '최고선' 이념이 등장한다.

적인 것이 아니기 때문이다. 그래서 모든 도덕성에는 종교가 들어 있는 것이다.[141]

그러나 〔종교 교육을〕 신학에서 시작해서는 안 된다. 순전히 신학 위에 구축되어 있는 종교는 결코 어떤 도덕적인 것을 함유할 수 없다. 사람들은 그러한 종교에서는 한편으로는 단지 공포를, 그리고 다른 한편으로는 보수〔보상〕를 갈구하는 의도와 마음씨를 가질 뿐이며, 그렇게 되면 이는 순전히 미신적인 예배 의식을 낳을 뿐이다. 그러므로 도덕성이 앞서가야 하고, 신학은 이를 뒤따라가야 하며, 이것을 일러 종교라 하는 것이다.

우리 안에 있는 법칙을 일컬어 양심이라고 한다. 양심이란 본래 이 법칙[142]에 우리의 행위들을 적용함이다. 만약 사람들이 양심을 신의 대리자로 생각하지 않는다면, 양심의 가책은 아무런 효과도 없을 것이다. 신은 우리 위에 숭고한 어좌를 놓고 있으나, 우리 안에도 심판자 석을 마련해놓았다. 만약 종교가 도덕적 양심성에 보탬이 되지 않는다면, 종교는 아무런 소용이 없다. 도덕적 양심성이 없으면 종교는 하나의 미신적

IX495 A134

---

141) "도덕법칙 안에는 윤리성과 이에 비례하는, 세계에 그 일부로서 속하고 따라서 세계에 부속되어 있는 존재자의 행복 사이의 필연적 연관에 대한 최소한의 근거도 없다. 세계에 부속되어 있는 이 존재자는 바로 그렇기 때문에 자기의 의지로써 이 자연의 원인일 수가 없고, 그의 행복과 관련하여 그 자신의 힘으로 자연을 그의 실천 원칙들과 일관되게 일치시킬 수가 없다. 그럼에도 불구하고 〔…〕 우리는 응당 최고선의 촉진을 추구해야 한다. 〔…〕 그러므로 또한 이 연관의 근거, 곧 행복과 윤리성 사이의 정확한 합치의 근거를 함유할, 자연과는 구별되는 전체 자연의 원인의 현존이 요청된다. 〔…〕 그러므로, 도덕적 마음씨에 적합한 원인성을 갖는, 자연의 최상 원인이 전제되는 한에서만, 이 세계에서 최고선은 가능하다. 무릇 법칙의 표상에 따라 행위할 수 있는 존재자는 예지자요, 이 법칙 표상에 따르는 그런 존재자의 원인성은 그 존재자의 의지이다. 그러므로 최고선을 위해 전제되어야만 하는 것인 한에서, 자연의 최상 원인은 지성과 의지에 의해 자연의 원인(따라서 창시자)인 존재자, 다시 말해 신이다. 따라서 최고의 파생적 선(즉 최선의 세계)의 가능성의 요청은 동시에 최고의 근원적 선의 현실성, 곧 신의 실존의 요청이다. 〔…〕 다시 말해 신의 현존을 받아들임은 도덕적으로 필연적이다."(*KpV*, A224=V124 이하) 참조.
142) 곧, 우리 안에 있는 법칙, 다시 말해 "도덕법칙", "내 안의 도덕법칙"(*KpV*, A288=V161) 참조.

봉사〔의식〕이다. 만약 사람들이 예컨대 신의 법칙들을 어떻게 이행할 것인지를 생각하지 않은 채, 신을 찬양하고 신의 권능과 지혜를 칭송한다면, 실로 신의 권능과 지혜 등등을 전혀 알지 못하고, 전혀 탐색해보지도 않은 채 신을 섬기려 하는 것이다. 이러한 찬미들은 그러한 자들의 양심을 위한 아편이자, 그 위에서 양심이 편안히 잠이 들 베개이다.

아이들이 모든 종교개념들을 파악할 수는 없지만, 그럼에도 불구하고 아이들에게 몇몇 개념은 가르치지 않을 수 없다. 다만 이것들은 적극적 A135
이라기보다는 소극적인 것이어야 한다. ― 아이들에게 의례 문구들을 기계적으로 외우도록 하는 것은 아무짝에도 쓸모가 없으며, 단지 잘못된 경건심의 개념을 낳을 뿐이다. 참된 신에 대한 경배는 사람들이 신의 의지에 따라 행위하는 데 있는 것이니, 이 점을 아이들에게 반드시 가르쳐야 한다. 사람들은 자기 자신에게도 그러하듯이 아이들에게도 신의 이름이 그렇게 자주 오용되지 않도록 주의를 기울이지 않으면 안 된다. 사람들이 신의 이름을 행운을 기원하는 데서, 실로 경건한 의도에서라도, 사용한다면, 이 또한 오용한 것이다. 신의 개념은 신의 이름을 언제 부르더라도 외경심으로 인간을 가득 채워야 마땅하고, 그래서 인간은 그 이름을 드물게, 그리고 결코 경솔하지 않게 사용해야 마땅하다. 어린아이는 생명과 전 세계의 주인으로서의 신에 대한 외경심을 느끼도록 배워야 하고, 더 나아가 인간의 보호자로서의 신에 대해, 셋째로 마침내 인간의 심판자로서의 신에 대해 외경심을 느끼도록 배워야 한다. **뉴턴**은 신의 이름을 부를 때면 언제나 잠시 묵상하고 숙고했다고 한다. A136

신과 의무의 개념을 하나로 결합하여 설명하면 아이는 그만큼 더 잘 신의 피조물에 대한 배려를 경외하는 것을 배우고, 그를 배움으로써 아이는 파괴와 잔혹으로의 성벽 ― 아주 다양하게 작은 동물들을 함부로 대하는 데서 표출되는바 ― 에서 보호된다. 동시에 사람들은 어린아이들이 또한 나쁜 것 가운데서 좋은 것을 발견하도록 교도하는 것이 마땅하다. 예컨대 맹수와 곤충들은 청결성과 근면성의 전형이다. 악한 인간들 IX496

은 법도를 각성시킨다. 벌레들을 뒤쫓는 새들은 정원의 수호자이다. 등등.

그러므로 아이들한테 최고 존재자에 대해 약간의 개념을 가르쳐주어야 한다. 그렇게 함으로써 아이들은 다른 사람들이 기도하는 것 등등을 볼 때, 누구를 향하여 무엇 때문에 이런 일이 일어나고 있는지를 알게 될 수 있다. 그러나 이런 개념은 오직 적은 수효여야 하며, 앞서도 말했듯이, 오직 소극적인 것이어야 한다. 그러나 사람들은 이런 개념들을 이미 어린아이 시기부터 가르치기 시작해야만 한다. 그렇지만 그때 어린아이들이 인간을 그들의 종교계율에 따라 평가하지 않도록 주의해야 한다. 왜냐하면 종교들의 상이성에도 불구하고 어디서나 종교의 동일성도 또한 있으니 말이다.

A137

이제 마지막으로 청소년이, 특히 소년기에 들어설 때, 마땅히 준수해야 할 몇몇 주의점을 덧붙이고자 한다. 소년은 이 시기에 이전에는 하지 않던 어떤 구별들을 하기 시작한다. 곧 **첫째로**는 성의 구별을 한다. 자연은 이 성에 관해서 마치 이것이 인간의 품위에 전혀 맞지 않고, 인간 안에 한낱 동물성의 필요욕구가 있는 것인 양 모종의 비밀의 덮개를 덮어놓았다. 그런데 자연은 이 사안을 가능한 대로 온갖 윤리성과 결합하고자 했다.※ 야만 민족들조차도 성의 문제에 있어서는 부끄러움과 삼감을

A138

A138

※ 이에 대해 이미 **키케로**가 언급한 바가 훌륭하다. "于先 첫째로 自然은 우리의 身體 構造에 크게 注意를 기울인 것 같다. 自然은 우리의 얼굴과 그 밖에 보기 좋은 身體 部位들은 감추지 않았고, 反面에 身體的 必要欲求의 自然的인 裝置로서 우리에게 주어진, 보기에 좋지 못하고 凶한 身體의 部位들은 감추고 덮었다. 이러한 自然의 精巧한 技術에 副應하는 것이 人間의 羞恥心이다. …"[145] 나는 즐거이 이 훌륭한 전체 대목을 베껴놓았지만, 지면이 이를 허락지 않는다. 그래서 나는 독자 각자가 『義務論』, 第一卷 第三十五節을 스스로 찾아 읽어보기를 청하지 않을 수 없다.

가지고서 처신한다. 아이들은 어른들에게 종종 이에 관해 호기심 어린 질문을 던진다. 예컨대, 아이들은 어디서 와요? 등등. 그러나 아이들은 사람들이 그들에게 아무런 의미도 없는 불합리한 대답을 하거나, 이런 것은 유치한 질문이라고 대답하면서 물리치면, 쉽게 만족한다.

소년기에 이런 경향성들의 발달은 기계적인 것으로, 이는 그 대상을 알지 못하면서도 발달해가는 다른 모든 본능의 경우와 마찬가지로 진행되는 것이다. 그러므로 이때 소년을 무지한 상태로 그리고 그와 결합되 A139
어 있는 순결의 상태로 지켜나간다는 것은 불가능하다. 그런데 침묵만 IX497
하는 것은 해악을 더욱 악화시킬 뿐이다. 성교육에 있어서 우리의 앞선 세대들은 이런 식으로 했다. 요즘 시대는 성교육에서 사람들이 숨김없이, 분명하게 그리고 명확하게 이 문제에 관해 청소년들과 이야기를 나누어야 함을 옳다고 받아들인다. 두말할 것도 없이 이 문제에는 미묘한 점이 있다. 왜냐하면 사람들은 이 문제를 공공연한 대화의 대상으로 삼을 만하다고 기꺼이 보지는 않기 때문이다. 그러나 모든 문제는 사람들이 품격 있는 진지함을 가지고서 그에 대해 이야기를 나누고, 청소년의 〔성적〕 경향성들을 다룬다면 잘 풀릴 것이다.※

보통 13~14세쯤이 청소년들에게서 성적 경향성이 발달되는 시점이다. (만약 이보다 더 일찍 발달한다면, 아이들이 유혹을 받고 나쁜 사례들에 의해 오염된 것이 틀림없다.) 이때쯤에는 아이들의 판단력은 이미 형성되어 있으 A140
니, 자연은 그들에게 사람들이 그들과 성의 문제에 대해 이야기할 수 있는 시기를 준비해놓은 것이다.

※ 이에 관해서는 특히 **잘츠만**의『청소년기의 수음에 관하여』[144] 참조.

---

143) Cicero, *De officiis*, Lib. I, c. 35, 126/127.
144) Christian Gotthilf Salzmann(1744~1811), *Über die heimlichen Sünden der Jugend*, Leipzig 1785. 잘츠만은 칸트 당대의 저명한 목사이자 교육자로서 수년간 Basedow의 Dessau 박애주의 학교에서 일한 후에, 1784년 Gotha에 박애주의 학교를 세웠고, 다수의 책을 펴냈다.

자기 자신을 대상으로 삼는 환락〔관능적 쾌락〕의 종류보다 인간의 정신과 육체에 더 해를 끼치는 것은 없다.[145] 이러한 환락은 인간의 자연본성과 전적으로 배치한다. 그러나 사람들은 이러한 환락을 청소년에게 숨겨서는 안 된다. 사람들은 이러한 환락이 전반적으로 가증스러운 것임을 청소년에서 보여주고, 이런 것은 인간 종족의 번식에 쓸모가 없다는 것을 말해주어야 하며, 또한 이로 인해 그의 체력이 대부분 소진될 것이고, 그로 인해 그는 빨리 늙고, 그럴 경우 그의 정신은 심하게 고통을 받을 것※이라는 점 등을 말해주어야 한다.

A141   사람들은 지속적으로 업무에 종사하여, 필요 이상으로 잠자리에서 시간을 보내지 않음으로써 저런 환락〔관능적 쾌락〕의 자극들에서 벗어날 수 있다. 사람들은 환락에 대한 상념들을 업무들을 하면서 생각에서 몰아내야 한다. 무릇 설령 환락의 대상이 한낱 상상 속에만 있다 해도, 그런 대상은 생명력을 조금씩 갉아먹는다. 사람의 성적 경향성이 이성〔異性〕으로 향하면, 사람들은 언제나 어느 정도 저항에 부딪치지만, 그것이 자기 자신으로 향하면, 사람들은 그런 경향성을 항상 충족시킬 수 있다. 그러나 그것의 신체적 작용결과는 대단히 해로우며, 도덕적인 관점에서 그 결과는 훨씬 더 나쁘다.[147] 이 경우에 사람들은 자연의 경계선들을 넘어서는

IX498   것이며, 진정한 충족이 생기지 않기 때문에, 성적 경향성은 멈춤 없이 계속해서 분출할 것이다. 다 큰 소년들을 맡고 있는 교사들은 청소년이 이성

※ 앞의 책 외에 **티소**의 『캠프의 학교 및 교육기관의 개정』[146] 참조.

---

145) 앞서(A119=IX489) 말한 "부자연스러운 죄악" 참조.
146) Simon André Tissot(1728~1797), *Campe's Revision des gesammten Schul-und Erziehungswesens u. s. w.*, *Allgemeine Revision des gesamten Schul-und Erziehungswesens*. 티소가 다루고 있는 *Von einer Gesellschaft praktischer Erzieher*(Hamburg, Wolfenbüttel, Wien, Braunschweig, 1785 bis 1792)는 Joachim Heinrich Campe(1746~1818)의 수많은 교육론 저술 중의 하나이다.
147) 이와 관련한 더 많은 설명은 『윤리형이상학 ― 덕이론』, "쾌락적인 자기모독"(A75= VI424 이하) 참조.

〔異性〕과 성교를 하는 것이 허용되는가 하는 물음을 제기했다. 자기 자신과 하는 것과 이성〔異性〕과 하는 것 중 하나를 택해야 한다면, 두말할 것도 없이 후자가 낫다. 전자의 경우는 자연에 반하는 것이지만, 후자는 그런 것은 아니기 때문이다. 자연은 소년이 성년이 되자마자 성인으로서, 자기의 종을 번식시킬 사명을 주었다. 그러나 개화된 국가에서의 인간이 필연적으로 갖는 필요요구들은 그가 언제나 자기의 아이들을 〔낳아서〕 교육시킬 수는 없게 만든다. 그러므로 여기서 인간은 시민적 질서를 어기게 되는 것이다. 그러므로 최선은, 실로 의무인 것은, 소년이 정식으로 결혼할 수 있는 사정에 이를 때까지 기다리는 것이다. 그럴 때 그는 단지 훌륭한 인간으로서뿐 아니라, 훌륭한 시민으로서 행위하는 것이다.[※]

A142

소년은 이른 시기에 이성〔異性〕에 대해 예의 있는 존경심을 가질 줄 알고, 반면에 악성 없는 활동을 통해 이성의 존경심을 얻는 것을 배워야 한다. 그리하여 행복한 혼인이라는 고가의 상급을 받고자 노력해야 한다.

A143

사회에 진입하는 시기에 청소년이 하기 시작하는 두 번째의 구별은 신분의 차이와 인간의 불평등에 대한 앎에서 비롯한다. 어린아이가 이 같은 불평등을 알게 해서는 안 된다. 어린아이 자신이 가복에게 명령을 내리는 일을 결코 허용해서는 안 된다. 부모가 가복에게 명령을 내리는 것을 어린아이가 목격한다면, 어쨌든지 어린아이에게 "우리는 가복들에게 음식을 제공한다. 그 대가로 가복들은 우리에게 복종한다. 그런데 너는 그런 일을 하지 않는다. 그러므로 가복들 또한 너에게 복종할 필요는 없다."라고 말해줄 수 있을 것이다. 만약 부모가 이러한 망상을 아이들에게 스스로 가르치지만 않는다면, 아이들은 이러한 구별에 대해 아는 바가 없을 것이다. 사람들은 청소년에게, 인간의 불평등은 한 인간이 다른 인간

※ 그러나 또한 이성〔異性〕에게서의 감각적 경향성의 막연한 충족은 건강을 해치고, 상상력을 달아오르게 하며, 합목적적인 업무를 하는 데 방해가 되고, 도덕성을 피폐하게 한다. 그에 반해 소년 소녀의 오염되지 않은 가슴속의 순수한 사랑의 심성은 순결을 지키고, 영혼을 고양시키며, 개선을 위한 자극이 된다.

보다 우월한 지위를 점하려고 추구했기 때문에 생겨난 제도라는 점을 가르쳐주어야 한다. 시민〔사회〕적 불평등에도 불구하고 인간이 평등하다는 의식을 청소년에게 차츰차츰 가르칠 수 있다.

A144 　사람들은 청소년이 자기 자신을 타인〔과 비교함〕에 의해서가 아니라 절대적으로 평가하도록 주의를 기울여야 한다. 인간의 가치를 구성하는 것이 전혀 아닌 것에서 타인을 높이 평가하는 일은 부질없는 짓이다. 더

IX499 나아가 사람들은 청소년에게 만사에 양심적이도록 일깨워주어야 한다. 즉 청소년은 한낱 겉으로 그렇게 보이는 것이 아니라, 모든 것이 〔실제로〕 그러하도록 노력해야 하는 것이다. 청소년에게 주의시켜야 할 바는 또, 그가 심사숙고하여 결심한 것은 어떠한 것도 공허한 결심이 되도록 해서는 안 된다는 점이다. 그럴 바에는 차라리 아무런 결심도 하지 않고, 사안을 문젯거리로 남겨두어야 한다. ─ 외적 상황에 자족하고 일하는 데 인내할 일이다: "忍耐하라, 그리고 삼가라!"[148]─ 쾌락을 구하는 데서도 자족하도록 일러주어야 한다. 사람들이 한낱 쾌락만을 찾지 않고, 또한 동시에 인내로써 일하고자 한다면, 사람들은 공동체의 쓸모 있는 일원이 되고, 자신을 무료함으로부터 지킬 수 있다.

　더 나아가 청소년이 유쾌함과 상쾌한 기분을 갖도록 일깨워주어야 한
A145 다. 심정의 유쾌함은 사람들이 자책할 것이 아무것도 없는 데서 생겨난다. ─ 기분의 평정을 유지하도록 일깨워주어야 한다. 사람들은 훈련을 통해, 늘 사회의 기분 좋은 구성원이 되기 위한 성향을 갖추기에 이를 수 있다. ─

　사람들은 많은 것을 언제나 의무로 본다는 점을 일깨워주어야 한다. 어떤 행위가 나에게 가치가 있는 것은, 그 행위가 나의 경향성에 부합하기 때문이 아니라, 내가 그 행위를 함으로써 나의 의무를 이행하기 때문인 것이다. ─

---

148) 앞의 A114＝IX486 참조.

청소년에게 타인에 대한 인간애, 그리고 세계시민의 마음씨를 일깨워 주어야 한다. 우리의 영혼 안에는 무엇인가, 1) 우리 자신에 대해서, 2) 우리와 함께 성장하는 타인들에 대해서 갖는 관심이 들어 있으며, 또한 3) 세계최선〔세계복지〕에 대한 관심도 틀림없이 생겨난다. 사람들은 아이들이 이러한 관심에 익숙해지도록 해야 하거니와, 아이들의 영혼은 이에서 따뜻해질 수 있을 것이다. 아이들은 세계최선〔세계복지〕이 설령 그들의 조국에 유리하지 않고 그 자신에게 이득이 되지 않는다 할지라도, 그에서 기쁨을 느끼지 않으면 안 된다. ―

청소년이 생의 흥겨움을 향락함에는 미미한 가치만을 두도록 일깨워 주어야 한다. 그리하면 죽음에 대한 유치한 공포는 사라질 것이다. 사람들은 청소년에게 향락은 전망이 약속한 것을 제공하지 않는다는 점을 알려주어야 한다. ―

A146

끝으로 매일매일 자기 자신과의 결산이 필요함을 일깨워주어야 한다. 그렇게 함으로써 사람들은 생의 종국에서 자기 생의 가치에 관해 개산〔概算〕해볼 수 있을 것이다.

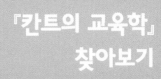

『칸트의 교육학』
찾아보기

일러두기

1. 편찬 체제

☞ 이 찾아보기의 편찬 체제는 다음의 방식에 따른다.

표제어[대체어]원어

¶ 용례 면수

☞ 『교육학』의 면수는 베를린 학술원판 칸트전집 IX권(1923)의 본문 면수
이다.

☞ '주'는 원서의 편자 주를 지시한다.

2. 약호 목록

■= 개념의 정의나 풀이를 표시한다.

¶ 용례를 나타낸다.

▶ 용례가 많은 경우 의미에 따른 구분을 지시한다.

→ 다음 표제어나 면수를 참조하라.

↔ 반대말이나 대조되는 말을 나타낸다.

인물 찾아보기

개념 찾아보기

교양[도야/교육/형성] Bildung

¶ 교양 겸 교습 441 ¶ 교양[도야]은 훈도와 교습을 포함한다 443 ¶ 도덕적 교양
452, 455, 480 ¶ 교과적 교양 455 ¶ 실용적 교양 455 ¶ 부정적인 교양 465
▶¶ 영혼[마음]의 교양[교육]과 신체[몸]의 교양[교육] 469 ▶¶ 자연적[물리적]
교양[교육]과 도덕적인 교양[교육] 469 ▶¶ 교과 교양[교육]은 아이에게 노동
이고, 자유 교양[교육]은 놀이이다 470 ¶ 감정의 교양[도야] 477 ¶ 사유방식
[성향]의 교양[도야] 480 ¶ 품성의 교양[도야] 481

교육 Erziehung

■ = 교육이란 양육(보육, 부양)과 훈육(훈도) 그리고 교양 겸 교습을 뜻한다 441
¶ 교육의 소극적인 부분 — 훈도 442 ¶ 교육의 적극적인 부분 — 교습 442
■ = 인간은 오직 교육에 의해서만 인간이 될 수 있다 443 → 인간 ■ = 한편으로
가르치고, 다른 한편으로 소질을 키워내는 것 443 ¶ 올바른 교육 446 ■ = 수많은
세대를 통해 완성되는 하나의 기술 446 ¶ 통치[기]술과 교육[기]술 446, 447
¶ 인간성의 이념에 부합하는 교육 447 ■ = 좋은 교육은 그로부터 세상의 모든
선이 생겨나는 바로 그런 것 448 ■ = 교육에서 인간은 훈육되고, 교화되고, 문명화
되고, 도덕화되어야 한다 449~450 ■ = 교육은 원리에 의거해야 한다 451
■ = 교육은 그 안에 부육[扶育]과 교양[도야]을 포함한다 452 → 교양 ■ = 교육은
사적 교육이거나 공적 교육이다 452 ¶ 공적 교육은 장래의 시민의 최선의 전형을
제공한다 454 ¶ 자연적 교육과 실천적(=도덕적) 교육 455 ▶¶ 자연적 교육 456
¶ 자연적 교육 곧 보육 456 → 보육 ¶ 자연적 교육의 적극적 부분은 교화[敎化]/
문화화이다 466 → 교화 ▶¶ 실천적 교육 486 ■ = 실천적 내지 도덕적 교육이란
인간이 자유롭게 행위하는 존재자로서 살 수 있도록 교양[도야]시키는 일 455
¶ 실천적 교육의 요소는 1) 숙련성, 2) 세간지[世間智], 3) 윤리성이다 486
¶ 도덕 교육에서의 첫째 노력은 품성[인성/성격]의 기초를 놓는 일이다 481
▶¶ 종교 교육 493 ▶¶ 성교육 496

교육학 Pädagogik/교육론 Erziehungslehre/교육술 Erziehungskunst

¶ 교육학은 판결적인 것이어야 한다 447
■ = 교육학 내지 교육론은 자연적이거나 실천적이다 455 ¶ 교육 이론 444

교화[문화/문화화/개화/배양] Kultur

¶ 교화되지 못한 자는 조야[미개]하고, 훈육받지 못한 자는 야만적이다 444
¶ 자기 자신의 교화[문화화] 446 ¶ 교육에서 인간은 교화[문화화]되어야 한다
449 ¶ 교화[문화화]는 교시[敎示]와 교습을 포함한다 449 ■ = 교화는 숙련성을
갖춤이다 449 ¶ 자연적 교육과 교화 466 ▶¶ 신체 능력의 교화[배양] 469
¶ 영혼[마음/정신]의 교화 469 ¶ 교화는 주로 인간의 마음 능력들의 훈련에
있다 466 ▶¶ 자연적[물리적] 교화와 실천적 교화 470 ¶ 자연적[물리적] 교화는
자유로운 교화와 교과적인 교화로 나뉜다 470 ¶ 자유 교화는 단지 놀이이고,
교과적 교화는 학업을 구성한다 470 ¶ 학교[과정]는 강제적인 교화이다 472
¶ 자유로운 교화는 유아기부터 청소년이 모든 교육을 마치고 떠나는 시기까지
계속 진행된다 472 ¶ 기억의 교화[배양] 472 ¶ 지성의 교화 474 ▶¶ 도덕적인
교화는 준칙들에 기초해야 한다 480

기억 Gedächtnis

¶ 기억 472 473 475 476 ¶ 기억의 교화 472 ¶ 소설읽기는 기억을 약화시킨다
473 ¶ 기억[력] 474

기지 Witz

¶ 기지 472 ¶ 기지의 교화 475

내감 inner Sinn

¶ 내감 476

노동 Arbeit

¶ 노동 470 471 472 → 놀이 ¶ 교과 교양[교육]은 아이에게 노동이고, 자유 교양
[교육]은 놀이이다 470 ¶ 인간은 노동을 해야만 하는 유일한 동물이다 471
¶ 최선의 휴식은 노동 후의 휴식 471

놀이 Spiel

¶ 놀이 467 468 470 → 노동 ¶ 자유 교화는 단지 놀이이고, 교과적 교화는 학업을
구성한다 470 ¶ 놀이에서 아이는 자유를 얻는다 485

신학 Theologie

¶ 신학 493 494 495

야만적 wild / 야만성 Wildheit

¶ 야만성 442 444 ■ = 야만성은 법칙들에서 벗어나 있음이다 442 ¶ 야만적 444
¶ 야만족 442 458 496

양심 Gewissen / 양심성 Gewissenhaftigkeit

¶ 양심 495 ■ = 우리 안에 있는 법칙을 일컬어 양심이라 한다 494 ■ = 양심이란
우리 안에 있는 법칙에 우리의 행위들을 적용함이다 494 ¶ 양심은 신의 대리자
495 ¶ 양심성 495 499

양육 Wartung

¶ 양육(보육, 부양) 441 ■ = 양육이란 자신의 능력들을 해롭지 않게 사용하도록
하는 보살핌을 뜻한다 441 ¶ 동물들은 사육은 필요로 하지만, 양육은 필요하지
않다 441 ¶ 인간은 양육과 교양〔도야〕을 필요로 한다 443 → 인간

욕망 Begierde

▶¶ 형식적 욕망(자유와 능력) 492 ¶ 명예욕, 지배욕, 소유욕 492 ▶¶ 질료적인
(어떤 객체와 관련되어 있는) 욕망, 즉 망상의 욕망이거나 향유의 욕망 492
¶ 성의 향락(환락), 물건의 향락(유족한 생활) 또는 사교의 향락(오락 취미) 492
▶¶ 형식적이면서 질료적인 욕망 492 ¶ 생에 대한 애호, 건강에 대한 애호,
안락함(미래에 근심 걱정에서 자유로움)에 대한 애호 492

윤리 Sitten / 윤리성 Sittlichkeit / 윤리적 sittlich

¶ 윤리 460 485 ¶ 윤리성 485 486 496 ¶ 윤리적 451 ¶ 비윤리성 484

의무 Pflicht

¶ 의무 475 477 482 488 492 495 ¶ 의무에 의해 무엇인가를 행한다 함은 이성에
순종함을 일컫는다 483 ¶ 자기 자신에 대한 의무 488 ¶ 타인에 대한 의무들 489
¶ 심정은 감정으로 채워져야 할 것이 아니라 의무의 이념으로 채워져야 할 것이다

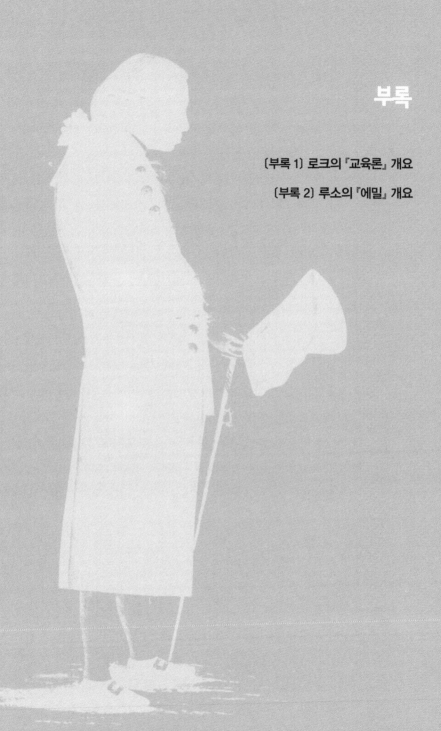

부록

〔부록 1〕

로크의『교육론』[1] 개요

서론

일찍이 에라스무스는 "인간은 교육 없이는 인간성을 갖지 못한다."[2] 라고 하면서 인간의 인간화에 교육이 필수적임을 역설하였다. 교육을 인간됨에 필수적인 요소로 확인하는 로크는 교육의 여부와 수준에 따라 인간은 "크게 차이가 난다"(Locke, §1)고 본다.

그런데 로크의 교육론은 "건강한 정신[3]은 건강한 신체 안에 있다 (mens sana in corpore sano)."[4]라는 스토아사상의 인간관에서 출발한다.

---

1) John Locke, *Some Thoughts concerning Education*(1693, [2]1695), in : R. W. Grant/N. Tarvov(eds.), *Some Thoughts concerning Education and Of the Conduct of the Understanding*, Indianapolis/Cambridge : Hackett, 1996. 박혜원 역, 『교육론』, 비봉출판사, 2011 참조.

2) Desiderius Erasmus, *Pueris statim ac liberaliter instituendis declamatio*(Basel 1529), in : Collected Works of Erasmus, vol. 26, Literary and Educational Writings 4, ed. by J. Kelly Sowards, Toronto 1985, p. 298.

3) '마음=mind=animus=Gemüt', '영혼=soul=anima=Seele', '정신=spirit－spiritus= Geist'로 구별해서 용어를 사용하면 무난할 것 같은데, 또한 통상 '정신'으로 옮기는 라틴어 'mens'는 이로부터 영어 'mental'이 유래한 것이니, '정신/마음'으로 그때그때 옮겨 사용하는 것이 적절하겠다.

4) Juvenalis, *Satires*, X, 356.

(§1 참조) 유베날리스(Decimus Iunius Iuvenalis, ca. 60~127)의 이 시구는 실상 물질주의적 심신관을 표명하고 있다. 이 명제는 역으로 살펴보면 신체가 건강하지 못하면 정신 또한 건강하지 못하다는 것을 함의하며, 이는 정신과 신체는 불가분리적임을 함축한다. 그러니까 여기서는 설령 신체가 건전하지 못해도 정신은 건전할 수 있다거나, 비록 육신은 부패해도 정신은 생생하다는 주장은 배제되고 있는 것이다. 그러나 로크는 신체(body)를 정신(mind)이 그 안에 거주하는 "흙집(clay cottage)"(§2)이라 비유하니, 신체와 정신을 일체로 보고 있는 것은 아니다. 그렇지만 '신체의 건강'에 인간에게 생의 올바른 길을 제시해주는 정신의 활동이 의존하고 있는 한에서, 신체의 상태는 인생의 초석이다. 그래서 교육의 첫 과제는 신체의 건강을 유지하고 체력을 증진시키는 일이다.(§3 참조)

신체의 건강과 체력의 증진

대학에서 의학을 공부했던 로크의 주장인즉 체력 증진을 위해서 유아기부터 아이의 양육에서 주의해야 할 점은 아이를 응석받이로 키우거나 과잉보호를 해서는 안 된다는 것이다.(§4 참조)

아이를 바깥 공기를 충분히 마시게 하고, 자주 운동을 시킬 일이며, 너무 따뜻하게 입히거나 감싸지 말아야 한다는 것(§5 참조)이다. 머리와 발을 차게 유지하고, 아이의 발을 매일 차가운 물로 씻기며, 물가에 가면 물이 스며들 정도의 얇은 신발을 신기는 것(§7 참조)이 아이들의 체력 단련에 좋다. 아이들에게 몸에 꽉 끼는 옷을 입혀서는 안 되는데, 특히 그렇게 함으로써 체형을 교정할 의도라면 더욱이나 그렇다. 여기서 로크의 생각은 "자연이 최선이라고 생각하는 대로 몸매를 만들어가도록 내버려두라."(§11)는 것이다.

아이의 식사는 담백하고 간소해야 한다. 두세 살이 될 때까지는 고기를 먹지 않는 것이 좋다.(§13 참조) 모든 음식에는 소금기가 적어야 하고,

특히 양념이 많이 들어간 고기(§14 참조), 설탕에 절인 것(§20 참조)은 피해야 하며, 술이나 알코올 음료를 절대로 주어서는 안 된다.

아이의 성장과 건강에 수면보다 더 큰 영향을 미치는 것은 없다. 아이는 충분히 만족할 만큼 자도록 해야 한다. 특히 밤에는 일찍 자고 아침에는 일찍 일어나야 하지만, 침대에 누워서 뒹구는 습관이 배지 않도록 주의해야 한다.(§21 참조) "숙면이야말로 자연이 선사하는 가장 훌륭한 보약"(§22)인데, 숙면을 위해서는 딱딱한 침대와 누비이불이 좋다.

건강관리를 의약에 자주 의지하는 것은 좋지 않다. 절대적으로 필요한 경우가 아니면 연약한 아이의 신체에는 가능한 한 손을 대지 않는 것이 좋다.

정신력의 함양

"모든 덕과 가치의 위대한 원리와 기초는 욕구가 다른 길로 기욺에도 불구하고, 자기 자신의 욕망을 거부하고, 자기 자신의 경향성을 거역하면서, 이성이 최선이라고 지시하는 바를 순수하게 따르는 데"(§33) 있다.

많은 부모들은 어이없게도 아이들이 기가 꺾여서는 안 되며, 어린아이가 나쁜 짓을 해보아야 크게 유해할 것도 없으므로, 약간의 규범 위반은 귀엽게 봐주어야 한다고 생각한다.(§34 참조) 그러나 세 살 버릇 여든까지 간다고, 버릇없이 자란 아이는 차츰 하고 싶은 것이 무엇이든 이루지 못하면 직성이 풀리지 않게 된다. 그제서야 부모들은 "자신이 독을 풀어놓은 샘물의 물맛이 쓰다고 놀라"(§35)지만, 이미 그 샘물은 더 이상 마실 수 없는 것이 되고 만다. 어린아이의 정신은 연약하고 유연해서 올바른 방향으로 이끌기도 쉽지만, 또한 쉽게 오염되기도 한다. 유년기의 좋은 품성 함양 여부가 일생의 인격을 결정한다.

"모든 덕과 탁월함의 원리는 이성이 승인하지 않는 자기 자신의 욕망들을 스스로 이겨내는 힘에 있다."(§38) "이 힘은 습관에 의해 획득되고

강화되며 어린 시기의 실천에 의해 쉽게 익숙해진다."(§38)

아이들에게 필요한 물건은 주되, 아이가 떼를 쓰면서 달라고 보채는 물건은 절대로 주어서는 안 된다.(§38 참조) 아이들이 달라고 울며 떼를 쓰는 것은, 그들이 울면서 떼를 쓴다는 바로 그 이유 때문에 결코 주어서는 안 되는 것이다.(§39 참조) 아이들은 요람에 있을 때부터 자신의 욕망을 억제하고, 제아무리 갖고 싶은 것이라도 얻을 수 없다는 것에 익숙해져야 한다.(§38 참조) 아이에게 자유와 방종은 좋은 것일 수가 없다. 아이들은 판단력이 부족하기 때문에 억제와 훈육이 필요하다. 그러나 반대로 이미 자신의 이성의 인도를 받을 수 있는 연령에 이른 자식을 우격다짐한다거나 가혹하게 대하는 것은 오히려 부모의 권위를 깎는다.(§40 참조) 자식들이 성년이 되면 부모는 자식을 자신과 똑같은 감정과 욕망을 가진 이성적 동물로서, 대등한 인격체로 대해야 한다.(§41 참조)

아이들에게 훈육이 필요하다고 해서, 매질과 같은 노예적 체벌을 가하는 것은 아이를 현명하고 선량한 사람으로 교육하는 데는 적절하지 않다. 체벌은 반복되면 자칫 아이들의 수치심을 마모시킨다.(§60 참조) 이러한 방법은 극단적인 경우에만 극히 제한적으로 사용되어야 한다. 반대로 아이들의 환심을 사기 위해 상을 주는 방식도 신중하게 피해야 한다. 이렇게 되면 아이들에게는 자칫 보상을 받고 쾌락을 얻기 위한 수단으로 행위를 하는 성향이 생긴다.(§52 참조)

그릇된 행위를 했다 해서 자주 꾸지람을 하거나, 그것도 감정적인 질책을 하게 되면 오히려 아이들의 반감을 일으킨다.(§77 참조) 그 대신에 아이들이 착한 일을 했을 때는 칭찬과 경의를 표해주고, 그릇된 일을 했을 때는 냉정하고 무시하는 표정을 지으면 그것으로써 아이들은 명예를 귀하게 여기고, 자신의 잘못을 수치스럽게 여기는 성향을 얻게 되어, 덕으로 향하는 길을 걷게 된다.(§§57~58 참조) 아이들로 하여금 차분하고 진솔한 성품을 갖도록 하려면, 아이들이 육체적 고통보다는 자신의 잘못에 대한 수치심과 그에 수반하는 불명예를 더 두려워하도록 해야 한다.

그러나 아이가 고집(stubbornness)을 부리고 막무가내로 불복종(obsti-nate disobedience)하는 경우에는 완력과 매질을 해서라도 다스려야 한다. "이에 대해서는 다른 교정법이 없다."(§78)

다만, 아이들에게는 그들의 체력과 정신력으로 감당할 수 있을 만한 일들을 하도록 해야 하며, 응당 해야 할 일이면 처음에는 서툴더라도 반복훈련을 시켜 종내에는 습관이 배도록 해야 한다. 그러나 아이들에게 부과하는 규칙의 수는 "가능한 한 적게"(§65) 하는 것이 좋다. 규칙이 너무 많으면 자칫 상벌의 횟수가 너무 많아지거나, 상벌 없이 그냥 넘기는 경우가 자주 발생함으로써 규칙의 의미가 퇴색하게 되고, 이는 아이들에게 규칙에 대한 엄정한 의식을 가질 필요가 없도록 만든다.

"덕은 세계에 대한 지식보다 얻기 어려운 것이다."(§70) 어린 시절에 가장 많은 시간과 노력을 기울여야 할 것은 도덕 원리와 덕의 실천을 몸에 익히는 일이다. 나이가 들어가면서 지식은 늘 수 있지만, 오히려 덕은 줄어들기 쉽다. 그러므로 어린 시절에 덕성의 뿌리를 깊이 내려 덕의 체화가 있으면, 쉽게 탈선하지 않는다. 교육에 있어서 어렵지만 가치 있는 사항은 덕성의 함양이다. 덕이야말로 "굳건하고 실체적인 선"(§70)이다. 덕성의 함양을 위해서는 어린 시절의 가정교육이 더 성장한 후의 학교교육보다 더 중요하다.(§70 참조)

유년기의 아이들은 인생의 어느 시기보다 활기차고 분주하다. 자기가 할 수 있는 것이면 무엇이든 신나서 한다. 그것은 그들이 하는 것이 놀이이고, 또한 그 놀이를 자유롭게 해도 무방하기 때문이다.(§76 참조) ─ 이러한 사실과 성향은 아이들로 하여금 '일'을 어떻게 하도록 이끌어야 하는지의 단서를 제공한다. 공부든, 일이든 놀이처럼 자유롭게 하도록 할 때 아이들은 재미있어 하고 기쁜 마음으로 한다.

아이들은 말하기를 시작하자마자 추론적 사고를 이해한다. 그리고 아주 어릴 적부터 자기가 "이성적 피조물[존재자]"로 대해지는 것을 좋아한다.(§81 참조) 그러므로 아이들에게 무엇인가를 지시하고 명령하거나 금지할 때, 합리적으로 하지 않으면 아이들은 수긍하지 않는다. 아이들이 충분하게 이해하지 못할 때는 시범을 보이거나 실례를 보여주는 것도 좋은 방법이다. 아이들에게 옳고 선한 것을 가르치고자 한다면, 부모 자신이 바른 행실을 하지 않으면 안 된다.(§82 참조)

아이의 패악적인 성향은 처음 관찰된 순간에 아이들이 제 잘못을 깨닫도록 확실하게 경고해야 한다. 아이들의 잘못을 방치하면 나중에는 잡초처럼 무성해져서 당초에는 호미로 할 일을 곡괭이까지 들이대도 그 뿌리를 뽑지 못한다.(§§84~85 참조)

고의로 공부하기를 게을리하거나 부모가 선의로 시키는 일을 능히 할 수 있음에도 하지 않는 아이는 매질을 해서라도 바로잡아야 한다. 체벌까지 가하면서 여러 차례 최고로 엄한 벌을 내렸는데도 아이가 개선될 기미를 보이지 않는다면, 그런 아이를 둔 부모는 불행한 일이지만 "그 아이를 위해 기도하는 것 외에 무엇을 더 할 수 있을지"(§87) 모르겠다.

가정교육

"부모의 주요 임무는 아이에게 바른 태도를 갖게 해주고 건전한 정신을 함양시켜주는 것이다. 좋은 습관과 덕성 그리고 지혜의 원리를 심어주고, 조금씩 인류에 대한 식견을 제공하며, 탁월하고 칭송할 만한 것을 사랑하고 자신도 그것을 따라 하려는 마음을 심어주는 것이다. 그리고 이런 것들을 실행하는 데 필요한 끈기와 적극성 그리고 근면성을 길러주는 것이다."(§94) 그렇게 해서 아이가 나태해지는 것을 방지하고, 애써 노력하는 습관을 갖게 하고, 그 자신의 노력으로 무엇인가를 완성해가는 것의 재미를 느끼게 해주는 일이 중요하다.

훌륭한 몸가짐, 덕성, 근면함 그리고 명예에 대한 사랑에 대해서는 아무리 많이 가르쳐주더라도 지나치지 않다. 만약 아이들이 이런 것만 갖춘다면, 그가 필요로 하거나 욕구하는 다른 것들도 머지않아 갖게 될 것이다.

세네카(Seneca, ca. BC 4~AD 65)가 잘 지적했듯이 오늘날 "우리는 생을 위해서가 아니라 학교를 위해서 배우고 있다." 지금 "우리의 교육은 우리를 세상보다는 대학에 더 맞추고 있다."(§94) "라틴어나 프랑스어, 또는 논리학이나 철학의 무미건조한 약간의 체계"보다는 세상에 나갔을 때 가장 유용하고 가장 빈번하게 쓰일 것을 익히도록 해주어야 한다. 아이들은 모든 것을 다 배울 시간과 힘이 없으므로 가장 필요한 것에 최대한의 노력을 기울이도록 할 일이다.

가정교육에서는 부모의 역할이 중요하다.

아이를 너그럽고 따뜻하게 대해주고, 특히 착한 일을 했을 때는 충분히 칭찬해주고 자상하게 대해줌으로써 아버지가 자신을 사랑으로 보살펴주고 있음을 아이가 느끼도록 해야 한다.

아이가 아주 어렸을 때는 아버지의 근엄한 눈빛도 효과적인 교육 수단이 되지만, 아이가 성장해감에 따라 일방적인 충고보다는 다정한 대화를 나누고, 아이가 이해하고 있는 사안들에 관해서는 오히려 조언을 구하고 상의를 하는 편이 더 좋다. "더 일찍 자식을 하나의 사람으로 대하면 대할수록, 자식은 그만큼 더 일찍 사람이 된다."(§95)

부자간의 친밀한 우정(friendship)은 가정적으로나 사회적으로 매우 중요하다. 서로의 관심사나 사업에 관해서 자주 허심탄회하게 의견을 나누다 보면 상호 간에 신뢰가 쌓여간다. 아버지와 아들이 "언제든지 의지하고 편하게 조언을 구할 수 있는 든든한 벗"(§96)이 되는 일처럼 좋은 것은 없다.

아이가 상담을 청할 때 사안이 아주 위중한 것이 아니라면, 부모는 어디까지나 "경험이 풍부한 친구의 입장에서 해야 한다. 결코 명령하거나 권위를 내세워 충고해서는 안 되고, 동년배나 낯선 사람에게 하듯이 해야 한다."(§97) 부모가 명령조나 충고조로 상담에 응하면 아이는 부모에게 다시는 상담을 청하지 않을 것이다. 부모는 아이의 마음에서 부모에 대한 존경심이 강요에 의해서가 아니라 자연스럽게 우러나오도록 해야 한다.

아이의 품성과 교육적 대응

사람의 타고난 기질이나 지배적인 성향은 후천적인 지도나 교정으로 그다지 고쳐지지 않는다. 공포심이나 열등의식에서 비롯하는 저열한 성향은 특히 그러하다. 그 때문에 갓난아기 때부터 아이의 마음을 세심히 보살펴 아이의 경향이 어떠한지를 알아서 아이가 성장한 후에도 이를 잘 활용하여야 한다.(§102 참조)

아이들은 근본적으로 자유로운 것을 좋아하며, 더 나아가 지배욕이 강하다.(§103 참조) 그래서 뭐든 자기 뜻대로 하고자 보채고 투정을 부리며, 가까운 사람들을 자기 의사대로 부리려 하고(§104 참조), 마음에 드는 물건은 자기 것으로 만들려 한다. 사람은 아주 일찍부터 권력(power)과 권리(right) 행사를 좋아하는 것이다.(§105 참조)

아이의 자연적 필요욕구는 충족시켜주어야 한다. 호라티우스(Quintus Horatius Flaccus, ca. BC 65~8)가 지적했듯이 인간이 자연적으로 필요한 "사물이 거부당하면, 인간의 자연본성이 고통을 당한다."(Horatius, *Sermones*, I, I, 75) 그러나 아이의 기호적인 욕구(wants of fancy)는 아이가 달라고 조르고 울면서 보채더라도 "절대로 만족시켜주면 안 된다." (§107) 아이에게 필요한 옷은 제공하되, 아이가 이런 색깔 옷, 저런 소재의 옷을 요구하는 것을 결코 들어주어서는 안 된다. 그렇게 함으로써 아이가 어린 시절부터 자기의 기호나 성향 또는 욕망을 억제하는 기술과 습성을 갖도록 해주어야 한다. "그렇게 해서 아이들은 일찍부터 자신의 경향성들에 굴복하기 전에 자기의 이성에게 자문을 구하고 이성을 사용하는 습관을 들여야 한다."(§107) 아이들은 갈망하는 것을 상실해가는 과정에서 겸손과 인내심을 배우게 된다. 그런데 부모 중 한쪽이 거절한 것을 다른 쪽이 쉽게 제공하거나, 부모가 거절한 것을 주변 사람 누군가가 제공한다면, 저러한 응대들은 오히려 교육적 역효과가 날 수 있으므로, 각별히 주의해야 한다.

아이가 자라 "자기 안에서 이성이 말하기 시작하는 때"(§108)부터는 상응하는 자유를 주는 것이 좋다. 아이들은 호기심이 많다. 그중에서도 아이들의 지적 호기심은 조심스럽게 북돋아주어야 한다.(§108 참조) 아이들이 어떤 질문을 던지든 언짢은 기색을 보이거나 가소롭게 여기지 말고 그 나이와 역량에 맞춰 알기 쉽게 대답해주어야 한다.(§118 참조) 사람은 기본적으로 지적 욕구가 있으며, 자신의 질문이 의미 있게 받아들여지거나 칭찬을 받게 되면 지적 욕구는 더욱 고무된다. 주위 사람들이 있을 때 좋은 질문을 하거든 특별히 칭찬해주어 아이를 돋보이게 만들어주면, 누구나 가지고 있는 허영심과 자존심이 충족되어 아이는 공부하는 것을 유익하게 여길 것이다.(§119 참조) 때로는 아이들에게 새로운 것을 보여주어 호기심을 자극하는 것도 좋고, 혹시 아이들이 알아서는 안 되는 질문을 던지면, 거짓으로 대답하거나 어물쩍 넘기는 것보다는 솔직하게 그런 것을 아직 알아서는 안 되는 것이라고 말해주는 편이 좋다.(§121 참조) 아이들의 지적 호기심이 이성 개발로 이어진다면 교육적 효과는 최상이 된다. "이성은 우리 마음의 최고의 중요한 능력으로서 그것을 개발하기 위해 최대의 배려와 주의를 기울일 가치가 있다. 우리의 이성을 올바로 향상시키고 올바르게 사용하는 것은 인간이 일생을 걸쳐 이룩할 수 있는 최고의 완성이다."(§122)

오락(recreation)은 아이들에게는 일이나 음식만큼 필요한 것이고, 또 아이들이 자유롭게 노는 중에 아이의 타고난 기질이나 성향, 적성과 재능 등이 드러나기도 하므로, 가급적이면 아이들이 마음껏 놀도록 해주어야 한다. 다만 유용한 놀이는 긴 시간을 두고 하도록 하며 한꺼번에 너무 많이 하여 싫증이 나버리게 해서는 좋지 않다.(§108 참조)

함께 사는 아이들은 서로 지배권을 깃기 위해 씨우는데, 이런 싸움은 반드시 중지시켜야 한다. 싸움보다는 서로 가능한 한 최대로 존중하고 예의를 지킴으로써 서로 사랑과 존경을 받을 수 있도록 일깨워주어야 한다.(§109 참조)

한 아이가 다른 아이를 부당하게 괴롭히는 것을 목격할 때는, 피해자 아이가 보지 못하는 곳으로 가해자 아이를 데리고 가서 꾸짖은 후, 피해자 아이에게 가서 사과하고 배상을 하도록 해야 한다. 그렇게 하면 가해자 아이는 마치 스스로 반성하여 그리한 것처럼 행동할 것이고, 그런 경우 피해자 아이도 더 너그럽게 용서하는 마음이 생겨, 서로 간에 우정이 더 돈독해질 것이다.(§109 참조)

"남의 것을 탐내고 필요 이상으로 소유하고 지배하려는 욕망은 모든 사악의 뿌리이다."(§110) 그러므로 어렸을 때부터 베푸는 성품을 길러주어야 한다. 아이가 타인에게 호의를 보일 때 크게 칭찬해주고, 타인에게 친절을 베풀면 그 자신도 보상을 받는다는 점을 충분히 인식시켜주면 효과가 있을 것이다.(§110 참조)

아이가 후하게 베푸는 일은 장려할 만하지만, 그것이 정의의 원칙을 벗어나지 않도록 주의해야 한다. 어린 시절부터 합리적인 처사에 습성이 배도록 해야 한다. 처음에 미미한 부정도 자칫 큰 부정행위로 자라날 수 있다.(§110 참조)

또한 남의 물건을 부정한 방법으로 손에 넣으려는 처사처럼 수치스러운 악행은 없으므로, 아이들이 어려서부터 이러한 행위를 몹시 혐오하도록 하는 것이야말로 아이가 영예롭게 살아갈 수 있도록 하는 확실한 방법이다. "습관은 이성보다 훨씬 더 지속적이고 용이하게 작용한다. 우리는 가장 이성적일 필요가 있을 때조차 이성에 문의하는 일은 드물고, 이성의 말을 따르는 일은 더욱 드물다."(§110)

아이들이 소리쳐 우는 것을 허용해서는 안 된다. 아이들은 대개 자기 고집을 관철시키기 위해서 발버둥치며 큰소리로 울거나, 불만에 차서 칭얼거리며 흐느껴 운다.(§111 참조) 아이들이 울음을 자기 의사를 관철시킬 수단으로 사용하고자 할 때는 그러한 수단이 전혀 아무런 효과가 없다는 것을 분명하게 인식시켜야 한다.

신체적인 작은 고통이나 어떤 불쾌감으로 인해 울음을 터뜨릴 때도 동정해서는 안 된다. 사람은 한평생 살아가면서 수많은 작은 고통들을 겪기 마련이므로, 웬만한 상처에 예민하게 반응하는 것은 자칫 나약한 습성으로 이어질 수 있다. "마음이 굳건하고 덤덤함은 우리가 살면서 부딪치게 되는 일상적인 재난과 우발적인 사고들에 대해 우리가 가질 수 있는 최상의 갑옷이다."(§113) 이러한 기질은 습관과 단련을 통해 닦아지는 것이므로, 아이는 어려서부터 유약해지지 않도록 교육받음으로써 행복하게 사는 성인이 될 것이다.

작은 재난에 공포를 느끼거나 충분히 위험한 것에 대해서 지나치게 대담한 무모함은 결코 이성적인 반응이 아니다. 이러한 기질의 아이들에게는 그들이 이성의 소리에 귀기울이도록 세심하게 보살펴서, 참다운 강인함(fortitude)을 갖도록 해야 한다. 참다운 강인함은 "어떤 재난이 가로놓이고 위험이 닥쳐도 침착하게 자신을 유지하고, 흔들리지 않게 의무를 수행함"(§115)이다. 이러한 강인함을 갖게 하기 위해서는 소심함을 벗어나 담대한 품성을 얻도록 해야 하는데, 아이들이 주어지는 과제에 과감하게 도전하는 습성을 길러주는 것이 좋다. "담력(hardiness)은 적당한 기회가 있을 때마다 습관적으로 사용해봄으로써 아이들의 몸에 배도록 해야 한다."(§115)

사람은 누구나 인간애(humanity)의 감정을 가져야 하며, 이러한 감정은 어렸을 때부터 함양되어야 한다. 그 첫걸음은 자기보다 열등하게 보이는 사람들에게도 예의바르게 대하는 태도를 갖추도록 하는 일이다.(§117 참조) 거만한 언사, 오만한 태도는 결코 우월성의 징표가 아니다. 이러한 것은 사람들을 경멸하는 행동으로, 결국은 그 자신을 망치게 될 것이다.

어떤 일에도, 공부뿐만 아니라 놀이에 대해서조차 흥미가 없고 무기력하고 무성의하며 빈둥거리는 성격은 아주 나쁜데다기, 이것이 타고난 성격일 경우에는 개선하기도 쉽지 않다. 그나마 아이가 마음을 쏟는 어떤 것이 있는지 유심히 살펴 발견되면, 그것에 대한 욕구를 키워주는 일부터 시작해서 개선을 시도해볼 수 있다.(§126 참조) 그러나 그마저도 여의치 않을 경우에는 계속 바쁘게 움직이지 않을 수 없는 육체 노동을 시켜 게으름을 피울 여지가 없이 주어진 시간 내에 과제를 끝내도록 강제한다. 그러다가 공부를 좀 하면 육체 노동을 일부 면제해주는 방식으로 습관을 바꿔가는 시도를 해봄직하다.(§127 참조)

아이들은 보통은 아무것도 하지 않고 가만히 있는 것을 싫어한다. 아이들은 대개 바쁘게 움직이는 것을 좋아하는데, 이를 잘 활용하여 바람직한 일을 즐거이 하도록 지도하는 것이 좋다.(§129 참조) 놀이할 때 장난감이 필요하기는 하지만, 한꺼번에 너무 다양한 장난감을 사주는 것은 권할 만한 일이 못된다. 가능하다면 아이가 스스로 장난감을 제 손으로 만들어 놀 수 있게 하는 것이 좋다.(§130 참조) 아이들이 하는 놀이와 오락은 아이들에게 깊은 인상을 남기고 또 습관으로 이어지는 것이 상례이므로, 그 경향성을 잘 살펴야 한다.

아이들이 성장하는 과정에서 특히 주의해야 할 바는 거짓말하는 습성이 생기지 않도록 하는 것이다. 거짓말은 거의 모든 사람에 의해 실수나 실책을 은폐할 수 있는 값싼 수단으로 광범위하게 사용되고 있기 때문에 아이들도 쉽게 보고 배울 수 있는 것이다. 그러나 인간 사회의 거의 모든 악은 거짓말에서 시작되므로, "아이들로 하여금 거짓말을 극도로 혐오하도록 가르쳐야 한다."(§131) 아이가 거짓말하는 것을 발견할 때는 정말 못 볼 것을 본 것처럼 경악하고, 매섭게 야단을 쳐야 한다. 거짓말이 반복될 때는 가차 없는 처벌을 내려야 한다.

아이들은 잘못이 드러나는 것을 두려워해 변명을 늘어놓는 경우가 있는데, 변명은 거짓말로 이어지기 십상이므로, 변명이 습관화되지 않도록 조심스럽게 응대해야 한다. 변명이나 거짓말은 결국 드러나 망신을 당하는 반면에, 솔직하고 정직하게 행동하는 것은 더 큰 상급을 얻는다는 사실을 인식시켜주어야 한다.(§132 참조)

자질 교육

덕성(virtue), 지혜(wisdom), 교양(breeding), 학식(learning)을 사람의 기본적 자질(endowments)로 꼽을 수 있겠다. 그래서 아이들의 교육은 이러한 자질 함양에 역점을 두어야 한다.(§134 참조)

신사이기 위한 첫째의 필수적인 자질이라 할 수 있는 덕성이 없는 사람은 "이승에서나 저승에서나 행복하지 못할 것이다."(§135) 덕성의 기초는 "신에 대한 참된 개념(notion)"이다. 신은 만물의 창조자이자 조물주로서 모든 선한 것이 그로부터 비롯하는 것인 만큼 아이들에게는 일찍부터 최고 존재자이자 절대자인 신에 대한 "사랑과 공경"의 마음을 심어주어야 한다. 어린 시절에는 신의 불가해한 본질과 존재에 관해 이것저것 묻고 혼란스러워하는 것보다는 세상을 주재하는 은혜로운 신을 경배하고 제 나이에 맞는 방식으로 기도하게 하는 것이 덕성 함양에 더 도움이 된다. (§136 참조)

세상사가 신의 보살핌 아래 있다는 것이 각인되면 사람은 정직한 삶의 방향으로 나아간다. "아이에게 스무 가지 잘못을 범하는 것보다 한 가지 잘못을 덮기 위해 진실을 왜곡하는 것이 더 용서받을 수 없는 일임을 알게 하자."(§139) 모든 정의롭지 못한 짓은 자신에 대한 너무 많은 사랑과 타인에 대한 너무 적은 사랑에서 나온다.

아이가 성장함에 따라 타고난 기질이나 성향이 차츰 드러나므로 유의해서 관찰하여, 곧은 성향은 육성하고, 비뚤어진 성향은 교정해야 한다. 누구나 기질상 비뚤어진 성향이 있기 마련인데, 이러한 편향(bias)을 "제거하거나 *균*형을 맞춰주는 것이 교육이 해야 할 일이다."(§139)

지혜란 "사람이 이 세상을 살아가면서 자신의 일을 훌륭하게 그리고 선견지명을 가지고서 처리해감"(§140)을 일컫는 것으로, 좋은 선천적 기질과 마음을 쏟은 많은 경험이 함께한 결과이다. 그러니까 이러한 지혜란 아이들에게는 아직 기대할 수 있는 것이 아니다. 그러나 지혜로운 아이로 키우기 위해서 우선 유념해야 할 것은, 아이가 교활해지지 않도록 하는 일이다. 교활함은 외면상 지혜와 유사하나 실상은 지혜와 거리가 가장 먼 것이다. 교활함에는 늘 온갖 거짓이 뒤범벅되어 있다.

지혜를 얻기 위해서는 시간과 경험이 필요하고, 진실함과 성실함이 몸에 배어야 하며, "이성에 대한 복종"과 "자기 자신의 행동에 대한 반성"(§140)이 뒤따라야 한다.

교양 내지 예절(breeding)의 요체는 자신을 비하하지 않고, 타인을 멸시하지 않는 일이다.

자신을 비하하는 것과 겸손은 다르다. 겸손은 하되 자신을 비하하거나 비굴해서는 안 된다. 매사에 자신감을 갖고 임하되, 주위 사람들에게 적절한 경의를 표하는 마음 자세를 익혀야 한다. 타인을 거칠게 대하거나 경멸하거나 헐뜯거나, 남의 말꼬리를 잡는 짓은 교양이 없다는 대표적 징표이다.(§143 참조)

남들과 교제할 때는 상대방에 대해 합당한 예의와 존경을 표해야지 과공(過恭)이나 아첨 또는 위선은 오히려 비열한 짓이 된다.(§144 참조)

어린아이들에게 일찍부터 예의범절이 몸에 배도록 교육할 일이나, 그로 인해 아이가 형식에 억눌리게 되면 성장해서 오히려 반발심이 발동하여 무례하게 될 수도 있으니 조심해야 한다.(§145 참조)

아이들의 교육에서 대부분의 부모들은 학습(learning)을 가장 중요한 것으로 여기지만, 학식 있는 자보다는 덕 있는 이나 지혜로운 이가 더욱 존경받아야 한다. 학식은 덕 있는 이에게는 큰 도움이 되지만, 패악스러운 자에게는 더욱 나쁘게 될 도구가 된다.(§147 참조) 그러기에 좋은 학습을 위해서는 아이들에게 예절 교육을 선행해야 하고, 선생은 아이의 순수함을 보존하면서 장점은 북돋우고, 단점은 부드럽게 바로잡아 주면서, 아이가 자기 주도로 학습해나가는 습성을 길러주어야 한다.(§147 참조)

"아이가 말을 하게 되면 읽기를 배울 때가 된 것이다."(§148) 그러나 아이들에게 읽기를 의무라거나 과제가 아니라 놀이라고 여기도록 해야 효과적이다.(§155 참조) 아이에게는 억지로 가르치려 드는 것보다는 배움이 없으면 나중에 커서 사람들에게 업신여김을 받고, 천덕꾸러기로 살게 될 것임을 인지시켜 스스로 분발하도록 하는 편이 좋다.(§148 참조) 이렇게 해서 아이가 글 읽기를 터득하게 되면 우선 쉽고 재미있는 책을 손에 쥐어주되, 그러나 "아이의 머릿속을 숫제 쓸모없는 잡동사니로 채우거나 거기다 사악하고 어리석은 원리들을 깔아주는"(§156) 것이어서는 안 된다. 그래서 초기에는 『이솝 우화』 같은 책이 권장할 만하다.(§156 참조) 그리고 주위에 있는 사람들이 아이와 더불어 때때로 아이가 읽은 책의 내용에 관해 대화를 나눈다면, 아이의 독서 습관 형성과 동기 유발에 상당한 효과가 있을 것이다.(§156 참조)

주의 기도문(『마태오복음』 6, 9~13), 사도신경, 십계명(『출애굽기』 20, 3~17 참조)은 완벽하게 외우도록 해야 한다. 이것들은 아이가 아직 문자를 깨치기 전에 구술을 따라서 외우도록 하는 편이 더 좋다.(§157 참조) 외우기와 읽기는 별개의 것이다. 그러나 읽기를 깨치고 난 뒤에, 또는 읽기 연습을 겸해서 성경을 처음부터 읽히는 것은 올바른 성경 독서가 아니다. 성경 가운데는 아이들이 이해하기 어려운 대목도 두루 섞여 있기 때문이다. 아이들에게는 성경의 가장 평이하고 기초적인 부분, 예컨대 다윗과 골리앗의 싸움 이야기나 다윗과 요나단의 우정 이야기(『사무엘 상』 17~20 참조), "너희는 남에게 바라는 대로 남에게 해주어라."(『마태오복음』 7, 12: 『루가복음』 6, 31)와 같은 도덕규범들을 읽고 생각하게 하는 정도가 추천할 만하다.(§§158~159 참조)

읽기 공부가 어느 정도 수준에 이른 후에 쓰기 공부를 시작하는 것이 좋다. 펜을 바르게 잡는 법을 익히게 하고, 사람은 차츰 글자를 작게 써

가는 것이 상례이므로 처음에는 글자를 크게 쓰게 하는 것이 좋다.(§161 참조)

아이가 글자를 능숙하게 쓰는 수준에 이르면 그림도 그리게 함으로써 손을 잘 쓰도록 단련시키는 것이 더욱 좋다. 그러나 아이가 소질이 없다면 억지로 그림 그리는 훈련을 시킬 필요는 없다. 사는 데 반드시 필요한 것이 아니라면, 소질이 없는 것을 억지로 하게 하여 아이를 괴롭힐 일이 아니다. 일찍이 호라티우스도 "미네르바에 거역하는 일은 하지도 말고 말하지도 말라(Tu nihil inuita dices faciesue Minerua)."(Horatius, *Ars Poetica*, 385)고 했듯이 재능이 없는 일은 굳이 할 일이 아니다.(§161 참조)

언어 교육은 쉬운 것에서 시작해야 한다. 아이들에게 어려운 문법 문제를 던져주어 쩔쩔매게 할 필요가 없다. 언어는 기계적인 암기와 기억과 습관으로 익히는 것이지 문법 규칙에 따라 배우는 것이 아니다.(§168 참조) 그래서 언어 교육은 일상에서 사용하는 모국어를 최대한 정확하게 사용하고 이해하는 데에 초점이 맞춰져야 한다.(§167 참조)

"아이들의 마음은 좁고 연약해서 보통은 한 번에 한 가지 생각밖에 수용하지 못한다."(§167) 그래서 아이들은 일단 무엇인가를 생각하기 시작하면 그 생각만으로 머리가 가득 찬다. 그런데 아이들은 호기심이 많아 새롭고 신기한 것이 나타나면 금방 또 그 생각으로 옮겨간다. 그러니까 한 번에 한 가지밖에 생각하지 못하는 아이는 관심이 이것저것으로 옮겨가 산만하다.(§167 참조) 그러므로 아이가 산만하게 굴 때 윽박지르거나 매질을 하여 한 가지 일에 몰두하게 하고자 하면, 그런 방법은 오히려 역효과를 낼 수도 있다.

"자기 생도의 주의를 끌고 그것을 유지하는 것이 교사의 위대한 기술이다."(§167) 이러한 기술이 없으면 교사로서는 자격미달이다. 교사는 자신이 가르치는 모든 것을 아이들이 유쾌하게 배울 수 있도록 해야 한다.

부주의, 잘 잊어버림, 생각이 불안정하고 산만함은 유년기의 자연스러운 결함이므로, 고의적인 경우가 아니라면, 부드럽게 타이르면서 시간이

해결해주기를 기다려야 한다. 교사는 생도들 마음에 외경심을 심어주되 동시에 생도가 교사의 온화함과 자애로움을 느끼게 만들어야 한다.

언어 교육이 어느 정도 진척이 되면, 지리학, 산술, 천문학, 기하학, 연대, 역사 등을 가르치는 것이 좋다.

지구의 형태, 각 대륙과 국가의 위치, 국가 내에서 내가 사는 지역의 위치 등을 알아가면서 세상 사람들의 삶의 모습을 알아가는 것은 아이가 세상을 아는 첫걸음이자 준비로서 안성맞춤이다. 아이는 세상을 알아가는 즐거움에 이끌려 학습에 젖어들고 또 각국 언어의 습득도 자연스럽게 이룰 수 있다.(§178 참조)

산술은 어린아이의 지력으로도 충분히 할 수 있고, 또 현실생활에서도 매우 유용하므로, 아이가 계산 기법에 숙달할 때까지 매일 연습시켜야 한다.(§180 참조) 또한 아이가 지리학 공부를 해가면서 지구에 대해 상당한 흥미를 가지게 되면, 천체에 대한 학습으로 넘어갈 수 있다. 지구의(地球儀)를 이용해서 하늘의 별자리의 위치를 가르친다. 별들의 위치와 관계를 가르쳐주면서 자연스럽게 기하학의 기초개념들에 대한 설명으로 넘어가면 효과적인 교육이 될 것이다.(§181 참조)

지리학을 가르치면서는 지상에서 일어난 큰 사건들의 연대를 함께 일러주어 역사 공부를 병행하는 것이 좋다. 사건은 어떤 때 어떤 장소에서 발생하는 것인 만큼 이러한 교육방식은 흥미 유발과 함께 사건에 대한 이해를 높인다. 인류의 행위들을 시간과 공간의 적절한 위치에서 파악하면 그 상호 관계들을 이해하기 쉽고, 이것은 결국 인류에 대한 이해를 향상시킨다.(§182 참조)

윤리 교육은 글공부를 통해서가 아니라 실천을 통해서 하는 것이 좋다. 도덕에 대한 지식 공부는 성서를 읽는 것으로 일단은 충분하며, "자신의 욕망을 만족시키는 대신에 명예를 사랑하는 것을 습관화"(§185)하는 것이 우선적으로 필요하고, 덕행이 어느 수준에 이른 후에 덕의 원리와 윤리학의 체계를 갖추기 위해 키케로(Cicero, BC 106~43)의 『의무론

(*De officiis*)』을 읽는 것은 무난하다. 더 나아가 푸펜도르프(Samuel Freiherr von Puffendorf, 1632~1694)의 『인간과 시민의 의무에 대하여(*De officio hominis et civis*)』(1673)나 『자연법과 국제법 8권(*De iure naturae et gentium libri octo*)』(1672) 또는 그로티우스(Hugo Grotius, 1583~1645)의 『전쟁과 평화의 법(*De jure belli ac pacis*)』(1625)을 독서함으로써 인간의 자연권과 시민사회의 기원 및 시민의 의무에 대한 개념을 갖도록 하는 것이 권장할 만하다.(§186 참조)

자연과학에 대한 기초교육도 필요한데, 이를 위해서는 뉴턴(Newton, 1642~1727)의 저서 『자연철학의 수학적 원리(*Philosophi Naturalis Principia Mathematica*)』(1687)만한 자료가 없다. 물체 일반에 대한 제1의 원리로부터 자연과 우주, 지구와 지구상에서 관찰될 수 있는 중요한 현상들을 설명하고 이해하는 것은 신사의 교양에서 빼놓을 수 없는 것이다. (§194 참조)

기타 교양 교육

신사에게 필요한 소양은 글공부에서만 얻어지는 것이 아니다. 운동과 사교를 통해서도 배양되는 것이니, 춤(§196 참조), 음악(§197 참조), 승마(§198 참조), 펜싱(§199 참조) 등이 그러한 것이다. 그 밖에도 그림 그리기(§203 참조), 원예와 목공(§204 참조), 부기(簿記) 같은 것도 익혀두면 좋다. (§§210~211 참조) 아이로 하여금 해외여행을 하게 하여 외국어를 익히고, 세상의 여러 가지 풍물과 사람 됨됨이를 알고 배우게 하는 것 또한 권할 만한 일인데, 적절한 시기를 택해 하는 것이 좋다. 언어를 익히는 것을 주목적으로 한다면, 일곱 살에서 열네댓 살 사이에 해외에 보내는 것이 좋을 것이다.(§§212~215 참조)

맺음말

교육에 있어서 가장 중요한 것은 아이가 "자신의 성향을 극복하고 자신의 욕구를 이성에 복종시키는 것을 가르치는 일"(§200)이다. 이를 꾸준히 실천하여 습관이 되게 만들면 사실상 교육의 기본 과제는 완수한 것이다. 그리고 아이가 21세에 다달아 성년이 되어 결혼하면, 그것으로써 교육은 끝난다.(§215 참조)

루소의 『에밀』[5] 개요

제1권 유년기의 양육

교육 일반 서론

"모든 것은 창조자의 손에서 나올 때는 선한데, 인간의 손 안에서 모두 타락한다."(p. 399) 들풀이든 송아지든 인간은 자연대로 놓아두지를 않는다. 자기 뜻대로 옮겨 심고, 멍에를 씌운다. 그러나 인간은 어린 식물에 물을 주어 잘 가꾸기도 하니, 식물이 재배를 통해 가꾸어지듯, "인간은 교육(l'éducation)을 통해 만들어진다."(p. 400)

인간은 세 종류의 교육에 의해 성장한다. "우리의 능력들과 기관들의 내적인 발달은 자연의 교육이다. 그 발달을 이용하도록 우리에게 가르치는 것은 인간의 교육이다. 그런가 하면 우리를 촉발하는 대상들에 대한 경험 획득은 사물의 교육이다."(p. 400) 이 가운데서 인간의 의사대로 할

---

5) Jean-Jacques Rousseau, *Émile, ou De l'éducation*(Amsterdam 1762), in : Œuvres complètes de J.-J. Rousseau, tome II : La Nouvelle Héloïse, Émile, Lettre à M. de Beaumont, A. Houssiaux, 1852–1853. 김중현 역, 『에밀』, 한길사, 2003 / 민희식 역, 『에밀』, 육문사, 2006 참조.

수 있는 것은 "인간의 교육"뿐이다.

교육은 신분에 맞게 행해져야 한다. 그런데 "자연의 질서 안에서 인간은 모두 평등하므로, 인간의 공통의 천직은 인간이라는 신분이다."(p. 403) 그러므로 교육의 일차적인 목표는 사람됨을 길러주는 일이다. 그 첫 단계는 삶에서 선과 악을 잘 감내할 수 있도록 양육하는 일이며, 그래서 초기 교육은 이론이 아니라 실천력의 단련에 중점을 두어야 한다.(p. 403 참조)

사람들은 흔히 아이들을 보호하려고만 하는데, 스스로 잘 살 수 있는 능력을 길러주어야 한다. 잘 산 사람이란 오래 산 사람이 아니라, 생을 잘 느끼는 사람이다. 아이로 하여금 사지와 기관과 감관과 능력들을 골고루 사용하면서 활동하도록 해주어야 한다.(p. 404 참조) 아이가 태어나자마자 사람들은 아이들을 기저귀를 채우고 배내옷으로 감싸서 자유롭게 움직일 수 없게 만든다. 모자까지 씌워서 머리마저 제대로 움직이지 못하게 만들기도 한다. "이는 자연에 반하는 관습이다."(p. 405) 아마도 아이가 세상에 태어나자마자 느끼게 되는 것은 이러한 속박에서 오는 고통과 아픔일 것이다.

어린아이를 어머니가 직접 보살피는 것은 어머니의 의무이자 자연의 이치에 맞는 일이다. 그러나 아이를 과도하게 감싸는 것은 "자연에 반"(p. 407)하는 것이다. 여기에서의 준칙은 "자연을 관찰하라. 자연이 당신에게 가리키는 길을 따라가라."(p. 407)이다. 자연은 온갖 종류의 시련으로 아이를 단련시킨다. 자연〔본성〕을 교정한다 하면서 자연의 작품을 파괴하지 않도록 주의할 일이다.

아이에 대한 아버지의 의무는 아이를 인류에 대해서는 인간다운 인간으로, 사회에 대해서는 사회적인 인간으로, 국가에 대해서는 시민으로 양육하는 일이다.(p. 407 참조) 이러한 의무를 다할 수 없는 사람은 아버지로서의 자격이 없는 것이다.

아이의 교사 곧 지도자(gouverneur)는 첫째로 "돈 받고 자신을 팔지 않는 인간"(p. 409)으로서의 자질을 갖추어야 한다. 부모보다 이러한 자질을 더 갖춘 이는 없으므로, 부모가 최선의 지도자가 될 수 있을 것이다. 부모를 빼고 아이의 지도자를 찾는다면, 아이의 지도자는 되도록 젊어야 하고, 아이의 친구가 되어 함께 오락을 즐기면서 아이의 신뢰를 얻을 수 있으면 좋다. 경험이 많을수록 일을 더 잘할 수 있으나, 그러면 나이가 많을 터인데, 아이들은 "결코 늙은이를 좋아하지 않는다."(p. 411)

초기 양육

"신체가 정신에 복종하기 위해서는 건강할 필요가 있다."(p. 412) "허약한 신체는 영혼을 약화시킨다."(p. 412) 그러나 아이의 건강을 의약에 의존하기보다는 위생에 유념하고, 채소 위주의 식사를 하며, 농촌의 맑은 공기를 향유하는 것이 좋다.(p. 416 참조) 아이는 처음에는 자연이라는 스승의 보살핌을 받으면서 자라고, 서서히 지성(entendement)이 작동을 시작한다.(p. 418 참조)

사람은 태어날 때 무지한 상태이고 신체적으로도 빈약하지만, 성장할 소질과 배울 수 있는 능력을 가지고 태어난다. 아이는 듣고 말하기 전부터 이미 배운다. "인간의 교육은 태어나면서부터 시작되는 것이다."(p. 418)

"아이들의 최초의 감각은 정서적인 것(affectives)이다. 그들은 기쁨(plaisir)과 고통(douleur)을 느낄 뿐이다."(p. 419) 그러나 보육 과정에서 습성과 습관이 생기고, 습관은 자연의 욕구에 새로운 욕구를 추가하는데, 이는 피해야 할 일이다. 아이의 신체에 자연적 습성이 남아 있도록 하고, 일찍부터 "자신의 자유를 지배하고 힘을 활용하는 것을 가르칠 일"(p. 419)이다.

어린아이는 기억력과 상상력이 아직 미약하기 때문에 감각으로 느낄 수 있는 것에 주의를 기울이고, 무엇이든 손을 대어 만져보고 싶어 한다. 팔을 뻗어 손을 대보면서 거리감각도 형성이 된다. 자주 산책을 시켜주면서 장소의 변화를 느끼게 해주면, 사물에 대한 감각을 통해 이해와

판단 능력을 기르게 될 것이다.(p. 420 참조)

목소리 언어는 족속마다 다르지만, 인간은 몸짓, 표정, 명확하게 음절화되지 않은 발음으로 의사 표시를 한다. 이것들이야말로 만인에게 공통인 "자연 언어(une langue naturelle)"(p. 421)이다. 아이는 여러 가지 울음소리로 자신의 상태와 욕구를 표현한다. 이를 잘 관찰하여 아이의 욕구에 적절히 대응해야 한다. 그런 과정에서 아이의 사회관계가 형성이 된다. 아이가 무엇을 바라는지도 모른 채 계속 운다고 윽박지르고 때리기까지 한다면, 아이의 의식에 억울함과 분노가 쌓이고, 매질이 두려워 울음을 멈춘다면 비굴함과 절망에 사로잡힐 것이다.(p. 421 참조) 아이의 최초의 울음은 부탁이고, 그 부탁을 들어주어야 함은 당연하다. 그러나 울부짖음은 이미 명령의 성향을 가지고 있으니, 이에서 "명령하는 버릇이 들지 않도록 하는 것이 중요하다."(p. 422)

"모든 조악함(méchanceté)은 약함에서 온다."(p. 422) 무엇이든 할 수 있는 사람은 악한 짓을 하지 않는다. 전지전능한 신은 그로써 이미 선함의 속성을 갖는 것이다. 아이가 악함으로 가지 않게 하기 위해서는 우선 강하게 길러야 한다. "이성(raison)만이 우리에게 선과 악을 인식하는 법을 가르쳐주거니와"(p. 422), 이성은 나이가 들어가면서 비로소 발달하므로, 이성이 생기는 나이 이전의 아이는 선악을 분별하지 못한 채 선행도 악행도 하기 때문이다.

아이가 커가면서 말을 배울 무렵에 주의해야 할 것은 말을 너무 서둘러 가르치지 말아야 한다는 점이다. 아이는 필요성을 느끼면 스스로 잘 말할 것이다. 물론 말을 너무 늦게 배운 아이도 말을 명확하게 못하지만, 너무 일찍 재촉을 받아 말을 배운 아이도 발음을 제대로 하지 못하고, 말의 의미도 충분히 인지하지 못한 채 말을 사용함으로써 먼 훗날까지도 말의 정확한 의미를 놓친다. 걷기 시작할 무렵에 말하는 것을 배우는 것이 자연스러운 성장이다.(pp. 427~428 참조)

제2권 아동기(5~12세)의 교육

말을 시작하면서 아이는 덜 운다. "하나의 언어가 다른 언어로 대체되었기" 때문이다.(p. 428) 의사를 말로 표현할 수 있는데 무엇 때문에 울겠는가. 그럼에도 우는 경우에는 말로 표현할 수 없는 고통이 있기 때문일 것이다.

그러나 사람은 고통을 감내하고 울음을 참아가면서 더 큰 고통을 이겨내는 법을 배우는 것이다. 아이가 때로 넘어져 다쳐 고통을 느끼는 것이 나쁜 것만은 아니다. 아이는 넘어지고 떨어지고 다치더라도 자유롭게 자라게 해야 도전 정신과 용기와 인내력이 길러진다.

또한 아이를 교정한다는 구실로 아이를 위협하고 속박하고 체벌해서는 안 된다. 천진난만한 아이들이 자유롭게 뛰노는 그 시기에 아이에게 필요한 것은 어른들의 관점에서의 관여나 제지가 아니라 자연 그대로의 아이에 대한 사랑이다. "아이의 놀이와 즐거움과 사랑스러운 본능을 애호하라."(p. 429) "아이는 아이로서 바라보아야 한다."(p. 430)

자연은 처음에 인간을 최선의 상태로 만들었다. 인간에게 자기 보존에 "필요한 욕구와 그 욕구를 충족시킬 만큼의 능력"을 주고, "나머지 능력은 필요한 경우 발달하도록 영혼 깊숙한 곳에 저장해놓았다."(p. 430) 인간은 자기 자신에 만족할 때, 곧 아무런 결여를 느끼지 않을 때 가장 강하고 따라서 행복하며, 인간 이상이 되고자 할 때, 다시 말해 결함을 크게 느낄 때 아주 약한 존재가 된다.(p. 431 참조) 모든 동물은 자기 보존에 필요한 능력만을 가지고 있는데, 인간은 "여분의" 능력을 가지고 있고, 이 여분이 곧잘 "불행의 도구"(p. 431)가 된다. '앞날을 걱정해서'라는 구실로 아이를 닦달하지 말라. "앞날에 대한 생각은 우리를 끊임없이 미래로 이끌어 우리가 전혀 이르지 못할 그곳에 우리를 자주 데려다 놓는다. 바로 그것이야말로 우리의 모든 불행의 근원이다."(p. 432) 인간은 자연이 정해준 곳에 머무를 때 건강과 행복을 얻는다.(p. 432 참조)

아이가 뛰고 싶어 할 때 뛰게 하고, 놀고 싶을 때 놀게 하고, 울고 싶을 때 울게 하라. 그러나 아이가 스스로 할 수 없을 것을 하고자 할 때는 그것이 자연의 필요인지, 일시적 변덕에 의한 것인지, 과도한 생명력으로 인한 욕망인지를 분별해서 응해야 한다.(p. 435 참조) "한 번 거절한 것은 절대로 번복하지 말라."(p. 435) 그러나 과도한 엄격함이나 지나친 관대함은 모두 피해야 할 것이다.(p. 435 참조)

아이를 가련하게 만드는 가장 확실한 방법은 아이가 모든 것을 손에 넣는 버릇이 들게 하는 것이다. 손에 쥐기를 원한 것을 그때마다 모두 획득하는 아이는 자신을 "우주의 소유자"라고 생각한다.(p. 436 참조) 종내 그런 아이는 어떤 친절에 대해서도 감사할 줄 모르고, 누가 반대라도 하면 분노를 억제하지 못한다. 분노에 지배당하고 격정에 시달리는 사람이 어떻게 행복할 수 있겠는가?(p. 436 참조)

아이가 철들기 이전에는 도덕이니 법이니 하는 추상적 관념을 표현하는 말을 피하고, 감각에 머물게 하며, 주위의 물리적 세계에 친숙하게 하라. 아이를 말로만 가르치려들지 말고, 경험을 통해 이해하게 하라. 아이가 잘못을 저지른다는 것이 무엇인지조차 인식하지 못하는 시기에는 벌을 준다는 것도 무의미한 일이다.(p. 439 참조)

아이의 방은 담백하게 꾸밀 일이다. 아이가 마음대로 가지고 놀고, 배치하고, 때로는 파손하더라도 문제가 될 것이 없는 물건들만 들여놓아라. 아이가 어지럽히거나 비싼 물건을 손상했다고 꾸짖지 마라. 그런 경우는 그러한 조건을 만든 어른이 오히려 질책받아야 한다.(p. 440 참조)

"인생에서 가장 위험한 시기는 출생부터 열두 살 때까지의 기간이다." (p. 440) 이때가 갖가지 착오와 패악이 싹트는 시기이지만 이를 방지할 마땅한 수단과 방법을 우리는 가지고 있지 못하다. 그래서 이 시기의 교육은 소극적인 것이 좋다. 적극적으로 무엇인가를 가르치려 하는 것보다는 나쁜 습관이 들지 않도록 주의해서 관찰하는 것이 최선이다.

누구를 교육하기 전에 "먼저 자신이 인간이 되는 것이 필요하다."(p. 441)

아이는 주위의 사람들을 보고 배운다. 주위의 사람들이 사람 노릇을 제대로 하지 않는다면 아이가 무엇을 누구에게 배우겠는가? 부부는 행복한 결혼생활을 영위하고, 아버지는 아량을 베풀 일이다. 자신의 잘못을 남의 탓으로 돌리지 말 일이다. 아이가 설령 엉뚱한 말을 하더라도 귀기울여 들어주어야 한다.

가장 중요한 도덕적 가르침은 "누구에게도 해를 끼치지 말라."(p. 449)는 것이다. 누군가에게 선행을 하는 것보다 어느 누구에게도 해를 끼치지 않는 것은 지극히 어려운 일이다. (천하의 악한도 특정인, 예컨대 자기 자식에게는 선행을 한다.) 소극적인 미덕이야말로 숭고하다. 자기 과시를 하지 않는 일, 누군가에게 덕을 베풀었다는 만족감을 초월한다는 것이 얼마나 어려운 일인가!

아이는 나이에 맞춰 다루어야 한다. 천재니 바보니 하는 판단을 보류하고, 아이를 과도하게 훈련시키는 대신, 재능이 자연스럽게 발산되도록 내버려두어라.(p. 450 참조) 교육을 잘못 받은 아이가 교육을 전혀 받지 못한 아이보다 더 슬기롭지 못하게 된다.

특히 12~15세 이전의 아이가 두 개의 언어를 이해한다고는 볼 수 없다. 언어는 단지 낱말들의 연속이 아니라, 관념들을 표현하는 기호 체계이다. "머리는 언어를 바탕으로 형성되고, 사상은 고유어의 빛깔을 지닌다. 이성만은 공통적이나, 정신은 각 언어에 의해 자기의 특별한 형태를 갖는다."(p. 452) 그러므로 다양한 언어 가운데 하나를 모국어로 가진 아이는 이성이 형성될 때까지는 하나의 언어가 표현하는 관념들을 이해할 뿐이다. 이성이 형성된 후에라야 관념들을 비교할 능력을 갖추게 되고, 그때에야 비로소 서로 다른 언어를 습득할 수 있는 것이다.

어린아이를 가장 불행하게 만드는 도구는 책이다. "독서는 아이에게 재앙인데도, 어른들이 거의 유일하게 시키는 일과이다."(p. 457) 열두 살 쯤에야 책을 알게 되는 것이 좋다. 그전까지 독서는 아이를 지겹게 만들 뿐이다.

"인간의 지성 안으로 들어오는 모든 것은 감관을 통해 들어오므로, 인간의 최초의 이성은 감각적 이성(raison sensitive)이며, 이 감각적 이성이 지적 이성(raison intellectuelle)의 토대로 사용되는 것이다."(p. 464) 그러므로 "우리의 최초의 철학 선생은 우리 발이고, 손이며, 눈이다. 그 모든 것을 책으로 대체하는 일은 우리에게 이성활동을 가르치는 것이 아니라, 남의 이성을 사용하는 법을 가르치는 것이다. 그것은 우리에게 많은 것을 믿도록 가르치지만, 아무것도 알지 못하도록 한다."(p. 464) 지성을 발달시키기 위해서는 먼저 지성의 도구인 감관들을 단련시키고, 육체를 튼튼히 만들어야 한다.

아이에게는 꽉 조이는 옷보다는 넉넉한 밝은 색 옷을 입히는 것이 좋고, 어느 계절이든 되도록 모자를 씌우지 말라.(p. 465 참조) 아이는 운동량이 많으므로 충분한 잠이 필요하며, 해 질 때 잠자리에 들고 해 뜰 때 일어나게 하는 것이 좋다. 털이불에 푹신한 침대보다는 가볍게 덮고 딱딱한 데서 자는 습관을 들이는 것이 좋다.(p. 467 참조)

제3권 소년기(13~15세)의 교육

인간이 살면서 어려움에 처하는 것은 대부분 가진 힘에 비해 욕망이 큰 탓이다. 그런데 열두세 살 때의 아이는 욕망보다 힘이 더 빨리 커간다. 자신이 원하는 것을 하고도 남는 힘을 가진 이 짧은 기간이 "인생에서 가장 값진 기간"으로 두 번 다시 오지 않는 만큼 이 기간을 잘 이용하는 것이 좋은 인생을 준비하는 데 매우 중요하다.(p. 493 참조) 이때야말로 일(travaux)과 교습(instructions)과 학습(études)을 해야 할 시기이다.

욕망에 비해 넘치는 힘이 있다고는 하나 "인간의 지능에는 한계가 있기"(p. 493) 마련이므로, 모든 것을 다 가르치고 배울 수는 없다. 그래서 가르칠 것에 대한 적절한 선택이 필요하다. 그 가운데 기하학, 지리학이 포함되어야 한다.(p. 494 이하 참조) 기하학 공부는 지능 발달을 돕는다.

(p. 494 참조) 이론적인 물리학에 대한 학습은 자연에 대한 이해를 높임과 동시에 논리적 사고력을 향상시키는 데 도움이 될 것이다.(p. 501 참조) 그러나 자연의 법칙에 대한 탐구는 비근한 현상들의 관찰과 간단한 실험들을 통해 해야 한다.

처음부터 공부를 책을 통해 해서는 안 된다. 소년기의 아이에게는 "이 세상 외의 책은 주지 말 것이며, 사실 외의 것은 가르치지 말라."(p. 495) 책을 읽는 아이는 생각을 하지 않는다. 그는 읽기만 한다. 그래서 배우지 못하고 낱말만 익힌다. 지리학을 가르치고 싶으면 지도와 지구의만 주고, 모래밭과 평원을 걷게 하라.

인간은 누구나 행복하기를 원한다. 그런데 자연인의 행복은 감각적인 것이다. 소년기의 아이는 고통을 느끼지 않고, 건강과 자유를 누리고 생활필수품만 있으면 충분히 행복하다. 그가 행복을 만끽하도록 하라. (p. 502 참조) 이 시기 아이의 흥미를 끄는 것은 순전히 감각적인 것뿐임을 유의하라.

어른이 시키는 대로 따라 하는 아이는 자칫 누구에겐가 끌려다니는 데 익숙해져 타인의 손아귀에 놀아날 수 있다. 아이로 하여금 자기가 좋다고 느끼는 것을 하게 해야 한다. 아이의 이해력에 앞서는 것을 미래를 위한 대비 능력을 키워준다는 이유로 강제하지 말 일이다. 아이가 어리기 때문에 내키지 않는 데도 순종하기를 요구하는 것은 장차 아이가 남의 말을 맹종하거나 남의 말에 잘 속아넘어가기를 바라는 것과 같다.(p. 502 참조)

인간의 사회적 관계와 산업과 기술에 대한 학습도 필요하다. 소년은 어엿한 직업을 가질 수 있는 소양도 갖추어가야 한다. 인간의 필수품을 공급해주는 일 중에 자연 상태에 가까이 있는 것은 수공(手工)과 농업이다. 장인은 타인의 지배로부터 가장 독립적인 생활을 유지할 수 있다. 농부는 땅에 묶여 있는 부자유를 감내해야 하지만, 농업은 인류의 생존에 가장 기초적이고 유익한 산물을 내놓는 정직하고 고귀한 직업이다.

일찍이 호라티우스의 소망처럼 "적당한 크기의 한 떼기 땅(modus agri ita magnus)"(Horatius, *Sermones*, II, VI, 1)이라도 있는 자는 농업을(p. 716 참조), 그런 땅이 없는 자는 수공 일을 익히는 것이 자연 친화적 삶을 영위할 수 있는 방도이다.(p. 516 참조) 삶에 필요한 것은 "재능이 아니라, 머리보다 손이 더 일하는, 재산을 모으게 하지는 못하지만 그것만 있으면 재산 없이도 살아갈 수 있는 어떤 기술"(p. 515)이다. 그러나 물론 소년이 사변적인 학문에 재능을 보일 때는 당연히 그 길로 안내해야 한다. (p. 520 참조) 직업 선택에서 일반적인 원칙은, 직업을 갖기 위해서 무엇을 배우는 것보다 먼저 직업에 대한 편견을 극복해야 한다는 것이다. 배움에 있어서는 스스로 배워나가야 하며, 그러기 위해서는 "남의 이성이 아니라 자신의 이성을 이용"(p. 524)할 줄 알아야 한다. 이 단계에서 소년은 자연에 대한 감각적 지식을 갖는 것으로 충분하며, 형이상학적 개념이나 관념들의 추상화 방법 같은 것을 알아야 할 필요는 없다. 그런 것 대신에 열다섯 살의 소년은 "건강한 몸과 경쾌한 손발을 가지며, 편견 없는 바른 정신, 정념에 사로잡히지 않는 자유로운 마음을 가짐"(p. 525)이 중요하다.

제4권 청년기(15~20세)의 교육

사람은 인생의 4분의 1을 보내고서 두 번째로 탄생한다. 첫 번째 탄생을 "존재(exister)"의 탄생이라 한다면, 두 번째 탄생은 "성(sexe)"의 탄생이다.(p. 526 참조) 이때에 인간은 진정한 의미에서 인생에 눈을 뜬다. 1차 교육이 끝나고, 이제 2차 교육 즉 진정한 의미에서 교육을 시작해야 하는 시기가 도래한 것이다. 그러나 소년에서 청년으로 이행하는 사춘기가 자연에 의해 확정된 것은 아니다. 그것은 체질과 풍토에 따라서, 그리고 교육에 따라서도 좀 빠르거나 늦을 수 있다.

진정한 교육은 젊은이의 정념(passion)을 잘 살피고 다스리는 일에 있다. 인간의 정념은 "자기 보존의 주요한 도구"(p. 526)이다. 이를 거역하거나 제거하는 것은 "신의 작품을 개조하는 일"로 어리석고 무모한 일이다. 자연이 인간에게 준 정념은 우리를 보존하게 하려는 것으로, 인간을 파멸로 이끄는 정념이 있다면 그것은 다른 곳에서 유래한 것이다.

모든 정념의 원천이자 인간이 살아 있는 한 떠나지 않는 가장 원시적이고 본유적인 정념은 "자기사랑(l'amour de soi)"(p. 527)이다. 자기사랑은 언제나 좋은 것으로 자연의 질서에 합치한다. 사람은 누구나 자신의 보존에 주의를 기울일 일이다. 누구나 무엇보다도 자신을 사랑하는 것이 마땅하고, 이 감정에서 가까이 있는 사람을 사랑하는 감정이 파생한다. 사람은 도움과 보살핌을 받음을 통해서 사람에 대한 호의가 싹트기 때문이다.(p. 527 참조)

자기사랑은 자신의 욕구만이 충족되면 만족한다. 그러나 "이기심(l'amour-propre)"(p. 527)은 자기를 남들과 비교하는 데서 생겨나는 것이기 때문에 결코 충족될 수 없으며, 타인이 그 자신보다도 자기를 더 사랑해줄 것을 요구하는 것으로 그 자체가 자가당착적인 것이다.

이성(異性)에 끌리는 것은 "자연의 운동(le mouvement de la nature)"(p. 528)이다. 그런데 누군가를 사랑하게 되면 그에게서 그만한 사랑을 받고 싶어 한다. 그래서 사랑은 상호적이지 않을 수 없다.

젊은이는 어른과 같은 욕망을 가지고 있지는 않지만, 정숙하지 못한 경향에 빠지기 쉽다. 젊은이에게 순수성을 유지하게 하는 단 하나의 좋은 방법은 주위의 모든 사람이 그 순수성을 존중하고 사랑하는 일이다.(p. 529 참조)

생겨나기 시작한 정념들에 질서와 규율을 주는 것은 자연 자신이다. 사람이 주의해야 할 것은 자연이 그것들을 정리하도록 내버려두는 것뿐이다. 그런데 "모든 정념의 원천은 감수성(sensibilité)이며, 상상력이 그것들의 방향을 결정한다."(p. 532) 그래서 정념이 패악의 길로 나간다면, 그것은 상상력의 착오에 의한 것이다. 인간의 상상력은 어떤 것과 자신의 관계에 대한 의식에서 발동하므로, 상상력의 착오를 없애려면 주변의 것들과 자기와의 가장 적합한 관계를 알아야 한다. 그렇기에 정념 사용의 지혜의 요체는 "1) 인간의 참된 관계를 인간 종(種) 전체로도 개인으로도 이해하는 일(sentir)과, 2) 그 관계에 따라서 마음의 모든 정서에 질서를 주는 일(ordonner)"(p. 532)이다.

소박하게 자라 자연의 최초의 감정에 인도되는 젊은이는 정념을 이렇게 사용할 줄 안다. 이웃의 고통을 측은해하고, 친구를 만나면 기뻐서 어쩔 줄 모르고, 타인을 불쾌하게 한 짓에 대해서는 수치심을 느끼고, 무례한 짓에 대해서는 깊게 후회를 한다. 자신의 잘못을 깨달으면 겸손해지고, 자신의 잘못을 속죄하는 마음으로 타인의 잘못을 용서한다.(p. 533 참조)

"인간을 사회적 존재로 만드는 것은 인간의 약함이다. 우리의 심정에 인간애(humanité)를 갖게 하는 것은 우리가 공유하는 그 비참함이다." (p. 533) 모든 애정은 부족함의 표시이다. 다른 인간을 필요로 하지 않는데, 사람들 사이에 협력이 있겠는가. 이 약함으로부터 행복(bonheur)도 생겨난다. 부족함이 없는 자에게 충족감이 있겠는가. 무엇 한 가지 필요를 느끼지 않는 사람이 무엇인가를 사랑할 리 없으며, 무엇 하나 사랑하지 않는 사람이 행복할 수는 없다.

우리가 동류의 인간에게 애착을 갖는 것은 그들의 고통에 대한 우리의 동정심으로 인한 것이다. "상상력은 우리를 행복한 사람의 입장보다는 오히려 비참한 사람의 입장에 놓는다. 사람들은 전자 쪽보다는 후자 쪽이 우리와 더 가깝다고 느낀다. 연민(pitié)은 기분 좋은 것이다. 그러나 열여섯 젊은이는 자기의 고통은 알지만, 아직 타인의 고통스러움은 잘 모른다. 그러므로 자신의 고통스러움을 미루어 이웃의 고통스러움을 느낄 수 있도록 해주어야 한다. 그렇게 해서 "자연의 질서에 따라 인간의 마음을 감동시키는 최초의 상대적인 감정"(p. 534)인 연민이 생겨나는 것이다. 이 과정에서 세 가지 준칙을 볼 수 있다.

제1준칙: "자신을 자기보다 더 행복한 부류의 사람들의 입장이 아니라, 더 불쌍한 부류의 사람들의 입장에 놓아보는 것이 인간의 심정이다." (p. 534)

제2준칙: "사람들은 오직 자신들이 면할 수 없으리라 생각되는 타인의 불행만을 동정한다."(p. 535)

제3준칙: "사람들이 타인의 불행에 대해 갖는 연민은 그 불행의 양에 의해 측정되는 것이 아니라, 그 불행을 겪고 있는 사람에 대해 베푸는 감정에 의해 측정된다."(p. 536)

"인류를 이루는 것은 민중이다. 민중이 아닌 자는 소수이므로 계산할 필요가 없다. 인간은 어떤 신분에 있든 같은 인간이다. 그렇다면 가장 수가 많은 신분이야말로 가장 존경할 가치가 있다."(p. 536) 민중은 자신의 즐거움과 고통을 있는 그대로 드러낸다. 젊은이로 하여금 민중의 고통에 연민을 느끼도록 하라.

사랑한다는 것이 무엇인지를 느끼기 시작한 젊은이는 이 기분 좋은 끈이 한 인간을 다른 인간과 묶어줄 수 있음도 느낀다. 그즈음에 젊은이는 또한 친구에게서 우정을 발견한다.(p. 543 참조)

이 시기에 젊은이는 마침내 "도덕 질서(l'ordre moral)" 안으로 들어옴으로써 어른을 향한 두 번째 걸음을 내딛는다. "심정의 최초의 움직임에서 양심의 최초의 목소리"가 들려오고, "사랑과 증오의 감정에서 선악에 대한 최초의 개념"(p. 543)이 생겨난다. '정의'니 '선'이니 하는 것은 지성이 한갓되이 만들어낸 관념이 아니라, "이성이 깨우쳐준 마음의 진정한 감정(véritables affections de l'âme)"으로서, 그것은 인간의 "원시적 감정으로부터의 질서정연한 진보"(p. 543)이다. 이제 젊은이는 자기 자신에게만 던지던 눈길을 이웃에게도 보내며 사회 안으로 진입한다. 이 시기에 자기사랑의 감정은 이웃사랑으로 발전하기도 하지만, 질투와 탐욕과 지배욕으로 퇴락하기도 한다. 사람들의 헛된 욕망은 지배와 예속의 사회를 낳는다.

자연상태에는 사실상의 평등(égalité de fait)이 있다. 자연상태에서는 사람들 사이의 차이가 상호 종속 관계를 만들 만큼 크지는 않기 때문이다. 그러나 시민사회에서는 가공적이고 헛된 법률상의 평등(égalité de droit)이 있다. 법률로 규정된 권력이 평등을 지향하는 체하면서 실제로는 자연이 부여했던 균형을 허다하게 파괴하기 때문이다.(p. 544 참조) 이러한 허구의 사회에서도 젊은이에게는 인간의 진면목을 보여주어야 한다. 사회가 인간을 어떻게 타락시키고 왜곡시키는지, 사람들의 편견 속에서 어떻게 악이 유래하는지를 알게 함과 동시에, 거의 모든 사람들이 가면을 쓰고 있지만, 그 가면보다도 더 아름다운 얼굴을 가진 사람도 있다는 것을 알게 해야 한다.(pp. 544~545 참조)

"이기심은 유용한 도구이지만 위험하다."(p. 551) 이기심은 흔히 그것을 이용하는 자를 해친다. 이러한 이기심이 발달하자마자 '상대적인 자아(le moi relatif)'가 끊임없이 작용하여, 젊은이는 자신과 타인을 비교함 없이는 타인을 관찰하지 않는다.(p. 550 참조) 이때에 젊은이에게 역사를 읽힘으로써 사람들 사이에서 자신의 위치를 알게 해야 한다. 자신의 위치를 제대로 아는 젊은이는 동료들을 공평하게 판단한다.

가장 활동력이 많은 나이의 젊은이에게 사변적인 공부만 시키는 것은 적절하지 않다. 많은 시간 홀로 사색에 젖게 하거나 헛된 주제를 놓고 별 상관도 없는 사람들과 더불어 장시간 토론을 벌이는 것도 좋은 일이 아니다. 젊은이는 그보다는 세상 사는 법을 익혀야 한다. 우선 "자신과 함께 살기(vivre avec lui-même)"(p. 554)를 배우고, "타인과 교제"하는 법을 배워야 한다. 그를 위해 사람들에게 큰 영향을 미치는 것이 무엇인지를 알아야 하고, 사회 안에서 개개인의 이해관계의 작용과 반작용을 계산할 줄 알아야 하며, 적어도 성공하기 위한 가장 적합한 방법을 터득해야 한다.

청년 교육의 대원칙은 "청년 교육의 모든 것은 말(discours)보다는 행동(action)으로써 하라"(p. 555), 즉 "경험으로 가르칠 수 있는 것을 책에서 배우지 않도록 하라."는 것이다. 젊은이에게 수사학 같은 것을 가르치는 것은 쓸데없는 짓이다. 사람은 자기가 느끼고 생각하는 것을 그대로 전달만 하면 되지, 말을 꾸며 비유를 하고, 일반화하여 격언처럼 구사할 필요가 없다.(p. 556 참조)

먼저 정신(esprit)을, 이어서 신체/물체(corps)를 연구하라는 "로크의 순서"(p. 559)는 이성에도 맞지 않고 자연 질서에도 맞지 않다. 정신에 대한 참된 개념을 갖기 위해서는 오히려 물체에 대해 오래 연구해야 한다. 감관이야말로 "우리 지식의 최초의 도구"이고 물체적이고 감각적인 것들만이 우리가 직접 관념을 가질 수 있는 것이기 때문이다. '정신'이니 '신'이니 하는 개념은 훨씬 뒤에야, 아마도 18세는 넘어야 이해할 수 있는 것이다.(p. 560 참조) 진리를 이해할 수 없는 사람에게 진리를 전하는 것은 주의해야 할 일이다. 그것은 진리를 자칫 착오로 대체하거나 왜곡시키는 일일 수 있다. 신에 대한 온갖 이상야릇한 관념들은 그렇게 해서 생겨난 것이다.(p. 561 참조)

"나는 존재한다. 그리고 나는 감관을 가지며, 그에 의해 촉발된다."(p. 569) 그런데 나는 감관을 통해 느끼고 지각할 뿐만 아니라, 느끼고 지각한 것을 비교하기도 한다. 비교한다는 것은 유사점이나 차이점을 판별하고 판단하는 것이다. 그것은 내가 단지 "감각적이고 수동적인 존재(être sensitif et passif)"가 아니라, "능동적이고 지성적인 존재(être actif et intelligent)"임을 뜻한다.(p. 570 참조)

감각적이면서도 지성적인 인간은 지상에서 자연을 이해하고 자연물들을 이용할 줄 안다는 의미에서 "지상의 왕"(p. 574)이다. 태양열을 이용할 줄 알면서 석양에 타는 노을의 아름다움에 감탄하는 동물이 인간 외에 또 있는가. 인간은 자신을 관찰하고 사물들 사이의 관계를 이해하고, 우주의 질서를 관조한다. 그런데 이 지상 어디에 인간들 사이에서보다 더 큰 악이 있는가?

"모든 행동의 원리는 자유로운 존재자의 의지 안에 있다."(p. 577) 인간은 그의 행동에서 자유로우며, 그런 점에서 "비물질적인 어떤 실체(une substance immatérielle)"(p. 577)에서 생명을 얻고 있다고 보아야 한다. 그러나 인간은 그가 가진 자유를 오용함으로써 악 또한 행하는 것이니, 이것이 "신의 질서 체계(le système ordonné de la Providenc)"(p. 577) 안에 포함된다고 볼 수 없다. 모든 것이 정해져 있다면 그것은 자유라고 할 수 없을 것이니 말이다. 도대체가 인간이 선만을 행하도록 정해져 있다면 선행을 칭송할 리가 있겠는가. 인간을 고상하게 만드는 것은 인간이 "정념에 유혹을 당하면서도 양심에 의해 억제되어"(p. 577) 선을 행하기 때문인 것이다. 인간의 정신적 악이든 신체적 고통이든 그것은 모두 "우리의 작품"(p. 577)이다.

인간의 덧없는 욕망이 멈추는 곳에 인간의 정념과 죄악 또한 끝난다. 질투와 탐욕과 야망으로 채워진 인간의 마음속에 이미 지옥이 있는데, 지옥을 찾으러 저승까지 갈 필요가 없다.(p. 579 참조) 그럼에도 불구하고 인간은 "신성한 본능"이자 "불멸의 하늘의 목소리"인 "양심(conscience)" (p. 584)이 "무지하고 편협하지만 지성을 가지며 자유로운" 인간을 안내하여 "신을 닮게(semblable à Dieu)" 한다.(p. 584 참조)

제5권 성년 초기 시민 교육

로크는 "아이가 21세에 다달아 성년이 되어 결혼하면, 그것으로써 교육은 끝난다."(『교육론』, §215 참조)면서 그의 교육론을 마쳤지만, 루소는 성년 초기 시민 교육과 결혼 준비에 대한 이야기로 한 권을 덧붙인다.(p. 584 참조)

이제까지 교육론이 에밀이라는 남자아이를 대상으로 한 것이었기에, 그의 배우자가 될 두 살 아래의 소피라는 여성을 두고 여성관, 여자아이 교육론이 펼쳐진다.(pp. 584~700 참조)

20년의 교육과정을 통해 "덕 있는 사람(l'homme vertueux)", 곧 "자신의 감정을 억제(vaincre ses affections)"할 줄 알아 "자신의 이성과 양심에 따르며, 의무를 다하고, 질서 속에 있는", 그래서 자기가 "자신의 주인(propre maître)"인, 진정한 의미에서 자유인이 된(p. 696 참조) 에밀은 젊은 여성을 만나 4개월여 교제하고 사랑의 열망으로 가득 차 있을 즈음 여성을 떠나 성인, 남편과 아버지, 가장으로서의 국가의 일원이 되기 위한 마지막 연찬과정을 밟는다. 그것은 한편으로는 사랑하는 남녀 간의 일시적 헤어짐이 오히려 그들의 사랑을 숙성시키고 공고하게 할 것을 기대하게 하며, 다른 한편으로는 "시민(citoyen)"으로서 "정부, 법, 조국(gouvernement, lois, patrie)"(p. 698)의 의미를 깨치고, 의무 수행 능력의 함양을 기대하는 것이다. 이러한 연찬과정에 적합한 것이 여행이다.

책만을 통해서는 세상을 제대로 알 수 없다. 때로는 특정인인 저자에 의해 쓰인 책이 진정한 앎을 방해할 수도 있다. 여행기를 읽는 것으로 여행을 대신할 수는 없는 것이다. 그러나 직접 세상을 둘러본다 해도 여행자가 열린 마음과 올바른 식견이 없을 경우에는 오히려 편견만이 수집될 수도 있다. 여행은 남을 봄으로써 그 남을 알고 그에 의해 나 자신을 아는 수단이며, 다른 나라들을 봄으로써 조국의 특성을 새롭게 인식하는 계기가 된다는 점에서 유익하다. 단 "현혹되지 않고 잘못된 것으로부터 가르침을 얻을 수 있으며, 말려들지 않고 악의 실례를 관조할 수 있을 만큼 자기 자신에 대해 충분히 단호한 사람들에게만 유익하다."(p. 703)

사람이 특정 국가에 태어났다고 해서 일생 조국에서 살아야 하는 것은 아니다. 부모로부터의 상속의 권리를 포기할 수 있듯이, 조국에 대한 귀속의 권리도 언제든 포기하고, 새로운 국가를 선택하여 그 법률 준수를 약속하고 그에 귀속할 수 있다. 그리고 그 국가 안에서 사회적 관계를 맺고 신분을 확고히 하여, 적절한 직업 활동을 통해 한 가정의 가장으로서 가정을 꾸려나갈 만한 재산을 형성할 수 있다.(p. 704 참조)

"사회계약은 모든 시민사회의 토대이다(Le contrat social est 〔…〕 la base de toute société civile)."(p. 707) 한 인간을 국민으로 만드는 사회계약의 요점은 "우리 각자는 각자의 재산과 인격과 생명과 모든 힘을 일반 의지(volonté générale)라는 최고의 지도 아래 공동으로 둔다. 그리고 전체로서 우리는 각 구성원을 전체에서 분할할 수 없는 한 부분으로 받아들인다."(p. 707)는 것이다. 이 전체는 "공적 인격(personne publique)"으로서 "정치체(corps politique)"라는 이름을 가지며, 그것이 수동적일 때 구성원들은 "국가(Etat)"라고, 능동적일 때는 "주권자(souverain)"라고, 이 주권자에게 복종하는 자로서는 "신민들(sujets)"이라고 부른다. 그 구성원들은 집단적으로는 "국민(peuple)"이라고, 개별적으로는 "시민(citoyen)"이라고 일컬어진다. 그런가 하면 이 정치체는 동류의 것에 대해서 "지배력(puissance)"이라고 일컫는다.(p. 707 참조)

이 사회계약에서 개인은 다른 개인들에 대해서는 주권자의 한 구성원으로서, 그리고 주권자에 대해서는 국가의 한 구성원으로서, 말하자면 이중적 계약을 맺는 것이다.(pp. 707~708 참조) 이 계약을 통해 각 개인은 주권자에게 복종해야 하거니와, 그런데 주권은 일반 의지 외에 다른 것이 아니다. 그러므로 각 개인이 주권에 복종한다는 것은 다름 아니라 자기 자신에게 복종한다는 뜻이다.(p. 708 참조)

주권자가 통치를 누구에게 맡기느냐에 따라 정부의 형태가 결정된다. 통치권이 국민 전체 또는 다수에게 위임되면 "민주정", 소수의 수중에 위임되면 "귀족정", 한 사람에게 집중시키면 "군주정"이 된다. 이런 형태 가운데 어느 것이 가장 좋은지 단적으로 말할 수는 없지만, 대체로 작은 국가에는 민주정이, 아주 큰 국가에는 군주정이, 중간 크기의 국가에는 귀족정이 적합하다.(p. 711 참조)

국가는 크기도 하고 작기도 하며, 국가들 사이에는 분쟁이나 전쟁도 발생하므로 동맹과 연합도 등장한다. 생-피에르 사제(Charles Irénée Castel de Saint-Pierre, 1658~1743)는 유럽 국가들의 영원한 평화를 위해 "국가들 전체의 연합(association de tous les Etats)"(*Projet pour rendre la paix perpétuell en Europe*, 1712/17 참조)을 제안하기도 했다.(p. 712 참조)

여행 중에 어떤 나라의 특징이나 그 나라 사람들의 풍속을 보려면 지방의 여러 곳을 둘러보아야 한다. 수도나 대도시는 나라마다 대동소이하다. 인구가 감소하는 나라는 몰락해가고 있는 것이며, 인구가 증가하는 국가는 대개 통치가 잘 되고 있으며 융성의 길에 들어서 있는 것이다.(p. 713 참조) 그러나 인구의 증가가 어떤 우연적인 일로 인한 것일 때는 주목해야 한다. 또한 같은 수의 인구라면 전 국토에 주민이 골고루 분산해 있는 국가가 몇 개의 도시에 주민이 몰려 있는 국가보다 강성한 것이다.(pp. 713~714 참조)

유럽 각국을 2년 가까이 여행하면서 세상 견문을 넓히고 인간에 대한 견식을 높인 에밀은 귀국하여 소피와 재회하여 결혼하고 2세를 얻어 이제는 부모이자 교육자가 된다.(p. 715 이하 참조)

옮긴이

백종현(白琮鉉)

서울대학교 명예교수. 한국포스트휴먼연구소 소장.

서울대학교 철학과에서 학사 · 석사 과정 후 독일 프라이부르크 대학에서 철학박사 학위를 받았다. 인하대 · 서울대 철학과 교수, 서울대 철학사상연구소 소장, 서울대 인문학연구원 원장, 한국칸트학회 회장, 한국철학회 『철학』 편집인 · 철학용어정비위원장 · 회장 겸 이사장, 한국포스트휴먼학회 회장을 역임하였다.

주요 논문으로는 "Universality and Relativity of Culture"(*Humanitas Asiatica*, 1, Seoul, 2000), "Kant's Theory of Transcendental Truth as Ontology"(*Kant-Studien*, 96, Berlin & New York, 2005), "Reality and Knowledge"(*Philosophy and Culture*, 3, Seoul 2008) 등이 있으며, 주요 저서로는 *Phänomenologische Untersuchung zum Gegenstandsbegriff in Kants "Kritik der reinen Vernunft"*(Frankfurt/M. & New York, 1985), 『독일철학과 20세기 한국의 철학』(1998/증보판2000), 『존재와 진리 — 칸트 〈순수이성비판〉의 근본 문제』(2000/2003/전정판 2008), 『서양근대철학』(2001/증보판2003), 『현대한국사회의 철학적 문제: 윤리 개념의 형성』(2003), 『현대한국사회의 철학적 문제: 사회 운영 원리』(2004), 『철학의 개념과 주요 문제』(2007), 『시대와의 대화: 칸트와 헤겔의 철학』(2010/개정판 2017), 『칸트 이성철학 9서5제』(2012), 『동아시아의 칸트철학』(편저, 2014), 『한국 칸트철학 소사전』(2015), 『포스트휴먼 시대의 휴먼』(공저, 2016), 『이성의 역사』(2017), 『제4차 산업혁명과 새로운 사회 윤리』(공저, 2017), 『인공지능과 새로운 규범』(공저, 2018), 『인간이란 무엇인가 — 칸트 3대 비판서 특강』(2018), 『포스트휴먼 사회와 새로운 규범』(공저, 2019), 『한국 칸트사전』(2019) 등이 있고, 역서로는 『칸트 비판철학의 형성과정과 체계』(F. 카울바흐, 1992)//『임마누엘 칸트 — 생애와 철학 체계』(2019), 『실천이성비판』(칸트, 2002/개정2판 2019), 『윤리형이상학 정초』(칸트, 2005/개정2판 2018), 『순수이성비판 1 · 2』(칸트, 2006), 『판단력비판』(칸트, 2009), 『이성의 한계 안에서의 종교』(칸트, 2011), 『윤리형이상학』(칸트, 2012), 『형이상학 서설』(칸트, 2012), 『영원한 평화』(칸트, 2013), 『실용적 관점에서의 인간학』(칸트, 2014), 『교육학』(칸트, 2018), 『유작 I.1 · I.2』(칸트, 2020), 『학부들의 다툼』(칸트, 2021), 『유작 II』(칸트, 2022) 등이 있다.

한국어 칸트전집 제19권

교육학

대우고전총서 042

1판 1쇄 펴냄 | 2018년 1월 30일
1판 3쇄 펴냄 | 2024년 4월 5일

옮긴이 | 백종현
펴낸이 | 김정호
펴낸곳 | 아카넷

출판등록 2000년 1월 24일(제406-2000-000012호)
10881 경기도 파주시 회동길 445-3
전화 031-955-9510(편집) · 031-955-9514(주문) | 팩시밀리 031-955-9519
책임편집 | 이하심
www.acanet.co.kr

ⓒ 백종현, 2018
철학, 서양철학, 독일철학, 칸트 KDC 165.2

Printed in Paju, Korea.

ISBN 978-89-5733-583-3 94160
ISBN 978-89-89103-56-1 (세트)

이 도서의 국립중앙도서관 출판예정도서목록(CIP)은
서지정보유통지원시스템 홈페이지(http://seoji.nl.go.kr)와
국가자료공동목록시스템(http://www.nl.go.kr/kolisnet)에서 이용하실 수 있습니다.
(CIP제어번호: CIP2018000057)